債権管理法講義

前田　努　編

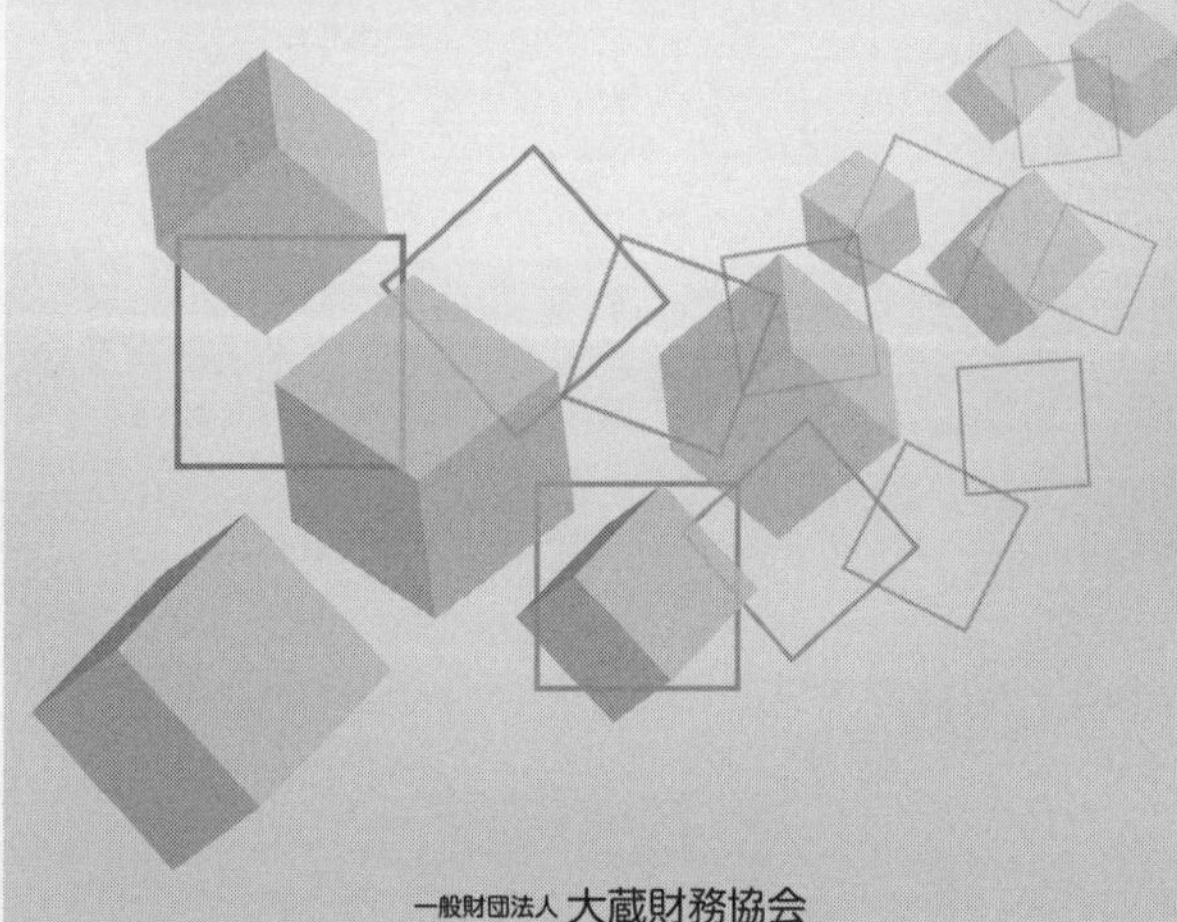

一般財団法人 大蔵財務協会

はしがき

債権管理法（国の債権の管理等に関する法律（昭和三十一年法律第百十四号））は、国の機関が、国の債権を保全し、その取立てを図り、また、場合によっては債権を免除し、あるいは履行期限を延長する場合における所要の措置を定めるものである。

債権管理の目的は、債権の完全な満足を得ることにあるが、債権の種類は区々にわたり、債務者の資力、生計の状況や社会的な責任観念に著しい相違があり、一律に円満な履行を期待できない面がある。また、債権の管理は、人格相互間の交渉関係として行われる一面があり、このような関係を無視してただ厳正な手続きを進めるだけでは、必ずしも適正な債権の管理が行われるとは限らない。そこに債権の管理の難しさがある。このため、債権の管理は、債権の発生原因や内容、債務者の資力状況、弁済の誠意などから総合的に判断して、取立ての効果が上がるような方法によって効率的に手続きを実施しなければならないところである。

このような観点から、債権の管理を行うにあたって、債権の管理の精神をよく理解することが大切である。

本書は、青木孝徳編「債権管理法講義」を土台にし、今回有志が休日等を利用して、その後の法令改正の内容等を補筆し、新たに刊行したものである。

本書が、広く全国の官公署の会計職員の方々の参考書として活用され、国の財政会計の適正な運営にいくらかでも貢献できれば幸いである。

なお、本書中に意見にわたるものがあれば、それは、執筆者個人の見解であることを付言しておきたい。

令和二年七月

編　者　識

目次

第三章　債権管理の準則

第四章　債権の内容の変更、免除等

序　　論

一　債権の管理について

債権とは、特定人をして特定の行為（これを「給付」という。）を行わせる権利であって、債権者はこれによって給付をなすべきことを請求する権利を有し、債務者はこれに対してその給付をなすべき義務を負うものである。財産権の一種であり、通常、物に対する支配権である物権に対置される。

そして債権は、契約、事務管理、不当利得、不法行為のほか法律の規定等を原因として発生するものであるが、このようにして発生した債権は、通常債権者が債務者に対して給付を請求し、債務者がこれを履行し、債権者がこれを受領して消滅する、という経過をたどって債権者の財産的な満足を実現することになる。そして、その過程において、債権者としては、最も完全で円滑な給付の実現を期するため、当該債権の管理を行う。国の債権については、その管理を国の機関が委任を受けて行うことになる。この場合、国の財産である債権が、それぞれの取扱機関の恣意のままに管理されるのでは、適正な管理が期待できないから、一定の管理体制のもとに制度化された管理が行われることが必要となる。

しかしながら、債権の管理とはいっても、その管理の内容は一様でない。右の通常の過程における管理のほか、これに付随して、債権の担保を徴し、債務者の責任財産を維持することによって債権の終局的満足を可能にし、債務者が履行しないときはこれを強制し、不履行によって損害を生じたときはその損害賠償を請求するなど、管理の対象となる事態は極めて多いのである。その上、債権の種類も前述のとおり多種多様であって、自ずから管理の態様も異ならざるを得ないし、債権管理の特殊性は、一貫した管理体制による制度化を容易に許さない諸種の要因を併せ持っている。すなわち、現金、動産又は不動産のような有体財産の管理のように直接的な物の支配を前提とするものと異なり、国の債権は、常に債務者として国以外の相手方を有し、この相手方との関係によって管理の成否も大きく左右されるもので、国の会計の分野だけでは処理されない面を多分に持っているから、その管理を一貫した体制の下に置くことは、即物的な管理が可能である他の財産の場合のように簡単にはなしえないのである。

そこで、国の債権のうちでも金銭債権以外の管理は、例えば物件の引渡を求める債権であれば、購入契約の締結、引渡物件の検査、引渡物件の受入、購入代金の支払といった行為の各段階において、契約等担当職員、検収職員、物品管理職員、支払事務職員が本来の会計経理行為に関連して債権管理上の統制をも併せて行うといった形で行うこととしており、特定の体制の下に管理する途を講じていないが、実際問題としても現にこの方法でさしたる不都合な事態は生じていない。これは、このように国の直接的な反対給付を伴う債権の場合は、少なくとも最終的には、反対給付を差し控えるという支払の面での統制によって大部分その履行を確保できるし、不履行の場合でも、結局は損害賠償という金銭の給付を内容とする金銭債権に転化させることができるからである。

ところが、同じく国の債権のうちでも、金銭債権の場合は、反対給付の面での統制を期待できないものが多く、しかも不履行の場合の損害は直接的である上に、その発生から消滅に至るまでの相当の期間にわたってこれを財産として把握する観念がとかく乏しくなりがちなものであることから、その全過程を通じ責任ある機関により常時的確な管理を行う必要がある。

このような理由から、金銭債権に限っては、後述のとおり、債権管理法という一般的な管理のための法律が制定され、債権管理機関による管理の体制が設けられているわけである。

二　債権管理の法令等

債権管理法は、金銭の給付を目的とする国の権利すなわち国の金銭債権について、その管理のいわば一般的基準（法第一条）を定める国の財産管理法規であって、次の法令からなっている。

○国の債権の管理等に関する法律（昭和三一年法律第一一四号）……以下「**法**」または「**債権管理法**」と略称。
○国の債権の管理等に関する法律施行令（昭和三一年政令第三三七号）……以下「**令**」と略称。
○債権管理事務取扱規則（昭和三一年大蔵令第八六号）……以下「**則**」と略称。

また、実施面の運用について次の大蔵省告示及び通達が発せられている。

○国の債権の管理等に関する法律施行令第四条第一項第二号に規定する財務大臣の指定する者を定める告示（昭和三二年大蔵省告示第六号）
○国の債権の管理等に関する法律施行令第四条第二項に規定する財務大臣の指定する債権を定める告示（平成一〇年大蔵省告示第八七号）
○国の債権の管理等に関する法律施行令第十条第五項に規定する財務大臣が定める外国為替相場を定める告示（昭和三二年大蔵省告示第七号）

○国の債権の管理等に関する法律施行令第二十九条第一項本文に規定する財務大臣が定める率を定める告示（昭和三二年大蔵省告示第八号）
○国の債権の管理等に関する法律施行令第三十七条第一項に規定する財務大臣が定める率を定める告示（昭和三二年大蔵省告示第九号）
○国の債権の管理等に関する法律及びこれに基く命令の実施について（昭和三二年蔵計第一〇五号大蔵大臣通達）……以下「**基本通達**」と略称。

なお、債権管理に密接な関係のある次の法令については、本書では次のような略称を使用した。

民事訴訟法	民訴法
刑事訴訟法	刑訴法
非訟事件手続法	非訟手続法
民事執行法	民執法
民事保全法	民保法
予算決算及び会計令	予決令

三　債権管理法の基本的事項及び構成

債権管理法は、法第一条の趣旨の規定でも明らかなように、次の四つの基本的事項からなるものといえる。

第一条　この法律は、国の債権の管理の適正を期するため、その管理に関する事務の処理について㈠必要な機関及び㈡手続を整えるとともに、㈢国の債権の内容の変更、免除等に関する一般的基準を設け、あわせて㈣国の債権の発生の原因となる契約に関し、その内容とすべき基本的事項を定めるものとする。

⑴　債権管理の機関を法定することにより債権管理の権限と責任の所存を明確化したこと（法第二章　債権の管理の機関）

①　債権管理法施行前は、債権管理の権限と責任をもつ国の機関が制度的には確立されていなかった。このため、国が特別の法令に基づいて債権の徴収猶予とか、履行延期又は減免などの措置をする場合には、部局等の長、歳入徴収官、契約担当官など、債権の処理に関係のある機関が、適宜、その処理を担当していたのであるが、これらの機関に与えられている通常の職務からみて、果してその機関が債権の内容の変更、減免等の措置をする権限を有するといえるか、ひいてはその行った債権の内容の変更、減免等の措置を有効とみるべきかどうかについて裁判上、論議されたことがある。このことは、国の財産管理法規としての債権管理機構の不備が、ときとしては、訴訟上の紛争となりうることを指摘されたものである。また、国の内部の問題としても、管理機構の不備のため同一省庁内でも担当の機関がまちまちであったり、責任体制の不明確さは、いきおい下部の補助職員による専決等の処理を安易に認める弊害を招くおそれがある。

②　このような点にかえりみ、債権管理法においては歳入徴収及びその他債権の処理に関係のある機関を指定して、債権の管理を取り扱わせることとし、これにより国の債権の管理の責任と権限を明らかにするとともに、各省各庁の長及び財務大臣が必要な監督及び調整を行うこととするなど債権管理機構の整備を図ったものである。

なお、法律制定当初は、債権の管理体制を確立することから統一した会計機関として債権管理官が設けられたが、昭和四五年の法改正により、会計事務簡素化の見地から債権管理と歳入徴収その他の金銭会計事務との一元化を図るため、債権管理官の制度を廃止し、特定の会計機関とはせず、金銭会計機関である歳入徴収官又は支出官その他の関係職員をして債権の管理に関する事務を併せ行わせることとしている。

⑵　債権管理の基準を定め、債権の把握、取立て及び保全に関する手続の的確な処理を図ることとしたこと（法第三章　債権の管理の準則）

①　債権管理法施行前においても、国の債権の大部分を占める歳入金債権については、会計法の規定による歳入徴収の面から部分的な管理が行われていた。しかし、これは履行期の到来した歳入についての調査決定及び債務者に対する納入の告知を主体とするに止まり、債権を権利発生の段階から把握して徴収漏れの絶無を期するといった管理体制としては十分ではなかった。さらに、担保の提供又は保証人の保証の請求、債権者代位権の行使、時効の更新などといった債権保全措置、担保権の実行、強制執行、訴訟の提起その他国の債権の権利行使についての的確な取扱基準が定められていなかったため、関係の職員の間に積極的な管理意識が乏しく、また国の機関相互間における連絡不十分による徴収不能又は徴収の困難化をもたらす危険があった。

②　債権管理法は、このような点にかんがみ、債権管理機関（歳入徴収官等と称している。）に対して債権の発生又は帰属の時における調査確認及び債権管理簿への記載又は記録を義務付けるとともに、関係の機関から債権管理機関への連絡、債権の履行の請求、督促、強制履行の請求等の措置、担保その他の債権の保全及

び取立てに関する準則を定め、その的確な処理を図ることとしているものである。

(3)　債権の内容の変更（債権の履行延期、利率の引下げ、和解による譲歩等）又は減免に関する一般的基準を定め、債権の円滑かつ効率的な取立てを図ることとしたこと（法第四章　債権の内容の変更、免除等）

①　債権管理法施行前は、租税債権その他特定の債権については、特別の法律に基づいて個別に徴収猶予、履行延期、減免等の処理が認められているものはあったが、国の債権一般に通ずる内容の変更、減免に関する基準としては、「租税債権及び貸付金債権以外の国の債権の整理に関する法律（昭和二六年法律第一九七号）」があるのみであった〔（注）同法は、法附則第三項により廃止された。〕。この法律は、債務者が無資力である場合に限りその者に対する債権を定期に分割して返済する定期貸債権又は将来、資力が回復したときにおいて返済することとする据置貸債権に編入する（編入後、一定の期間を経過した後に免除することができる。）こととするものであって、その適用はごく一部の無資力の債務者に限定されていた。このように債権の内容の変更について厳重に規制することは理由のあることではあるが（財政法第八条参照）、厳格に過ぎるとかえって債権の効率的な取立てを阻害し、担当職員の積極的な徴収意欲を喪失させるおそれが生じうる。さらに、戦後の財政再建期を経て社会福祉国家の建設を目指し、国の各般の施策が拡大し、充実化するにつれて、債権の件数・金額が増大するだけでなく、その内容も多種多様となっている。

②　こういった情勢の進展を考慮し、債権管理法においては、債務者の資力状況、弁済の誠意又は債権の発生原因に応じた履行期限の延長、金融情勢の変動に対処した利率引下げの特約、再生債務者、更生会社等に係る再生計画案、更生計画案等に対する同意、和解又は調停による紛争の解決、無資力債務者に対する債権の

免除等の一般的基準を定めて対処することとしている。しかし、これらの措置は、国の犠牲において債務者に対し一方的な恩恵を与えることを目的とするものではない。これにより債務者の弁済能力に応じた債権の取立てを確保し、あるいは債権に関する紛争を有利・迅速に解決するなど、国の財政的利益に適合するという考え方にも立つものであり、かつ、その目的の範囲内において行われるものであることを忘れてはならない。

(4)　債権の発生の原因となる契約その他の行為の内容の基準を定め、その行為に基づいて発生する債権の発生後における管理事務の円滑化、適正化を図ることとしたこと（法第五章　債権に関する契約等の内容）

①　債権の発生の原因となる契約その他の行為（例えば、道路、河川など公共物の占用許可、庁舎の使用許可）に基づいて発生する債権についてその契約等の行為に定められた条件がまちまちであったり、または不的確であると、そのためにその後における債権の管理が難渋し、あるいは当事者間に不必要な摩擦を起すことがある。

②　債権管理法は、債権の発生の原因となる契約その他の行為をする国の機関に対し、原則として債権の履行延期又は減免に関する事項の定めをすることを禁じ、また延滞金の割合、増担保の提供など債権の管理上必要な事項の内容を規定することとした。なお、国の貸付金の対象事業の適正な遂行を図るために、借受主体の行う事業に対して必要な監督規制ができるよう、貸付契約において所要の事項を約定することを義務付けている。債権管理法は、以上の四章（第二章から第五章まで）のほか、総則（第一章）及び雑則（第六章）を設け、法形式としては、六章全文四四か条（うち三か条は削除されているので、実際には四一か条）からなっ

ている。

第一章　総　　則

本章は、債権管理法の各章に通ずる共通的な通則を定めているものである。まず第一条では、この法律の趣旨として前述の四つの基本的事項を内容とすることを明らかにしており、次いで、債権管理法の適用を受ける債権の範囲及び債権の管理に関する事務の範囲について定めている。

第一節　債権の範囲

一　法の適用を受ける債権（法二Ⅰ）

債権管理法は、「金銭の給付を目的とする国の権利」、すなわち国の金銭債権を対象とする（法二Ⅰ）。債権の目的である給付には多種多様のものがあるが、本法はそのうち、国の財産運営の主体をなす金銭会計と密接な関係があり、これと一体的に運営されるべき金銭の給付を目的とする債権（金銭債権）について必要な管理の基準を定めるものである。

注(1)　債権……特定人（債権者）が他の特定人（債務者）に対して一定の行為（給付）を請求することを内容とする権利をいう。

債権の目的である給付の内容には、金銭の給付のほか、物又は役務の提供その他一定の作為又は不作為、例えば、耕作をしないこと、転貸をしないこと等がある。

しかし、これらの金銭債権以外の債権は、概していえば、物の購入、事務の委任、労務者の雇用に関する契約にみられるごとく歳出金等の支払債権に対する反対給付として発生する債権であって、会計法に基づく歳出予算の執行として行われる支出負担行為及び支出の面からその履行の確保に関する措置がとられているところであること、また不履行の場合でも結局は損害賠償という金銭の給付を内容とする金銭債権に転化させることができることから、これを単独の権利として別個に管理する意義がないといえる。

(2)　国内部における受入金……一般会計と特別会計又は特別会計相互の間における物又は役務の供給の対価として行われる金銭、いわゆる国内部の受入金（例えば、かつて行われていた農林水産省地方農政事務所（食料安定供給特別会計）が刑務所（一般会計）に対して売り払う食糧の売払代金）の受払は、同一権利主体の内部における会計間の財産の移動に過ぎないから、国が実体法に基づいて保全したり、又は取り立てなければならないような権利関係が生ずるものではない。したがって、債権管理法の適用の余地はない。国内部における収入金として歳入の徴収手続が行われるだけである。

しかし、このような国内部における受入金であってもそれぞれの業務を担当する官庁の窓口においては、一般私人に対する債権と全く同じ取扱手続によって処理しているところであるので、事務処理上、便宜であると認められる場合には、一般の債権と同様に債権管理簿に記載又は記録して差し支えないこととしている。しかし、これは便宜上の措置であるから法の適用対象となる債権とは明確に識別できるような表示をしておき、債権現在額報告書を作成する場合には、これを混在させないように注意しなければならない（「基本通達」三八四頁参照）。

二　法の適用が除外される債権（法三）

債権のうちには、その性質上国の財産として管理する（その財産的価値に着目した管理を行う。）ことが不適当なもの又は管理の方法若しくは法令の適用関係からみて他の財産管理法規（会計法・国有財産法等）によって規制することが適当であると認められるものがある。こういった債権については、法三条に列記して法の全部又は一部を適用しないこととしている。

⑴　全面的に法の適用が除外される債権

1　罰金、科料、刑事追徴金、過料、刑事訴訟費用その他これらに類する徴収金で政令で定めるものに係る債権（法三Ⅰ①）

政令で定めるこれらに類する徴収金としては、次のものがある（令三）。

①控訴濫用に対する制裁のための納付金（民訴法三〇三Ⅰ）
②国税犯則等に対する徴収金（国税犯則取締法一四Ⅰ、関税法一三八Ⅰ、とん税法一四、特別とん税法一二）
③仮納付の罰金、科料等に相当する金額として徴する徴収金（刑訴法三四八、交通事件即決裁判手続法一五）
④保釈金等の没取金（刑訴法九六Ⅱ、Ⅲ、出入国管理及び難民認定法五五Ⅲ）
⑤証人等の不出頭、証言拒否等に伴う費用賠償に係る徴収金（刑訴法一三三、一三七、一五〇、一六〇、一七一、一七八、二二二、二六九）
⑥証人等の旅費の賠償に係る徴収金（少年法三一Ⅰ、心神喪失等の状態で重大な他害行為を行った者の医療及

び観察等に関する法律七八Ⅰ）

⑦インサイダー取引等の違法行為及び継続開示義務違反に対する課徴金等（金融商品取引法一八五の七、一八五の八、一八五の一四Ⅱ）

⑧公認会計士及び監査法人の虚偽証明に対する課徴金等（公認会計士法三四の五三、三四の五九Ⅱ）

⑨資力申告書を虚偽記載した被害者参加人に対する国選被害者参加弁護士に支給した旅費等の賠償に係る徴収金（犯罪被害者等の権利利益の保護を図るための刑事手続に付随する措置に関する法律一七Ⅰ）

これらの債権は、司法上の制裁を目的とする課徴金又は司法上の制裁としての色彩の濃い課徴金債権であって、国が財政収入を挙げる目的をもって徴収する他の債権とは性格を異にし、また徴収手続についても検察官等の命令で執行される等特別の制度に定められていること（刑訴法四九〇、非訟手続法一二一、少年法三一Ⅱ、民事調停法三六Ⅰ、家事事件手続法二九一Ⅰ）等の理由により除外したものである。

2　証券に化体されている債権（社債、株式等の振替に関する法律の規定により振替口座簿に記載され、又は記録されたものを含む。）（法三Ⅰ②）

社債、地方債、小切手、手形等の証券的債権がこれに該当する。これらの債権は、一般的にその権利の行使、弁済の受領又は権利の譲渡にあっては債権が化体されている証券の呈示、引渡しを必要とするものであって、債権としてよりも証券としての物的価値の管理がその財産管理の主体となるものである。また、これらの証券についてはすでに管理法規が整備されていて、社債、地方債などの信用証券にあっては国有財産法により、小切手などの支払証券にあっては証券ヲ以テスル歳入納付ニ関スル法律によって、それぞれ的確な管理が行われているところであるので、あえて債権管理法を重複して適用する必要性が認められない。

社債・国債等を規定する「社債、株式等の振替に関する法律」は、我が国証券流通市場において統一的決済システムによるペーパーレス化を実現し決済リスクの軽減や効率性の向上を図るため制定されたものである。同法に基づく債権は、証券が不可欠な手形請求権の表象たる約束手形のような位置付けから、引受契約があれば券面がなくても成立するという位置付けに変更されたものの、現行の社債の本質的性格は維持されている。社債は形式面から、約束手形は性質面から、いずれも債権管理法の適用除外債権とされているが、これには社債、株式等の振替に関する法律により振替口座簿に記載され、又は記録された社債が含まれると規定上整理されている。

注　株券は、株主としての地位に基づく権利（株主権）を表示するもので、この株主権は金銭債権ではないから債権管理法の対象とはならない。しかし、株主権に基づき会社から配当を受ける場合の配当請求権は金銭債権であり、しかも株券に化体されているものではないから、「配当金債権」として、一般の債権の管理基準に従って管理される。（二三頁〔運用上の問題・解釈〕(2)参照）

社債、地方債等の債券については、一般に利息債権も元本債権と同様証券に化体されている（利札が付いている）ので、債権管理法の適用から除外される。

3　日本銀行に対する国の預金に係る債権又は現金出納職員がその保管に係る金銭を金融機関に預託した場合における預託金債権（法三Ｉ③）

預託に関する法令の規定は、

①日本銀行に対する国の預金……会計法三四条二項

②現金出納職員の保管現金の市中銀行等に対する預託……出納官吏事務規程三条ただし書

である。

これらは国庫金の出納保管の方法として預金の形態をとっているものである。預託関係に基づいて金銭債権が発生することとなるが、この預金は国庫に属する現金の管理のために行われるものであって、金銭会計制度としての面からその取扱機関、取扱手続、責任体制などが完備しており、これに対してさらに債権管理の面から債権管理機関が重複して管理する実益がないと考えられる。

注　この預金債権には預入れに係る元本債権だけでなく、預入れによって生ずる利息債権も含まれる。預金利息が発生すれば、直ちに元加されるのが通例であるが、利息相当部分の債権についても債権管理法の適用は受けないから、利息が発生した場合は、出納官吏が歳入徴収官に報告し、歳入徴収官から納入の告知を受けて、利息相当額の歳入への組入れを行うこととなる。

4　保管金となるべき金銭の給付を目的とする債権（法三Ⅰ④）

金銭の給付を目的とする債権でその債権に基づく収入金が国の保管金に組み入れられるものとしては、

入札保証金（会計法二九の四）

契約保証金（会計法二九の九）

営業保証金（旅行業法七、宅地建物取引業法二五等）
差押物件、担保物件等の売却代金
などがある。
　競争入札に加わろうとする者をして入札保証金を納付させる権利、競争入札の落札者をして契約保証金を納付させる権利、旅行業者をして営業保証金を提供させる権利又は国が差し押えた物件の売払契約に基づき買受人をして売却代金を納付させる権利などは、いずれも法令又は契約に基づく国の金銭債権ではあるが、国がその受け入れた金銭を国の歳入とせず、保管金として別途管理しているのは、これに対して請求権を有する者のために保管しておく必要があるからである。このように保管金となる国の債権は、財政収入となる一般の債権とは収入としての性質が違うというだけでなく、例えば契約保証金を納付しない場合には国はその者との契約に応じない、営業保証金の納付がなければ営業を許可しない、差押物件の売却代金を納付しなければ契約を取り消すということとなるので、債務不履行に伴う財産上の損失は生じない。むしろ、これらの債権は納付義務者が自己の利益のために納付するものであるといえる。また、保管金の管理については、会計法上、歳入歳出外現金としての管理体系が整備されているので、債権管理の面から重複して規制する必要が認められないなどの理由によるものである。

5　寄附金にかかる債権（法三Ⅰ⑤）
　民法五五〇条において、「書面によらない贈与は、各当事者が解除することができる」と定められている。

逆に、書面による贈与は、債権として請求することができることとなるのであるが、本来、贈与は債務者の自発的意思による履行によるべきものであって、債権として積極的に取立てをすることは、寄付金の性格にふさわしくないものといえる。このため一般債権と同様の管理をすべき必要がないものとして適用から除外されているものである。

6　電子記録債権法第二条第一項に規定する電子記録債権（法三Ⅰ⑧）

電子記録債権とは、電子債権記録機関（主務大臣の指定を受けた株式会社をいう。）が調製する登録原簿への登録をもって、その発生又は譲渡について電子記録債権法の規定による電子記録をもって効力要件とする金銭債権とされている。

手形、小切手、社債等といった債権が化体されている有価証券については、「証券に化体されている債権」として債権管理法の適用除外債権とされている。他方、電子記録債権は、証券に化体されている債権でないものの、その発生又は譲渡を電子的な記録原簿への記録により可視化した債権であるため、その表象する債権が当該原簿に化体された債権であり、証券に化体されている債権と同様の性質を持つものと考えられることから、2に掲げる債権と同様、一般債権と同様の管理をすべき必要がないものとして適用から除外されているものである。

⑵　報告に関してだけ適用がある債権

債権管理法の諸規定のうち、年度末における債権現在額の報告に関する規定（法三九条及び四〇条）を除く他のすべての規定の適用を除外することとされている債権は次のとおりである。

1　国税収納金整理資金に属する債権（法三Ⅰ⑥）

国税及び国税に係る滞納処分費の受入金は、国税収納金整理資金に関する法律（昭和二九年法律第三六号）の定めるところにより、直接、歳入に受け入れることなく、いったん、国税収納金整理資金に受け入れ、国税に係る過誤納金の還付金等を支払った残額を歳入に組み入れることとしている。

これらの債権を債権管理法の対象から除外したのは、国税関係の債権については国税通則法、国税徴収法、災害被害者に対する租税の減免、徴収猶予等に関する法律、租税特別措置法その他各種税法等において独特の管理法規が整備されており、管理機構の面においても国税庁、国税局及び税務署又は税関、税関支署及び出張所等といった賦課徴収を掌る専門の徴税機関が設置されていて、国税債権の実情に即した管理体制がとられているといえるので、債権管理法を適用しないこととしたものである。

2　国が保有する資金（特別会計の積立金を含む。）の運用により生ずる債権（法三Ｉ⑦）

特別の法律に基づいて国が保有する資金（国が資金を保有するには財政法四四条の規定により、特別の法律に基づくことを要することとされている。）には種々のものがあるが、そのうち、運用を目的として設けられている資金としては次のものがある。

①財政融資資金
②外国為替資金

これらは、それぞれの資金の運用に関する法令に定めるところにより資金を運転資本として国以外の者に対する貸付け、債権の引受け又は出資等の投融資、外国為替等の売買といった政府の財政活動のうちでも金融的業務に類する部門の事業活動を担当するものであって、資金の運用として行う債権の取得、保全、売却譲渡等の処理にあたっては、その業務の事情に適合するような方法において自主的、機動的に行わせることが適当であると考えられるので、債権管理法とは別個に、それぞれ、個別の法令に基づき運用の実態に即した債権管理手続を定めることを前提として債権管理法を適用しないこととしたものである。

以上の二種の債権は、それぞれの管理の特殊性から債権管理法を適用しないこととされたものであるが、これらの債権についても、債権の管理に関する計算は当然行っていくべきものであり、またこれらの債権は質的にも量的にも国の債権の重要な部分を占めるので、毎年度末の債権現在額の国会への報告及び会計検査院への債権現在額の計算書の提出に関する規定の適用まで除外することは適当ではない。これらを除外して計上した債権現在額では国の債権総額の把握にあたってほとんど意味がないことになる。そこで、これらの債権についても、法三九条及び四〇条の規定に関する限り、一般債権並みに適用があることとされているわけである。

なお、2に掲げる債権のうち、証券に化体されているもの並びに外国為替資金に属する外国為替等及び現金で金融機関に対して預入されたものにかかる債権は、(1)2、3で述べたように証券に化体されている債権及び国の預金その他預託金債権が全面的に債権管理法の適用除外とされていることに鑑み、前記報告に関する規定の適用からも除外されることになっている（令二②）。ただし、外国為替資金に属する外貨並びに円貨の貸付金債権（貸越の契約に基づくものを含む。）、特別決済勘定貸越残及びいわゆる対米債権等については、報告に関する規定の適用があるので注意を要する。

(3)　法の一部を適用しないこととされている債権（法三Ⅱ）

1　外国を債務者とする債権

次の規定を適用しないこととしている（令四Ⅱ）。

法一五条（強制履行の請求等）
法一八条（債権保全措置。ただし、第五項〔時効更新の措置〕を除く。）
法三五条（債権契約において定めるべき条項）
法三六条（貸付契約において定めるべき条項）

さらに、財務大臣の指定する債権（国の債権の管理等に関する法律施行令第四条第二項に規定する財務大臣が指定する債権を定める告示（平成一〇大蔵告八七）により指定）については、

法一三条（納入の告知及び督促）
法二五条（履行期限を延長する期間）
法二六条（履行延期の特約等に係る措置。ただし、延納利息に係る部分を除く。）
法二七条（履行延期の特約等に附する条件）

外国を債務者とする債権は、条約又は国際慣行に基づき債務国政府との外交交渉によって解決するのが建前であるといえるので、国が一般の債務者並みに履行強制措置などの手段をとることは適当でないと考えられるので、これらの規定を適用しないこととした。

2　本邦に住居所を有しない債務者（本邦内に強制執行又は滞納処分を行った場合に、その費用と他に優先して弁済を受ける債権等の合計額を超える財産を有する債務者を除く。）とする債権（令四Ⅰ①）

適用しない規定（令四Ⅱ）

〔法一五条
〔法一八条（一項〔担保提供の請求〕及び五項〔時効更新の措置〕を除く。）

強制執行等の実効性が乏しいのでこれらの規定を適用しないこととした。

注　令四条一項一号に掲げる債権について、債権管理法は、法一五条の強制履行の請求等又は法一八条の債権保全措置をする義務を課さないこととするに止まる（これらの措置をとることを禁じているものではない。）。したがって、債務者が外国に相当な財産を有し、これに対しその外国で執行判決を得た上で強制執行をする等適切な措置をとれば弁済を受けることができると認められる場合には、債権管理機関の判断においてそのように措置することが望ましいところであり、そうすることが法一〇条の趣旨に沿うものである。

3　外国の大使、公使その他の外交官、領事、理事官等及びこれらの家族（令四Ⅰ②）

適用しない規定（令四Ⅱ）

〔法一五条
〔法一八条（一項及び五項を除く。）

外交特権又はこれに準ずる条約若しくは国際慣行上の権利を有する者であるので、これらの者に対し強制執行等を行うことは不可能又は不適当とされるので、これらの規定を適用しないこととした。

〔運用上の問題・解釈〕

⑴　手数料債権のうちには、法令の規定により印紙をもって納付しなければならないことになっているものがあるが、この印紙納付に係る債権は、本法にいう金銭の給付を目的とする債権といえるか。

印紙をもって納付しなければならないものであっても、金銭債権であることには変りはない。

印紙は、歳入納付の手段として国が独占的に発行する金銭上の価値を表象する証券である。印紙による納付は、通常の歳入納付に伴う収納官庁の窓口における金銭の授受の手続を省略するために、納入者があらかじめ国（売りさばきの事務を委託された日本郵便株式会社を含む。）に金銭を支払って相当金額の印紙の交付を受け、これを収納官庁に提出することにより歳入の納付が行われたとするものである。つまり、印紙は法令をもって定められた特定の金銭債権を納付するための手段であって、代物弁済とは異なる制度であるから、これによって金銭債権としての性質が失われることはない。

(2) 株式に対する配当金は、証券（株券）に化体されている債権といえるか。

株券は、株主権を表象する有価証券である。株主権自体は、株主としての地位に基づく包括的な権利であって、債権ではない。会社の利益に対する配当請求権は、現実に会社の利益が生じ、利益配当に関する株主総会の決議があったときにおいて、具体的な金銭債権となるものである。この配当金債権は株券に化体されているものではないから、債権管理法の全面的な適用を受ける。

(3) 運用を目的とする資金に属する債権は、すべて法三条一項七号にいう資金の運用により生ずる債権に該当するものと考えてよいか。

資金の運用により生ずる債権とは、資金の運用の結果として発生する債権に限られる。したがって、運用を目的とする資金に属する債権であっても、次のような債権は資金の運用により生ずるものとはならない。

(イ) 資金の運用に関する事務を担当する職員の不正行為による損害賠償金債権

(ロ) 職員に対する給与、賃金等の過誤払による不当利得返還金債権これらの債権は、他の会計又は資金に属する同種の債権と同様に債権管理法の適用を受けることになる。

第二節　債権の管理に関する事務の範囲

一　意義

債権管理法の適用を受ける債権の管理に関する事務とは、一般に国の債権について国が債権者として行うべき保全、取立て、内容の変更及び消滅に関する次の事務をいうのであるが、後述する**二**の⑴～⑷の事務はそれぞれに述べる理由により本法の適用を除外することとしている（法二Ⅱ）。

① 「債権の保全に関する事務」とは、債権の直接的あるいは終局的満足を可能にするために行う配当要求等債権の申出（法一七）、担保若しくは保証の要求、仮差押え若しくは仮処分、債権者代位権若しくは詐害行為取消権の行使、時効の更新（法一八）、債務者についての調査（法二七①、三五④）等に関する事務

② 「債権の取立に関する事務」とは、債務者の履行を請求するために行う納入の告知（法一三Ⅰ）、督促（法一三Ⅱ）、担保の処分、競売その他の担保権の実行、強制執行、訴訟（法一五）、繰上徴収（法一六）等に関する事務

③ 「債権の内容の変更に関する事務」とは、債権の内容の変更をもたらす履行延期の特約等（法二四）、和解又は調停（法二八、三二）、利率引下げ（法二九）、更生計画案等についての同意（法三〇）等に関する事務

④ 「債権の消滅に関する事務」とは、債権の消滅原因となる免除、弁済又は代物弁済の受領等に関する事務を指していうのである。

なお、債権の発生に関する事務は、契約等担当職員をはじめ債権の発生原因である契約その他の行為をする者の事務であり、その行為によって債権が発生し、そこからはじめて管理の段階に入るのであるから、発生段階におけるこれらの事務は債権の管理事務に入らない。

また、訴訟を取り扱う裁判所の事務とか、強制執行を行う執行官の事務とか、弁済金の供託を受理する供託官吏の事務についても、元来、債権者としての事務ではないから、同様にここにいう債権管理事務には入らないものと解する。

債権管理法は、国の金銭債権の管理事務の処理上必要な手続に関する規定を主要な内容の一とするものである（法一）が、同法で債権管理事務とは、前述の一連の事務のうち、次に掲げる特定の管理事務を除外したものをいうのである（法二Ⅱ）。

二　除外される事務

(1)　法務大臣の権限に属する訴訟又は非訟手続関係の事務（法二Ⅱ①）

「国の利害に関係のある訴訟についての法務大臣の権限等に関する法律」（昭和二二年法律第一九四号）により、国を当事者又は参加人とする訴訟事件又は非訟事件については、法務大臣が国を代表することとなっているので、国の債権に関する事件については、所管省庁の如何にかかわらず、すべて法務大臣が国を代表して事務を処理することになる。任意競売や強制執行などの手続も、債権管理上必要な事務であるけれども、債権管理機関はこれらの措置を必要とするときは、法務大臣に対してその措置をとるべき旨の請求をするにとどまる（法一

五、一八、二八等）。この法務大臣の所掌に属する訴訟又は非訟手続事務の円滑な処理を確保するためにその権限に属する債権管理事務（例えば、訴訟又は非訟手続による債権の履行の請求若しくは保全、和解若しくは調停による債権の内容変更、減免等に関する措置）を債権管理法の適用を受ける債権管理事務の範囲から除外することとしたものである。

⑵　**法令の規定により滞納処分を執行する者が行うべき事務**（法二Ⅱ②）

国税徴収又は国税滞納処分の例によって徴収する債権についてその執行権限を有する行政機関が行う滞納処分は、民事債権について執行官が行う強制執行の行為に相当する特殊な行政処分であって、債権管理法の規定をもってその執行方法を規制することは適当ではないと認められるので、その事務を同法の適用を受ける債権管理事務の範囲から除外することとし、これらの債権について滞納処分を必要とするときは、執行権限を有する機関に対してその手続をとることを求めることとした。

⑶　**弁済の受領に関する事務**（法二Ⅱ③）

債権の消滅に関する事務のうち、弁済の受領の事務は、債権管理機関の納入の告知に基づいて行われるものである。国の会計制度にあっては、一連の出納手続をすべて一つの会計機関が処理することを許さず、「出納執行の意思決定をし、及び出納執行の指図をする機関」と「その指図に基づいて現実の執行をする機関」とに区分し、相互間のけん制による会計処理の適正化を図っていることは、あらためて説明するまでもない。いわゆる命令系統の職務と執行系統の職務の分離けん制が行われているところである。

弁済の受領は債権管理機関の行う納入の告知を前提とし、これを執行するために行われる執行系統の行為であるので、その事務を債権管理機関の行う事務の範囲から除外することは、前述の会計処理の原則に照らして明らかである。

また、この弁済の受領に関する事務は、金銭の収納の事務として会計法に定めるところにより出納官吏、出納員及び日本銀行等の国庫金の収納機関が行い、同法においてその事務処理手続及び責任体制が確立しているので、この面からみても債権管理法において重ねて規制する必要がない。特別の法律に基づき、金銭以外の財産をもって代物弁済が行われる場合は、金銭の収納ではないから、会計法の規定による現金出納機関が収納しない。収納官庁の長の権限と責任において出納官吏以外の担当部課の職員をして収納事務にあたらせているが、収納後は、直ちに国有物品、国有財産等として物品管理法、国有財産法等の規定による管理機関の管理に移される。

(4) **金銭又は物品管理法の規定を準用する動産の保管に関する事務**（法二Ⅱ④）

国が保管する差押物件又は担保物件のうち、現金については会計法の規定により歳入歳出外現金出納官吏が、物品管理法三五条の規定により同法が準用される動産については物品出納官（又は物品管理官）がそれぞれ保管することになるので、債権の管理に関する事務の範囲から除外することとした。

有価証券については、物品管理法の準用がないので、債権管理機関の責任において管理することになるが、これについても法二〇条二項の規定によりその取扱いは会計法及びこれに基づく命令の定めるところによるものと定められており、政府保管有価証券取扱規程の定めるところにより部課の職員を有価証券取扱主任官に命じてその者に取り扱わせることとなる。

〔運用上の問題・解釈〕

○　法務大臣の行う訴訟関係事務、出納官吏等による弁済の受領に関する事務は、債権管理法の適用を受ける債権の管理に関する事務の範囲から除外することとされている。にもかかわらず、法二三条、三〇条、三一条、三八条三項等において、これらの者の事務処理手続を規定しているのは、いかなる理由によるか。

債権の管理に関する事務は、いうまでもなく債権管理法の適用を受ける。しかし、同法は債権管理事務だけではなく、これと関連する他の事務についても両者の事務の有機的関連を保ち、それらの一体的執行を図るために必要な限度において関係する部分の取扱手続を定めているものである。法二三条（出納官吏等から歳入徴収官等に対する債権消滅の通知）又は三八条三項（法務大臣からの財務大臣への意見徴求）の規定は、この趣旨によるものである。また、法三〇条（更生計画案等に対する同意）又は三一条（和解又は調停による譲歩）において法務大臣が債権の内容の変更等を行う場合の処理手続を規定しているが、これは財政法八条の規定により国の債権の内容変更もしくは免除は法律に基づかなければならないこととされているために設けられた規定である。

第二章　債権の管理の機関

債権管理法は、債権の管理に関する事務を行う機関として債権の管理の機関について定めている。これは、債権管理事務を所定の機関に行わせることによって、適正な債権の管理を実現させようとの趣旨に基づくものである。こうした債権管理の機関が定められていなかった債権管理法施行前においては、債権の管理責任が明らかでなかったうえに、国の債権の総合的な把握も容易には行えなかったので、債権管理事務の怠慢ないし渋滞が生じがちであった。

このような国の会計制度上の不備を改め、統一的・有機的な債権の管理を円滑に実施するため、債権管理法制定時においては債権管理官という特定の会計機関を設けて債権の管理事務を処理させることとした。

この処理方法は、債権管理法にかぎらず、収入、支出、支出負担行為、契約、現金の出納保管又は物品の管理に関する法令についても同様であって、取り扱う会計事務の内容が異なるごとに歳入徴収官、支出官、支出負担行為担当者、契約担当官、出納官吏、出納員、物品管理官又は物品出納官というようにそれぞれ特有の会計機関を設けて会計事務の処理にあたらせることとしているところである。

このように、国の会計事務についてその内容が異なるごとに、それぞれ別個の会計機関を設けることは、会計事務処理の権限と責任を統一化する上においては効果があるのであるが、その反面、会計事務が体系的に分離されてしまい、会計組織全体の運営からみた場合にその有機的・一体的な運営を図る上での一つの障害となることにもなりかねない。

殊に、債権管理法の対象となる金銭債権の管理に関する事務は歳入徴収その他の金銭会計の事務と密接に関連するものであるから、債権管理法及びこれに基づく政令、省令においては、両者の事務が相互の連携を保って、一体的に運営されるように債権管理官と関係の会計機関との相互間の事務連絡又は事務処理の調整に関する規定を設けて、事務の円滑な実施を図っていたところであるが、債権管理事務及びこれに関連する金銭会計事務のより一層の簡素化を図るために、昭和四五年、債権管理法を改正して、債権管理官の制度を廃止し、同法に定める債権の管理に関する事務は、歳入徴収官、支出官その他関係の職員が行うこととして、双方の事務の一元化を図ることとしたのも、このような制度的な問題に端を発していたのである。

すなわち、債権管理官、代理債権管理官及び分任債権管理官に関する制度（旧法五～七）が廃止され、債権の管理に関する事務は政令で定めるところにより歳入徴収官、支出官その他の国又は都道府県の職員に行わせることができることとされた（法五）。この改正後の法五条の規定により債権の管理に関する事務を行う歳入徴収官、支出官その他の職員のことを総称して「歳入徴収官等」といっている（法二Ⅳ）。この〝歳入徴収官等〟というのは、改正後の同法の規定による債権管理機関の総称であって、それまでの債権管理官に代わるような会計機関の特定名称ではない。

なお、このような面を有する債権の管理機関には、具体的直接的な国の財産の支配を行う現金管理機関や物品管理機関のように、事務執行上生じた損害について弁償責任を負わせるのはさしあたり酷であるという見地から弁償責任の規定が設けられていない。しかしながら、債権の管理機関は、職務の遂行にあたっては、国の債権管理事務の責任者としての職責の重大性を十分認識して、国の利益を擁護すべく万全の配慮を尽くすべきであろう。

第一節　債権の管理に関する事務の委任、分掌若しくは代理又は内部委任

各省各庁の長は、その各省各庁の所掌事務に係る債権の管理に関する事務を政令で定めるところにより、歳入徴収官、支出官その他の職員で当該各省各庁又は他の各省各庁に所属するものに行わせることができる（法五Ⅰ）。しかし、他の法令の規定により各省各庁の長以外の国の機関が行うべきこととされている債権の管理に関する事務については当該他の法令の規定により事務の委任が行われるので、法五条に基づく政令の規定による委任の範囲から除外されている（法五Ⅰかっこ書）。

また、同様に、各省各庁の所掌事務に係る債権の管理に関する事務（他の法令の規定により委任が行われるものを除く〔法五Ⅰかっこ書〕。）を政令で定めるところにより、都道府県の知事又は知事の指定する職員が行うこととすることができる（法五Ⅱ）。

政令では、次に定める国の職員に対して債権の管理に関する事務を委任し、分掌させ、又は代理させることとしている。

一　国の職員に対する委任、分掌又は代理（令五）

(1)　委任等を受ける職員（令五Ⅰ～Ⅳ）

政令では、歳入金債権と歳入外債権（歳入金債権以外の債権をいう。）に区分し、歳入外債権はさらに歳出の金額に戻し入れる返納金債権とその他の債権とに区分して各区分ごとに特定の職員にそれぞれの債権の管理に関する事務を委任し、分掌させ、又は代理させることとしている。

区　分	(イ)　委任を受ける職員	(ロ)　分掌させる職員	(ハ)　代理させる職員
1　歳入金債権の管理に関する事務	歳入徴収官（令五Ⅰ①）	分任歳入徴収官その他の職員（令五Ⅱ）	歳入徴収官代理又は分任歳入徴収官代理その他上記により分掌を命ぜられた職員以外の職員（令五Ⅲ①）

(イ)　歳入金債権の管理事務は、債権管理と歳入徴収に関する組織の一元化を図る考え方からすべて歳入徴収官に委任することとしている（令五Ⅰ①）。

(ロ)　歳入金債権の管理事務の分掌についても、分任歳入徴収官が置かれている場合はその分任歳入徴収官に分掌させることとしている。しかし、官署によっては歳入徴収事務については分掌の必要を認めず、したがって分任歳入徴収官は置かないが、歳入金債権の管理事務については分掌させる必要がある場合もある。こういう場合には、分任歳入徴収官でない職員に歳入金債権の管理に関する事務の一部を分掌させることが必要となるので、政令では「分任歳入徴収官その他の職員」に分掌させることができることとしている（令五Ⅱ）。

(ハ)　そして、これらの規定により歳入金債権の管理に関する事務の委任を受け、又はその事務の一部を分掌する歳入徴収官又は分任歳入徴収官その他の職員に事故がある場合（又はこれらの職員が官職指定の方法（会計法四条の二第四項（同法二四条三項において準用する場合を含む。）又は令五条五項）により任命されている場合においてその指定された官職にある職員が欠けているとき）において、必要があるときは、歳入徴収官代理又は分任歳入徴収官代理若しくは(ロ)により事務を分掌する「その他の職員」以外の職員に、それぞれの事務を代理させることができることとしている（令五Ⅲ①）。

区　　分	(イ)　委任を受ける職員	(ロ)　分掌させる職員	(ハ)　代理させる職員
2　歳出の金額に戻し入れる返納金債権の管理に関する事務	官署支出官（令五Ⅰ②）	な　し	支出官代理（官署支出官の事務を代理する職員に限る。）（令五Ⅲ②）
	財務省令で定める特別の事情があるときは、官署支出官又は支出官代理（官署支出官の事務を代理する職員に限る。）以外の職員（令五Ⅳ）	な　し	委任を受けた職員以外の職員

(イ)　原則　歳出の返納金は、その返納に係る経費の支出の決定をした官署支出官がその返納金の歳出への戻し入れ又は歳入としての徴収事務を担当することが建前であるので（予決令二七、三四ただし書）、歳出の金額に戻し

入れる返納金債権の管理に関する事務を(イ)官署支出官に委任し、及び(ハ)支出官代理（官署支出官の事務を代理する職員に限る。）に代理させることとしている（令五Ⅰ②、Ⅲ②）。

注　会計法には支出事務の分掌に関する制度がないので、支出機関の構成にあわせる必要から、歳出の返納金債権の管理に関する事務については分掌機関を設けないこととしている。

(ロ)　例外　各省各庁の長は、財務省令で定める特別の事情があるときは、歳出に戻し入れる返納金債権の管理に関する事務を官署支出官及び支出官代理（官署支出官の事務を代理する職員に限る。）以外の職員に委任し、又は代理させることができる（令五Ⅳ）。

一般に、歳出の返納金債権は、支出の決定の事務を行う官庁で管理することが適当であるといえるが、特殊な例として、他の官庁で管理することが適当と認められる場合がある。具体的事例としては、多数の市町村に対して交付する補助金、負担金等の支出についてはその迅速、簡便な交付を図るために都道府県知事の同意を得て、知事の指定する職員が支出事務を行うこととしている場合に、補助金等の実体的な管理（すなわち、補助金等の交付決定、報告の徴取その他の監督、補助金等の額の確定及び返還命令等）の事務を本省の内部部局長等が行っているものがある。この場合には、補助金等の確定又は返還命令に伴って必要となる返還金債権の管理は、むしろ本省内部部局等で処理する方がより適当であるといえる。

そこで、財務省令で定める特別の事情があるときは、官署支出官及び支出官代理（官署支出官の事務を代理する職員に限る。）以外の職員（本省内部部局長等）に歳出の返納金債権の管理に関する事務を委任し、又は代理させることができる途を開いたものである。

この財務省令で定める特別の事情としては、則三九条の七において、その返納事由を生じた歳出に係る支出負担行為に関する事務の委任を受けた支出負担行為担当官の所属庁と当該歳出に係る支出事務の委任を受けた支出官の所属庁とが異なっている場合において各省各庁の長が必要であると認めるときとするというように定められている。両者の所属庁が異なっている場合において実際にこのような取扱いをする必要があるかどうかは、各省各庁の長の認定に委ねられているところであるが、当面のところでは、この規定が適用されるのは、おそらくこの補助金等に係る返還金債権の管理の場合に限られるものと思われる。

区分	(イ) 委任を受ける職員	(ロ) 分掌させる職員	(ハ) 代理させる職員
3 **1**及び**2**以外の債権（すなわち歳出の金額に戻し入れる返納金債権以外の歳入外債権）の管理に関する事務	(a) 内閣府設置法に定める府又は国家行政組織法に定める省若しくは庁の内部部局、附属機関等又は地方支分部局（国家行政組織法の適用を受けない国家機関の組織にあっては、これらに準ずる機関）の長（令五Ⅰ③） (b) 各省各庁の長が必要があると認めるときは、これらの職員以外の職員（令五Ⅰ③かっこ書）	その他の職員（令五Ⅱ）	上記(イ)又は(ロ)により委任を受け、又は分掌する職員以外の職員（令五Ⅲ③）

歳出に戻し入れる返納金債権以外の歳入外債権で各省各庁共通のものとしては、資金前渡官吏が保管する前渡資金の金額に戻し入れる返納金債権（出納官吏事務規程五八条の二）がある。

しかし、そのほかにも特定の省庁に関係する多種多様の歳入外債権（九〇頁参照）があるので、これらの歳入外債権を取りまとめて規定する関係上、その事務は一般には各部局等の長に委任することとし、必要があるときは、部局等の長以外の職員にも委任することができるというように弾力的に規定している。

(2) 委任等の手続

1　歳入徴収機関及び支出機関に対する委任、分掌又は代理の手続

歳入金債権又は歳出の金額に戻し入れる返納金債権の管理に関する事務は、前述のように歳入徴収機関（歳入徴収官、分任歳入徴収官又はこれらの代理官）又は支出機関（官署支出官又は支出官代理（官署支出官の事務を代理する職員に限る。））に委任し、又は分掌若しくは代理させることを建前とするので、これらの債権をそれぞれの歳入徴収機関又は支出機関に行わせる場合には、各省各庁の長は、所管の訓令等をもって当該歳入徴収機関又は支出機関にこれらの債権の管理に関する事務を委任し、分掌又は代理させる旨を定めればよいから、委任、分掌又は代理にあたって格別の任命手続を必要としない。その歳入徴収機関又は支出機関が当該各省各庁の所属の職員であろうと他の各省各庁の所属の職員であろうと、また個人任命又は官職指定のいずれの方式によって任命されたものであっても、当該各省各庁の歳入徴収機関又は支出機関として任命されれば、同時にその所掌に属する歳入金債権又は歳出返納金債権についての債権管理機関としてその管理に関する事務を行うこととなり、歳入徴収機関又は支出機関としての任命の効果が自動的に債権管理事務の委任、分掌又は代

理に及ぶことになる。

2　歳入徴収機関及び支出機関以外の職員に対する委任、分掌又は代理（令五Ⅴ、Ⅵ）

前記**1**以外の場合、すなわち

(イ)　歳入金債権の管理に関する事務を分任歳入徴収官以外の職員に分掌させ、又は代理させる場合（令五Ⅱ、Ⅲ）

(ロ)　歳出の金額に戻し入れる返納金債権の管理に関する事務を官署支出官又は支出官代理（官署支出官の事務を代理する職員に限る。）以外の職員に委任し、又は代理させる場合（令五Ⅳ）

(ハ)　歳出の金額に戻し入れる返納金債権以外の歳入外債権の管理に関する事務を委任し、分掌させ、又は代理させる場合（令五Ⅲ）には、債権管理機関としての正式な任命手続をとることが必要である。

①　任命方式

この場合における債権管理事務の委任、分掌又は代理にあたっては、

(イ)　個人任命の方式によるだけでなく

(ロ)　当該各省各庁又は他の各省各庁に置かれた官職を指定することによりその官職にある職員に事務を委任し、分掌させ、又は代理させることとするいわゆる〝官職指定〟の方法による包括的な任命方式によることができる（令五Ⅴ）。

なお、債権管理事務の委任、分掌又は代理にあたって各省各庁の長は、財務大臣への協議は必要としない。

②　他の各省各庁所属の職員に委任し、分掌又は代理させる場合における他の各省各庁の長の同意

各省各庁の長は、債権の管理に関する事務を委任し、分掌させ、又は代理させる場合においては、その委任し、分掌又は代理させようとする職員の氏名及び官職（官職指定の方法により委任、分掌又は代理が行われる場合は、その指定しようとする官職）並びに行わせようとする事務の範囲についてあらかじめ他の各省各庁の長の同意を得ることを必要とする（令五Ⅵ）。

注　資金前渡官吏又は分任出納官吏若しくは出納官吏代理にその保管に係る資金の金額に戻し入れる返納金債権の管理に関する事務を委任し、分掌又は代理させる場合にも、債権管理機関としての正規の任命手続をすることが必要である。

出納官吏としての任命は、各省各庁の長だけでなく、各省各庁の長の委任を受けた職員が行うことができるが（会計法三九Ⅰ）、出納官吏を債権管理機関としてこれに債権の管理に関する事務を委任し、分掌又は代理させる場合においては、一般の債権管理機関を任命する場合と同様に、各省各庁の長が任命することが必要である。

しかし、この場合には、会計機関である出納官吏としての面から当該債権管理機関を特定することができるので、その委任、分掌又は代理にあたっては、個人任命の方法による場合は別として、官職指定の方法による場合には、出納官吏である職員の官職名を列挙しなくても「〇〇出納官吏として任命された職員の官職」というように包括的に指定する便法があってもよいと考える。

二　都道府県の知事等が行う管埋事務（令六）

国は、債権の管理に関する事務を都道府県の知事又は知事の指定する職員（以下「都道府県の知事等」と略称）が当該事務を行うこととすることができる。また、この都道府県の知事等が行うこととされる事務は、地方自治法

（昭和二三年法律第六七号）二条九項一号に規定する第一号法定受託事務とされている。

この都道府県の知事等が行うこととされた管理事務の手続は次のようになる。

(1)　各省各庁の長は、都道府県の知事等が行うこととなる債権の管理に関する事務の範囲を明らかにして、当該知事等が債権の管理に関する事務を行うこととなることについて、あらかじめ当該知事に同意を求めなければならない（令六Ⅰ）。

(2)　都道府県の知事は、各省各庁の長から同意を求められた場合、その内容について同意するかどうかを決定し、同意するときは、知事が自ら行う場合を除き、事務を行う職員を指定するものとする。

この場合において、当該知事は、都道府県に置かれた職を指定することにより、その職にある者に事務を取り扱わせることができる（令六Ⅱ）。

(3)　都道府県の知事は、同意をする決定をしたときは同意する旨及び事務を行う者（都道府県に置かれた職を指定した場合においてはその職）を、また、同意しない決定をしたときは同意をしない旨を各省各庁の長に通知する（令六Ⅲ）。

三　債権管理機関についての制度上の特色及びこれに関する法令上の取扱い

以上が債権管理機関制度の概要であるが、この制度の特色等をあらためて詳述する。

(1)　債権管理機関に関する制度上の特色

国の会計事務の処理にあたっては、前述のとおり、歳入徴収官、支出負担行為担当官、契約担当官、出納官吏、出納員又は物品管理官若しくは物品出納官などその取り扱う会計事務の内容が異なるごとにそれぞれ特定の会計機関を設けて事務の処理にあたらせているところである。

このように取り扱う会計事務の内容が異なるごとにそれぞれ別個の会計機関を設けることは、会計事務処理の権限と責任を明確化し、統一化する上においては効果があるのであるが、反面、国の会計事務が体系的に整然と区分されてしまい会計組織全体の運営からみた場合にその有機的、一体的な運営を図る上での障害ともなるおそれがある。

殊に、債権管理法の対象となる金銭債権の管理に関する事務は、歳入の徴収その他金銭会計の事務と密接に関連するものであるから、両者の事務は特に有機的、一体的に処理する必要がある。

こういった特質を考慮して、前述のとおり、債権管理事務の処理にあたっては、そのための会計機関を特に設けないで、金銭会計機関である歳入徴収官又は官署支出官その他の関係の職員をして債権の管理に関する事務をあわせ行わせることとしたのである。

国の金銭会計の主体をなすものは歳入及び歳出であり、金銭債権の大部分を占めるものは歳入金債権である。この歳入金債権の管理に関する事務は、歳入徴収官、分任歳入徴収官又はこれらの代理官に行わせることとしている（例外的に、歳入徴収事務の分掌は必要ないが、債権管理事務については分掌させる必要がある場合には、分任歳入徴収官でない職員に分掌させることになる。令五Ⅱ）。

また、歳出に戻し入れる返納金債権の管理に関する事務についても財務省令で定める特別の事情がある場合を除き、官署支出官又は支出官代理（官署支出官の事務を代理する職員に限る。）に委任し又は代理させることとしているので、金銭会計の主体をなし、国の予算及び決算に計上される歳入及び歳出関係の債権は、一般には歳入徴収機関及び支出機関によって管理される体制がとられているものといえる。

(2) 債権管理機関に関する法令上の取扱い

1 債権管理機関の呼称

① 歳入徴収官等（法二Ⅳ）

債権管理事務の処理にあたっては、特定の会計機関を設けず、歳入徴収官、支出官その他関係の職員が担当することとしている。債権管理法においては、これらの債権管理事務を行う歳入徴収官その他の職員を総称して「歳入徴収官等」ということとした（法二Ⅳ）。

このように〝歳入徴収官等〟というのは、債権管理法の規定により債権管理事務を行う職員を総称しているものであって、特定の会計機関の名称ではない。この歳入徴収官等の中には、歳入徴収官、支出官その他の国の職員及び都道府県の職員が含まれており、また債権管理事務の委任を受けた職員だけでなく、その事務を分掌又は代理する職員も含まれる。

② 歳入徴収官等の分類（則二Ⅱ）

債権の管理に関する事務を行う職員は、債権管理事務の委任を受けた者であると、事務の分掌又は代理を命ぜられた者であるとを問わず、すべて同一の「歳入徴収官等」という名称をもって規定していても、通常の事務処理上は支障を生じないのであるが、事務の委任を受けた職員と、これを分掌し、又は代理する職員との間における事務取扱手続を定め、又はこれらの機関のうち特定のものについて特別の事務取扱手続を定

める必要がある場合もあるので、そのような場合には（則五、六、四〇等）、これらの機関をそれぞれ

主任歳入徴収官等
分任歳入徴収官等
歳入徴収官等代理

というように区分して規定し、それぞれの取扱手続を定めている（則二Ⅱ各号）。

③　歳入徴収官等の名称の表示（則三九の八）

「歳入徴収官等」というのは、特定の会計機関の名称ではない。したがって、歳入徴収官等が債権管理事務の処理上発する文書（例えば、納入告知書、納付書若しくは督促状又は各省各庁の長若しくは会計検査院に対する報告書若しくは計算証明書類等）には、歳入徴収官等という呼称を用いるわけにはいかない。

歳入金債権の管理に関する事務又は歳出に戻し入れる返納金債権の管理に関する事務については、歳入徴収官又は官署支出官（これらの分任官及び代理官を含む。）がその事務の処理にあたることとしているので、これらの債権管理機関については歳入徴収官又は官署支出官の名において債権管理上必要な文書を発することができる。しかし、歳入徴収官及び官署支出官以外の職員が債権管理上発する文書には、その職員の官職及び氏名のみを記載するほかはないが、則三九条の八においては、その職員が法令の規定によりその管理する債権に係る収入金の徴収事務を取り扱う会計機関（資金前渡官吏、特別調達資金の資金会計官等）であるときは、当該会計機関の名称を付記することとしている。したがって、例えば資金前渡官吏又は資金前渡官吏代理である歳入徴収官等が前渡資金の返納金債権に関し会計検査院に提出する債権管理計算書にあって

は、当該資金前渡官吏（又は資金前渡官吏代理）の名において送付することになる。

2　複数の債権管理機関が設置されることに伴う債権現在額通知書の作成（第六章第二節参照）

債権管理法令においては、債権の管理に関する事務は、金銭会計事務との一元化を図る建前から、歳入徴収官、支出官その他関係の職員が行うこととしていることに伴い、各官庁における金銭会計機関の配置状況によっては同一官庁に二人以上の歳入徴収官等がいるようなことも起こりうる。こういったことは、日常の債権管理事務の処理については支障のないところであり、それぞれの金銭会計事務処理との一元化であると考えればうなずけるところであるが、各省各庁の長に対する毎年度末の債権現在額通知書を作成し、送付する場合には、通知書の送付がそれぞれに行われ、これを取りまとめる本省本庁の集計事務が複雑化するので、同一の官署に二人以上の歳入徴収官等がいる場合における債権現在額通知書の作成及び送付の手続は、関係の歳入徴収官等がそれぞれの所掌区分を明らかにして、一の書面をもって行えば足りることとされた（則四〇Ⅲ前段）。

則別表第二に掲げているとおり、債権の種類は、歳入金債権と歳入外債権とに大別されており、さらに歳入外債権は歳出返納金債権、前渡資金返納金債権又は繰替払等資金返納金債権というように国庫金の分類に従って区分されているから、債権の分類区分がそのまま所掌区分を表示する手段となるので、通常の場合は、所掌区分を明示するために格別の手数を要しない。

また、同一の官署に二人以上の分任歳入徴収官等がいる場合において、これらの分任歳入徴収官等が所属の主任歳入徴収官等に送付する債権現在額通知書の作成及び送付についても同様の手続により一の書面をもって行うことができることとしている（則四〇Ⅲ後段）。

なお、計算証明規則（昭和二七年会計検査院規則第三号）第一章の二により会計検査院に提出する債権管理計算書は債権現在額通知書との複写により作成できる様式のものになっている（計算証明規則一号様式及び則一一号様式参照）ので、債権管理計算書の作成及び提出についても同様の方法により一本化することとされている。

四　債権の管理に関する事務の内部委任

ここにいう「内部委任」とは、会計機関がその権限に属する会計事務を行う場合における官庁内部の事務処理方法として会計機関が自らその処理を行わず、所属の職員をしてその一部を処理させることを意味する。既述の「委任」、「分掌」又は「代理」と異なり「内部委任」は官庁の内部における事務処理方法であるから、この内部委任によって処理された案件であっても対外的には当該会計機関の行った事務であるということになる。

⑴　内部委任制度の内容

会計事務の内部委任の制度は、昭和四六年における会計法、物品管理法、債権管理法等の一連の会計関係法令の改正により新設されたものである（昭和四六年六月一日法律第九六号、同年一一月二六日政令第三五〇号～第三五五号）。債権管理法については、次のような規定が設けられた。

各省各庁の長は、当該各省各庁の所掌に係る債権の管理に関する事務を各省各庁の長が自ら行う場合又は委任、分掌若しくは代理により当該各省各庁若しくは他の各省各庁所属の職員をして行わせる場合において、必要があるときは、政令で定めるところにより、その事務の一部をこれらの省庁に所属する他の職員に処理させることができる（法五Ⅲ）。

また、この内部委任の制度は、当該各省各庁の所掌にかかる債権の管理に関する事務で他の法令の規定により各省各庁の長以外の機関が行うこととされているもの又は都道府県知事若しくは知事の指定する職員が行うこととなるものについても準用することが定められている（法五Ⅳ）。そこで、各省各庁の長は、これらの機関が行う債権の管理に関する事務についても、必要があるときは、政令で定めるところによってその事務の一部を関係の職員に処理させることができることになる。

政令では、次のように定めている。

① 各省各庁の長は、当該各省各庁若しくは他の各省各庁に所属する職員に債権管理機関〔歳入徴収官等〕の事務の一部を処理させ、又は都道府県知事若しくは知事の指定する職員が行うこととする場合には、処理させ、又は行うこととする事務の範囲を明らかにしなければならない（令五の二Ⅰ、令六Ⅰ）。

② 前記により債権管理事務の一部を処理する職員（以下「代行機関」という。）は、当該事務を行う歳入徴収官等に所属し、かつ、その所属する歳入徴収官等の名において事務を処理するものとする（令五の二Ⅳ）。

③ 代行機関は、その処理に委ねられた範囲内の事務であっても、所属の歳入徴収官等において直接処理することが適当であると認めて、歳入徴収官等にその旨を申出て、歳入徴収官等がこれを相当と認めた事務又は歳入徴収官等が自ら処理する特別の必要があるものとして指定した事務については、その処理をしないものとする（令五の二Ⅴ）。

④ 各省各庁の長は、当該各省各庁所属の職員を代行機関として任命する場合において必要があるときは、その任

命権限を外局、附属機関、地方支分部局等の長又はこれらに準ずる職員に委任することができる。この場合において、当該各省各庁の長は、代行機関となるべき職員の範囲（官職指定の方法によるときは、その指定すべき官職の範囲）及び処理させる事務の範囲を定めてその委任をすることとしている（令五の二Ⅱ）。

⑤　代行機関は、個人任命によるほか、官職指定の方法によっても任命することができる（令五の二Ⅲ、令六）。

(2)　内部委任制度の趣旨

債権管理法に限らず、国の会計法令においては、歳入徴収、支出負担行為、支出又は物品管理などといった会計事務の種類ごとにそれぞれ特有の会計機関が設けられ、それぞれに会計事務を事案の大小軽重を問わず、すべて自己の権限と責任において集中的に処理することを建前としている。

このような処理体制は、国の会計事務の処理の権限と責任の所在を明確にし、会計事務の厳正な執行を確保する上には役立つものである。

しかし、反面において、行政事務の多様化、増大化に伴い、会計事務の円滑、迅速な処理を促進すべき必要も増加しつつあるので、双方の要請を考慮し、会計機関の所掌事務のうち経常的に発生する軽微な案件については、所属の職員の判断によって処理させる途を開くとともに、それ以外の重要案件については会計機関が自ら処理する体制をとることにより所掌事務の重点的、効率的な処理を図ることが適当であると認められるので、この内部委任制度が導入されたものである。

(3)　内部委任制度の特色

①　かかる内部委任制度の趣旨に基づき、その委任することができる事務は歳入徴収官等の権限に属する事務の全

部ではなく、その一部に限られることはいうまでもないが、委任の対象となる事務の範囲についても内部委任の目的、機能に照らして限定するべきであることはいうまでもない。

このような観点から制度の運用にあたっては、委任する事務の範囲は歳入徴収官等の所掌事務のうち経常的かつ軽微なものに限るべきこととしている（会計事務簡素化のための法令の実施について〔昭和四六、一一、二六大蔵大臣発、各省各庁の長あて〕三九五頁一(1)）。

② 代行機関は、独立の会計機関ではなく、債権管理を行う会計機関（主任歳入徴収官等、分任歳入徴収官等又はこれらの代理官）の事務処理権限を内部的に委任を受けて処理する内部的な事務処理機関である。こういった権限の内部委任関係から、代行機関は、それぞれの歳入徴収官等に所属し、対外的には各歳入徴収官等の名において行動するわけである（例えば、代行機関が代決した債権についての納入の告知又は督促に基づく納入告知書又は督促状は所属の歳入徴収官等の名において発行されることになる。）。

③ また、代行機関は、内部的な事務処理機関であるところから、その委任を受けた範囲内の事務であっても重要又は異例に属する案件については、歳入徴収官等に上申し、又はその指示に基づき、歳入徴収官等による直接処理に付することとしている。

④ しかし、対外的にはともかく、国の内部においては、代行機関は会計機関と同様の事務処理権限をもつものであるから、その処理の結果に対する国内部の責任は代行機関が負うことになる。そこで、会計機関が自ら処理した事案と内部委任に基づき代行機関が処理した事案とは明確に区別できるよう関係の決議書に各自の処理の事績を明らかにしておくこととしている（前記通達一(3)三九六頁）。

第二節　債権管理事務の引継

(1) 交替の場合の引継

主任歳入徴収官等又は分任歳入徴収官等の交替があった場合においては、前任者は、引き渡すべき債権管理簿及びその関係書類の名称及び件数並びに担保物及び債権又は債権の担保に係る事項の立証に供すべき書類その他の物件の名称及び件数並びに引渡の日付その他必要な事項を記載した引継書を、交替日の前日をもって作成し、後任者とともに記名して印を押し、当該引継書を債権管理簿に添付して、債権管理簿、関係書類、担保物及び証拠物件を後任者に引き渡さなければならない。ただし、前任者が、急きょ新任地に赴任しなければならなかったり、病気休職などのために、右の交替の手続をすることができないような場合には、後任者が引継書を作成し、これに記名して印を押せば足りることになっている（則六）。

(2) 代理の開始又は終止の手続

歳入徴収官等代理が主任歳入徴収官等又は分任歳入徴収官等の事務を代理するときは、主任歳入徴収官等又は分任歳入徴収官等及び歳入徴収官等代理は、代理開始及び終止の年月日並びに歳入徴収官等代理が取り扱った債権管理事務の範囲を適宜の書面において明らかにしておかなければならない（則五Ⅲ）。また、主任歳入徴収官等又は分任歳入徴収官等の事務を代理している間に、当該歳入徴収官等代理に異動があったときも、同様の手続を要することになっている（則五Ⅳ）。

注　「会計事務簡素化のための債権管理事務取扱規則等の一部を改正する省令（昭和四三年大蔵省令第五二号）」による改正前の規定によれば、旧債権管理官又は分任債権管理官の交替の場合の手続と同様、旧代理債権管理官の代理の開始又は終了の場合にも、引継書の作成及び帳簿、書類、物件の引渡を要することとなっていた（旧則六）が、同改正によりその手続をこのように簡素化したものである。

(3)　債務者の住所の変更その他の事情による場合の引継

債務者が住所を変更した場合、その債務者に対する債権を債務者の現住所を管轄区域とする他の歳入徴収官等に引き継ぎ、以後、その歳入徴収官等において管理させることが効率的であると認められることがある。債務者の工場・事業場の移転、担保となっている財産の移動等の場合においても同様の必要が生ずることがある。こういう事情が生じた場合には、各省各庁の長は、その特定の債権に関する管理の事務を同一省庁に属する他の歳入徴収官等に引き継がせることとしている（令七）。

注(1)　歳出金の支払事務などについては、相手方の住所が移動しても国の支払事務の処理にはほとんど支障を来たすことがない。また、債権の管理にあっても納入の告知後直ちに、または一、二回の督促によって徴収できるような取立ての容易な債権は、管理の引継ぎをする必要はない。これに反して、債務者の資力又は弁済の誠意がないため履行が渋滞しがちであったり、債務者がクレームを申し立てて容易に履行に応じないような場合には、債務者との交渉、督促請求の便宜などのために債務者の現住所を管轄する他の歳入徴収官に引き継ぐことが効率的であると認められる事例が少なくない。

(2)　この債権管理事務の引継ぎは、各省各庁の長の総括管理権に基づいて行われるものであるから、引継ぎを受ける歳入徴収官は、同じ各省各庁の長から債権管理事務の委任を受けたものであればよいのであるが、実際の事例は、同一省庁内のさらに同一系統、同一種類の官庁に属する歳入徴収官等相互の間に限定して行われている。これは債権管理法上の要請によるものではなく、各省庁の組織法令の建前からくる制約によるものといえる（検察庁所属の歳入徴収官等の管理する債権を同一省〔法務省〕の機関である刑務所に所属する歳入徴収官等に引継ぐことは行われていない。管理上若干不便でも他の検察庁所属の歳入徴収官等に引き継がれているのが実情である。）。

(4) 引継手続

交替の場合及び債務者の住所変更の事情による場合の引継ぎについては、各省各庁の長が定める引継期日までに債権管理簿（債権管理簿を引継ぐことが困難な場合は債権管理簿の該当部分の写し）、関係書類、担保物及び証拠物件の引渡しを行う。この場合においては、引継ぎをする歳入徴収官等は引継書を作成し、引継ぎを受ける歳入徴収官等とともに記名捺印した上でこれらの関係書類及び物件の引渡しを行う（則七）。

第三節　債権管理の総括機関

財務大臣は、いわゆる国庫大臣としての立場から各省各庁を通ずる債権管理に関する事務の全般的な総括を行う（法九）。

また、財務大臣は同様の立場から、債権管理上の重要事項について各省各庁の長から協議を受け（法三八）、各省各庁の長から送付された債権現在額報告書の取りまとめを行う（法三九、四〇）。これらについては、第六章参照。

法九条に規定する財務大臣の事務は、次のとおりである。

(1) 制度の整備、事務処理手続の統一（法九Ⅰ）……債権管理に関する制度を整え、債権管理に関する事務処理手続を統一し、当該事務処理について必要な調整を行う。

(2) 報告の徴取（法九Ⅱ）……各省各庁の長に対しその管理する債権の内容及び所掌事務の処理状況に関する報告を求める。

(3) 実地監査（法九Ⅱ）……担当の職員をして実地監査を行わせる。

(4) 各省各庁の長に対する措置の要求（法九Ⅱ）……閣議の決定を経て、債権の管理上必要な措置を求める。

〔運用上の問題・解釈〕

(1) 債権管理法以外の法令により特定の債権の管理に関する事務を行うべきこととされている国の機関が、特定の債権以外の債権の管理事務をも併せて行おうとする場合は、各省各庁の長から債権の管理に関する事務の委任を受けることが必要であるか。

各省各庁の長以外の国の機関が、債権の管理機関となる場合がある。これは、債権管理法以外の法令の規定により各省各庁の長以外の国の機関が行うべきこととされている債権管理事務――例えば、検疫法（昭和二六年法律第二〇一号）による検疫手数料については検疫所長の所掌事務とされ（同法三二条）、文化財保護法（昭和二五年法律第二一四号）による納付金については文化庁長官の所掌事務とされている（同法四二条）等――は、法令の規定により特定の機関の専権に属し、各省各庁の長の所掌事務ではないから、各省各庁の長から委任を受けるということはありえず、当該機関――前例で、検疫所長や文化庁長官等――が、直接債権の管理機関となるのである（法五Ⅰ、Ⅳ）。しかしながら、これらの特定の債権以外の管理事務については、各省各庁の長から債権管理法に基づき委任を受けることが必要である。

(2)　債権管理事務の引継ぎを受けた歳入徴収官等は、その旨を債務者に通知する必要はないか。

特に債務者に対する通知手続を定めてはいない。これは、通知が不要であるということではなく、通知の絶対的な必要性が認められない上に、通知の手続を義務付けた場合においてその通知が到達しなかった場合におけるトラブルを避けるための配慮である。このように、債務者に対する通知義務はないが、引継ぎ後、早い機会に何らかの方法で債務者にその旨を伝えることがその後における債権の管理上、効率的であることが多いことも考慮する必要があると考える。

(3)　都道府県において各省各庁の債権を管理する場合に、都道府県知事の指定する職員である会計管理者が歳入徴収官等となっている場合があるが、関係部局が極めて多いため、連絡がうまくとれず、甚だしいのは、他の法令による支給手当等が過払いになることが明らかであるのに、遡って手当を支給し、不必要な返納金債権の管理を余儀なくされている。こういう場合はどのような方法で解決したらよいか。

関係部局が極めて多いため会計管理者において十分に債権の管理ができ難い場合は、特に発生件教の多い関係部局長等を分任歳入徴収官等に任命し、管理の責任を分割することが適当であろう。債権管理機関は、歳入徴収官、官署支出官などの金銭の出納命令機関と異なり、一庁一機関にしぼる必要はない。現場の事務処理に密接に関連して管理事務を行う必要があるから、分任債権管理機関を設けて、ある程度事務を細分化することはむしろ望ましいところである。

(4)　歳出の返納金債権の管理に関する事務を行う職員は原則として支出機関に特定されている（すなわち、原則として官署支出官に委任し、支出官代理（官署支出官の事務を代理する職員に限る。）に代理させることとしている。）。これと同様に考えれば、前渡資金の返納金債権についても、その管理事務を資金前渡官吏に委任し、資金前渡官吏代理に代理させるように規定してしかるべきであると思うがどうか。

①　出納官吏の支払金に係る返納金債権としては、そのほかに特別調達資金の資金出納官吏の保管する同資金への返納金債権がある。

　これらの返納金債権をどの部局のどの職員に管理させることが適当であるかは、関係省庁内部の事務分掌組織や事務処理の事情によって異なるので、一律に特定の職員を債権管理機関として定めることは不適当である。

②　その上、出納官吏の本来の職務は、現金の出納保管という事実行為の執行にとどまり、所属官庁の長その他上級の機関の現金出納に関する意思決定（出納命令）に基づいてその事務を執行するものであるので、一般には出納官吏を債権管理機関として指定することには制度上疑問がある。

③　歳入外債権については、こういう事情もあり、また出納官吏の支払金に係る返納金債権以外の債権をもとりまとめて包括的に規定する関係上、その管理機関は本省本庁内部部局長、外局若しくは附属機関等の長又は地方支分部局長をもって充てるよう規定し、必要があるときは、それ以外の職員をもって充ててもよいというように弾力的に規定しているところである。

④　しかし、支出官から資金の交付を受けて現金の出納を行う資金前渡官吏は、出納官吏であると同時に会計法一七条の規定により支出官から交付を受けた資金の範囲内で歳出金の現金支払をする主任の職員としての機能（歳出の執行権）を有するものであるから、その面から各省各庁の長において資金前渡官吏を債権管理機関として指定することは

差し支えないところであるし、その他の出納官吏にあっても、その出納官吏が現金出納の意思決定をする機関を兼掌しているときは、その面から債権管理機関として指定することは適当である。

⑤　このように出納官吏を債権管理機関として指定するかどうかの適否の認定は、各省各庁の長の判断に委ねられているところであり、また規定上も各省各庁の長が適当と認めた職員に自由に委任ができることになっているところである。

注　出納官吏は、各省各庁の長だけでなく、当該各省各庁の長の委任を受けた職員が任命することができるが（会計法三九Ⅰ）、債権管理機関の任命権は各省各庁の長だけである。つまり、各省各庁の長でなければ、出納官吏を債権管理機関としてこれに債権管理事務を委任することができないことになっている点が執行系統の機関である出納官吏の任命とは異なる。

第三章　債権管理の準則

第一節　管理の基準

債権の管理を実行するにあたって、債権管理法はそのよるべき基本的な原則ないしは方針として本章の冒頭に、次の規定を掲げている（法一〇）。

債権の管理に関する事務は、{法令の定めるところに従い、債権の発生原因及び内容に応じて、}財政上、もっとも国の利益に適合するように処理しなければならない。

「法令の定めるところに従い」……法令に定める権能に基づき、及び法令に定める手続きに従って、適正確実に実施することをいうものである。法令とは、まず、財政法、会計法をはじめ、債権管理の基本的な事項を定めた債権管理法及びこれに基づく政令、規則等の諸規定を指すものであることはいうまでもないが、そのほか、例えば「旧軍関係債権の処理に関する法律（昭和二四年法律第二五七号）」や「補助金等に係る予算の執行の適正化に関する法律（昭和三〇年法律第一七九号）」等の国の債権の処理に関する個々の規定を有する諸法令の定めをも含むものである。

「債権の発生原因（に応じて）」……発生原因の把握は、債権の発生に関する事実関係、その適用すべき法令又は債権の管理と当該官庁の所掌事務との関連性などを知る手段となり、債権発生の事情に応じ、及び当該官庁の事務の遂行に適合した債権の管理を行うための前提となるものである。

「債権の内容（に応じて）」……個々の債権の具体的な効力は、いうまでもなく法令若しくは法令に基づく処分又は契約に定める債権の内容に基づいているものである。債権を的確に保全し、取り立てるためには、まず債権の内容を把握する必要があることは当然である。

「財政上、もっとも国の利益に適合する」……これを債権管理の終局的な目標とするのは、元来債権管理が財政上の利益の満足を目的とするものである以上、常に財政上の見地から国の利益の追及という形で行われるのが当然である。

このように、法一〇条は法令に定める債権者としての権能及び手続きに従い、それぞれの債権の発生原因と内容に即応して的確に処理することを要求するものであり、その管理にあたっては、経済性の追求を究極の目的として実行しなければならないという管理の基本的精神を明らかにしているものである。

それと同時に、債権の管理にあたっては、個々の債務者の資力、弁済の誠意が一様ではなく、各官庁の事務処理能力も異なるから同一種類の債権であってもとるべき管理上の措置は決して一律ではない。訴訟の提起、強制執行又は破産手続開始の決定の申立あるいは履行の延期、徴収停止等多岐多様にわたる処理が必要とされる。債権管理法は、債権の管理についての一般的な準則を定めるものではあるが、到底、個々の債権の実情に応じて、詳細かつ具体的な処理方策を示すことはできない。国の財産の善良な管理者としての債権管理機関の積極的な管理意欲に基づく的確な情勢判断と地道な努力を待つほかないのであって、本条は債権管理法令をもってしては律することのできない部面の事務処理について、その処理の指針というか、見方によっては処理の心構えともいえる抽象的な準則を設定しているものである。

第二節　債権の調査確認及び記載又は記録（債権の内容の把握）

以下、具体的な債権管理の手続について詳述するが、債権管理は物品等の管理と異なり、その発生から消滅に至る一連の流れを理解することが重要である。第二節では債権管理のスタートともいうべき債権の調査・確認及び債権管理簿への記載又は記録について説明する。

第一款　調査確認及び記載又は記録の手続

歳入徴収官等は、その所掌に属する債権が発生したときは、政令で定める場合を除き（後述）、遅滞なく、債務者の住所氏名、債権金額、履行期限その他政令で定める事項を調査し、確認の上、これを一定の帳簿（「債権管理簿」という。）に記載し、又は記録しなければならない（法一一Ⅰ前段）。

債権管理法による債権の管理に関する事務は、この発生段階における債権内容の調査確認及び記載又は記録から始まる。

なお、既に発生した債権がその後、法令又は契約に基づいて国に帰属する場合がある。この場合は、債権が国に帰属したときにおいて、遅滞なく調査確認及び記載又は記録を行うこととしている。

一　調査確認及び記載又は記録をする時期

次のときにおいて「遅滞なく」行う（法一一Ⅰ）。

⑴　**債権が発生したとき**……新たに発生した債権で、歳入徴収官等の所掌に属するべきものについての記載又は記録の時期は、⑶の政令で定める債権を除き、当該債権が発生したときである。

⑵　**債権が国に帰属したとき**

「債権の帰属」とは、法令又は契約に基づく債権の承継取得をいう。帰属の代表的な事例としては次のものがある。

- 法人の残余財産の国庫帰属（一般社団法人及び一般財団法人に関する法律二三九Ⅲ）
- 相続財産の国庫帰属（民法九五九）
- 弁済による代位（国家公務員災害補償法六Ⅰ）
- 裁判所の転付命令による債権の移転（民執法一五九、一六〇）
- 信託的譲渡契約による債権の譲り受け（七一頁〔運用上の問題・解釈〕⑷参照）

新規に国に帰属した債権で、歳入徴収官等の所掌に属するべきものについての記載又は記録の時期は、⑶の政令で定める債権の場合を除いては、当該債権が国に帰属したときである。

(3)　**政令で定める債権は、政令で定めるとき**……第二款（七四頁）参照。

注

(1)「遅滞なく」の意味……事務処理のために通常必要とする時間的余裕は認めるが、その範囲内において可及的速やかに行うこととする意味である。債権が発生し、又は帰属したときは、関係の部課において契約書を作成し、証拠資料その他の関係書類を整備し、債権管理担当部課に送付するために若干の期間が必要であるので、その事務の整理に必要な時間的余裕は認められなければならないからである。

(2)「調査確認の義務」について……不法行為による損害賠償金債権又は不当利得に対する返還金債権などのように、一定の事実に対し法律の規定に基づいて債権が発生することとなる場合においては、国がその債権発生の事実（国有林の盗伐、被扶養者の資格喪失後もその者を対象として行った扶養手当の誤払等の事実）を知るまでに相当の時日が経過することがある。この場合は、調査確認の遅滞があるとしなければならないが、それが直ちに法一一条に規定する調査確認義務の違反となるものではない。各官庁における債権に関する調査の方法、手段及び調査能力には限度があるから、いかに債権管理職員が善良な管理者の注意義務を尽くしても、なお発見することが困難な場合がある。法一一条の趣旨に反する事態（債権の調査確認漏れ、又は調査確認の遅滞）が生じた場合においては、究極的には、それが歳入徴収官等が善良な管理者の注意義務を欠いたことによるものであるか否かがその責任の程度を判断する基準となるものであり、この意味において、同条は歳入徴収官等に対して事情の如何にかかわらず未確認事項の明白化を要求するものではなく、善良な管理者の注意義務に基づく調査確認のための地道な努力を促す訓示規定であるともいえる。

二　調査確認及び記載又は記録すべき事項

(1)　法一一条に規定する事項（法一一Ⅰ）

①　債務者の住所及び氏名（法人は名称）

債務者の住所及び氏名は、履行の請求等にあたり支障を来すことのないように、常に正確なものでなければならない。したがって、相続等により、住所の変更等があった場合、その都度、速やかに調査確認した上で、記載又は記録した事項の訂正を行うべきである。

なお、法人については、氏名に代えてその名称が調査確認事項となる。

②　債権金額

(イ)　金額が確定している場合

債権の金額は、当該債権が、新規に発生し、若しくは国に帰属し、又は他の歳入徴収官等から引き継がれたときから確定しているのが通例であり、これを調査確認した結果、金額が確定しているこれらの債権については、そのままこれを債権管理簿に記載し、又は記録する。

(ロ)　金額が不確定な場合

延滞金や加算金のような債権は、元本債権が完済されたとき（元本債権が弁済充当の先順位になっている場合）又は元本債権を含む総債権額が完済されたとき（元本債権が弁済充当の後順位になっている場合）までは、債権金額が日々増加し、その金額を確定し得ない。そこで、これらの債権については、原則として元本債権とあわせて記載し、又は記録し、その金額は、後日支払われるべき金額の総体が確定した場合以外は、特にその記載又は記録を要しないことになっている（令一〇Ⅲ、則別表第四）。ただ、この場合でも、債権管理簿にはこれらの債権が発生したことは明らかにしておかなければならないから、抽象的ではあるが、債権管理簿にその旨を表示しておくべきである。なお、後日金額が確定した際には、直ちに金額をも記載し、又は記録しなければならない。

また、損害賠償金債権のように、容易に金額を算定し難いものや、金額について当事者間に争いのあるものについては、やはり、当初において確定金額をもって表示し得ない場合が多いが、これらの場合には、金額が確定するまで、「金額未定」といったような表示をしておくべきである。

(ハ)　外国通貨で表示される場合

債権が外国通貨をもって表示される場合があるが、この場合には、債権金額を当該外国通貨をもって表示し、財務大臣が定める外国為替相場（昭和三二年大蔵省告示第七号により出納官吏事務規程一六条に規定する外国貨幣換算率による外国為替相場とされている。）でこれを換算した本邦通貨の金額を付記することになっている（令一〇Ⅴ）。国の債権全体を集計する必要上邦貨換算額も付記することとしているものである。

(ニ)　円未満の端数がある場合

契約等債権発生の原因行為の当初から、債権金額に円未満の端数がつくことは、現在ほとんど考えられないが、例えば、利息債権や延滞金債権あるいはその他の特殊な債権については、これらの端数の生ずる場合も考えられる。これら円未満の端数の計算上の処理については、「国等の債権債務等の金額の端数計算に関する法律（昭和二五年法律第六一号。以下「端数整理法」という。）」の定めるところにより、債権の金額から原則としてこれを切り捨てる取扱いとなっている。すなわち、国の債権の金額に一円未満の端数があるときはその端数金額を、国の債権の金額が一円未満であるときはその全額を、それぞれ切り捨てて整理する（端数整理法二Ⅰ、Ⅱ）。ただし、国の債権の金額を分割して履行させることとなっている場合において、その分割金額に一円未満の端数があるとき又はその分割金額が一円未満であるときは、その端数金額又は分割金額は、すべて最初の履行期限にかかる分割金額に合算することとされている（端数整理法三）。

このようにこれらの債権については、債権の金額の計算上当初からその端数について右の処理がなされるものであるから、歳入徴収官等は、その調査確認にあたっては、これらの取扱いがされるかどうかを確認する必要がある。

また、債権管理簿に記載し、又は記録するにあたっては、端数について右の処理がなされた上での金額を記載し、又は記録するのである。

なお、国の債権で昭和三三年四月一日前に納入の告知をしたもの等については、その金額に五〇銭未満の端数があるときは、その端数金額を切り捨て、五〇銭以上一円未満の端数があるときは、その端数金額を一円として計算することとされている（端数整理法の一部改正法（昭和三三年法律第一二号）附則Ⅱ）。

③　履行期限

確定期限のない債権（不当利得返還金債権等）は、歳入徴収官等が債務者及び債権金額を確認した日から二〇日以内において適宜の履行期限を定めることになっているので（則一三Ⅰ）、その定める期限による。ただし、悪意の受益者に対する不当利得返還金債権又は不法行為による損害賠償金債権については、債務者は不当利得又は不法行為の時から遅延利息を付して弁済しなければならないこととされているので（民法七〇四条又は大正三年六月二四日大審院判例）、その不当利得の日又は不法行為の日を履行期限として指定する（基本通達第三の二）。

⑵ その他「政令で定める」事項（法一一Ⅰ……↓令一〇Ⅰ）

④ 債権の発生原因

⑤ 債権の発生年度（その区分は財務省令で定める〔令一〇Ⅳ……↓則一一Ⅰ、別表第一〕。第三款一〔八四頁〕参照）

⑥ 債権の種類（その区分は財務省令で定める〔令一〇Ⅳ……↓則一一Ⅱ、別表第二〕。第三款二〔八九頁〕参照）

⑦ 利息に関する事項（利率、利払期日、元加の有無等）

⑧ 延滞金に関する事項（延滞金の割合、特に必要があるときは元加の有無、延滞金の免除条件等）

⑨ 債務者の資産又は業務の状況に関する事項

⑩ 担保（保証人の保証を含む。）に関する事項（担保の種類、数量、所在場所又は保証人の住所氏名、職業等）

⑪ 解除条件

⑫ その他各省各庁の長が定める事項（例えば、契約により発生した債権についての契約保証金に関する事項とか、共有財産利用収入債権についての持分の償還方法といったように、各省各庁の長が、所掌債権の特殊性から前記の①から⑪までの事項以外の事項で、特に必要と認める事項がある場合は、歳入徴収官等は、当該事項を調査確認の上債権管理簿に記載し、又は記録しなければならない。）

三　調査確認及び記載又は記録事項の一部省略（令一〇Ⅱ）

債権について調査確認及び記載又は記録をすべき事項は、前述のとおり法律に定める三つの事項と政令に定める九つの事項とを合せて一二の事項があるが、債権金額の大小、債権の内容、取立ての難易の如何にかかわらず、すべての債権についてこれらの事項の全部を調査確認し、記載又は記録をするとなると手数を要するだけでなく、適切な債権管理を行う上からも、必ずしもその全てを記載し、又は記録する必要があるものとも思われない。

そこで、歳入徴収官等は、債権の管理上支障がないと認められるときは、財務省令で定めるところにより、令一〇条一項各号に掲げる事項の記載又は記録を省略することができることとしている（令一〇Ⅱ）（法律上の記載又は記録事項（前述の二(1)の①〜③）は省略することができない）。

財務省令においては、次のように定めている（則九の二）。

(1)　債権の発生原因、種類並びに利息及び延滞金に関する事項等の記載又は記録の省略（則九の二Ⅰ）

歳入徴収官等は、次に掲げる事項については、その内容が債権管理簿として使用される帳簿においてすでに明らかとなっている場合又は財務大臣がその記載又は記録を要しないものとして特に指定する場合（現在のところでは、未指定）には、その記載又は記録を省略することができる。

令一〇条一項一号の事項（債権の発生原因）
〃　三号の事項（債権の種類）
〃　四号の事項（利息に関する事項）
〃　五号の事項（延滞金に関する事項）
〃　八号の事項（解除条件）

債権管理法令においては、債権管理簿の様式を特に定めないで、債権管理を実施する官庁において自主的に様式を定めることができるように措置されている。これは、各官署における事務の実情に合わせて弾力的、効率的に債権管理事務を処理するための配慮によるものであって、その実行にあたっては、なるべく特定の債権管理簿を設けないで、その官庁の事務又は事業の遂行上、通常必要とする帳簿を同時に債権管理簿として利用するように指導しているところであり、こういった兼用帳簿としての利用事例が相当見受けられるところである（例えば、基準給与簿、保険台帳、売上伝票など）。

これらの債権の発生の原因となる事務の遂行上、通常必要とする帳簿には、前記の債権管理簿に記載し、又は記録すべき事項が既に記載し、又は記録されていることが多いので、その場合には改めて債権管理簿への記載又は記録は要しないこととしたものである。

右の兼用帳簿を利用する場合における重複事項についての記載又は記録の省略のほかに、財務大臣がその記載又は記録を要しないものとして特に指定する場合にもその指定された事項についての記載又は記録を省略することができることとなっている。これは、右の場合以外にも前記の事項について記載又は記録を省略する必要が発生した場合における措置を可能とするため設けられた規定であるが、現在のところ指定された事例はない。

(2) **債権の発生年度の記載又は記録の省略**（則九の二Ⅱ）

歳入徴収官等は、その所掌に属する債権で債権金額の全部を法一一条一項前段の規定により調査確認〔調査確認後に行われる変更の調査確認（法一一条一項後段）は含まない。〕をした年度内に履行させることとなっている債権については、その調査確認をした年度内は、令一〇条一項二号に規定する事項（債権の発生年度）の記載又は記録を省略することができる（この場合は、年度内に履行されなかった滞納債権について年度経過後、発生年度の記載又は記録を行うことになる。）。

債権の発生又は帰属の事実を調査確認して、同一年度内にその全額を取り立てることとされている債権は、極めて多い。そして、その大部分が当該年度内に納付されることが多いから、この規定によって国の債権の大部分は、発生年度の記載又は記録を省略することができることになる。

(3) **債務者の資産又は業務の状況に関する事項の調査の省略**（則九の二Ⅲ及びⅣ）

歳入徴収官等は、次に掲げる債権については、令一〇条一項六号（債権者の資産又は業務の状況に関する事項）の調査確認及び記載又は記録を省略することができる。

① 債権の発生の原因となる契約その他の行為により発生する債権以外の債権

これらの債権は、債権の発生について契約その他の行為を要せず、法令に定める一定の事由が発生すれば直ちに当該法令に基づき国に対する納付義務（国の債権）が発生することとなるものである。こういう債権は、債務者の資力の有無にかかわらず発生するものであるし、また一般に発生件数が極めて多いのが通例であるから、当該債権について強制履行の請求等（法一五条）、徴収停止（法二一条）、履行延期の特約等（法二四条）その他特別の措置をとる場合その他その必要があると認める場合は別として、一般にはその資力状況等を調査確認し、及び記載し、又は記録することを要しないこととされた。

② 地方公共団体、独立行政法人等（独立行政法人、公庫、事業団等）又は金融機関を債務者とする債権

これらの法人は公法上の法人又は信用取引を業務とする法人であるので、そういう面からみて資力状況の調査確認を省略できることとされた。

③ 法三条二項の規定の適用を受ける債権（外国政府を債務者とする債権、本邦に住居所を有しない者又は外国の大使、公使その他の外交官等を債務者とする債権）

これらの債権は、強制執行その他国内法による履行強制措置が困難であり、またその資力状況等の調査について相当の手数を要するので、一般にはその資力状況等の調査確認及び記載又は記録を要しないこととされた。

④ ①から③までに掲げる債権以外の債権であって同一債務者に対する債権金額の合計額が一〇万円未満の少額のもの又は債権金額の全部をその調査確認しようとする日から二〇日以内に履行させることとされているような短期のもの

⑤ その他財務大臣の指定する債権（現在、指定されているものはない。）

①から⑤までに掲げる債権については、それぞれに述べたように資力状況等の調査確認の必要性が乏しく、又はその必要性の度合に比して調査に相当の手数を要し、効率的でないと認められるため、その調査確

認及び記載又は記録を省略することができることとしているものであるが、その後、その債権について次に掲げるような事由が生じたときは、遅滞なく債務者の資産又は業務の状況について調査確認を行い、これを債権管理簿に記載し、又は記録しなければならないこととされている（則九の二Ⅳ）。

イ　当該債権について次の措置をとる必要があるとき。

(イ)　強制執行その他強制履行の請求等（法一五条）

(ロ)　徴収停止の措置（法二一条一項又は二項）

(ハ)　履行延期の特約又は処分（法二四条一項）

(ニ)　法二八条から三二条までに規定する措置（履行延期の特約等に代わる和解、利率引下げの特約及び民事再生法の規定により決議に付された再生計画案等又は会社更生法又は金融機関等の更生手続の特例等に関する法律の規定により決議に付された更生計画案等に対する同意、和解又は調停による譲歩並びに債権の免除）

ロ　債務者の資産又は業務の状況に重大な変更が生じたとき。

ハ　その他その必要があるとき。

四　調査確認をした事項の債権管理簿への記載又は記録

歳入徴収官等は前記二及び三の手続により調査確認をしたときは、その調査確認した事項を記載した決議書を作成し（則一〇）、これに基づいて債権管理簿に記載又は記録を行う（実際上は、決議書そのものを債権管理簿として利用してよい。）。

五　調査確認及び記載又は記録の変更（法一一Ⅰ後段）

歳入徴収官等が調査確認の上、記載し、又は記録した事項についてその後、変更があったときは、遅滞なくその事項について調査確認及び記載又は記録の変更を行わなければならない。

調査確認及び記載又は記録の変更を要する場合としては、次の事例が考えられる。

(1)　債務者の住所、氏名又は名称の変更

(2)　債務者の変更（相続による債務の承認、会社の合併、地方公共団体の分割）

(3)　増担保の提供、保証人の変更

(4)　債務者の資産又は業務の状況に関する重大な変更（事業の廃止、退職等）

注　未確認事項に関する歳入徴収官等の調査確認義務

国有林の盗伐による損害倍償金債権とか、解散法人の残余財産として国庫に引き継がれた債権などのうちには、事実関係の不明等のため、調査をしても直ちに確認できない事項のあるものがある（加害者すなわち債務者、債権金額、発生原因、発生年月日の不明など）。歳入徴収官等は、その所掌に属する債権の内容を把握する義務があるから、内容の一部が確認できないという理由でその債権の管理を放棄することはできない。確認し得る事項を債権管理簿に記載し、又は記録しておき、未確認事項については、その後、その官庁の事務処理能力、所要経費等を勘案し、相当と認める方法をもって調査を行い、その確認に努めることが必要である。

〔運用上の問題・解釈〕

(1)　債務者が債務を否認している場合には、債権の調査確認はできないか。

歳入徴収官等がその債権の存否についての疑念をもっている場合はともかく、その存在を確信している限りは、たとえ債務者が否認していても調査確認をし、訴訟その他の方法により積極的な取立てを実行すべきである。

(2)　不真正連帯債務者（例　弁償命令を受けた会計職員と公金を横領した者又は国からの寄託物品を保管した倉庫会社とその物品を盗んだ者）に対する債権は、一の債権として調査確認及び記載又は記録の手続をすべきか。

会計職員に対する会計法の規定による弁償金債権と公金横領者に対する民法の規定による不法行為による損害賠償金債権とは、債権の発生年月日、履行期限、時効期間、債権金額などの内容が異なる別個の債権であるから、これを一件の債権として取り扱うことはできない。しかし、一方の債務者からの弁済があれば国の経済的損失はてん補されるから、その分だけ他方の債務者の国に対する責任が減殺されるという特別の関係があるため、両者の債権額を別々に計上するときは、国の債権金額が過大に表示されることになるのではないかということを懸念する向もあるが、国会に報告する債権現在額総計算書に計上する債権金額は債権管理法の目的に従い現に存在する債権金額について計上すべきものであると考える。法律上、別個の債権が存在し、これを別々に管理している以上、それぞれの債権金額を計上することは何ら差し支えないところである。

(3)　ある期間中、数回にわたって盗伐した債務者に対する損害賠償金についてその者に対する債権金額を取りまとめて調査確認及び記載又は記録をしてよいか。

差し支えない。しかし、盗伐をした期間が二か年度以上にまたがる場合は債権の発生年度が異なるから盗伐行為をした日の属する年度ごとに債権金額を区分する必要がある（則別表一3）。なお、債権金額を年度ごとに取りまとめて調査確認した場合においても、延滞金債権はそれぞれの債権金額につきその発生した日の翌日から起算されるから、一括して納入の告知をするときには、履行期限の指定、延滞金の計算方法等について注意しなければならない（延滞金の起算日その他延滞金の計算方法が複雑で納入告知書に十分記載できない場合は、別紙を添付してこれに記載してもよい。）。

(4)　信託的譲渡契約による債権の譲受けは、国の債権を保全し、及びその取立てを容易にするために債務者の第三債務者に対する債権を国に譲渡させることとするものである。しかし、その譲り受けた債権の取立てによって得た収入金は債務者に対する国の債権の弁済に充てられ、債権の履行が完了したときは、残存する譲受け債権は債務者に無償で返さねばならないこととしているので、担保の目的をもってする債務者の財産の強制的管理というべき措置であって、これを国の正規の債権として調査確認し、管理することは疑問であると思うがどうか。

債権譲渡の形式をとる限り、債務者はその債権に係る権利を有せず、代って国が自己の権利としての一切の裁判上又は裁判外の行為をせざるを得ないから、実質的には担保の目的をもつものであるにしても、その法律関係に基づいて、正規の国の債権として管理することが必要である。

注　譲受け債権については、正規の債権として国が訴訟を提起し、強制執行をすることができることはいうまでもない。その権利の行使の結果、債権を取り立てたときは、当該譲受け債権が弁済により消滅するだけでなく、信託的譲渡契約に基づき、当該負債を譲渡した債務者に対する債権も相当額だけ減額することとなる点が一般の国の債権と取扱いが異なるところである。

(5)　国家公務員災害補償法の規定により国が公務員の公務上の災害を補償したことに伴い、その公務員の加害者に対して有する損害賠償金債権のうち国の補償した金額に相当するものは同法六条の規定により国に帰属することとなるが、その損害賠償金債権にはすでに延滞金債権が発生している。この場合における延滞金債権の取扱いとしては、次のいずれが正しいか。

(イ)　国に帰属した日以後の期間に対応する延滞金債権を国の債権として取り立てる（同日前の期間に対応する延滞金債権はその公務員の債権として本人の自由な取立てに任せる。）。

(ロ)　国に帰属した債権にかかる発生日（不法行為の日）からの延滞金債権をすべて国の債権として取り立てる。

(イ)の案により国に帰属した日以後の履行遅滞に対する延滞金債権の取立てをすれば足りると考える。帰属日前の期間分の延滞金債権は本人に属するものとしてよいが、国の補償額が本人の加害者に対する損害賠償金債権（元本債権）を上回るときは、その上回る限度においてこの帰属日以前の延滞金債権を同条の規定により国に帰属させるものとすることは違法ではないと考える。

(6)　歳入徴収官事務規程一八条一項には、法令又は契約に履行期限の定めのない歳入については、調査決定の日から二〇日以内において適宜の納付期限を定めることとしている。一方、則一三条一項にも法令又は契約に履行期限の定めのない債権については、調査確認の日から二〇日以内において適宜の履行期限を定めるものとするとある。両者の規定の優先適用の関係はどういうことになるのか。

債権管理法の適用を受ける歳入金債権については、まず、債権管理手続が先行するからその債権については歳入徴収官等が法令の規定（則一三Ⅰ）に従って履行期限を設定する。したがって、歳入徴収官事務規程一八条一項の適用の余地がない。歳入徴収官は、その他の歳入（債権管理法の適用を受けない歳入金債権に係る歳入又は国内部における歳入）について、歳入徴収官事務規程一八条一項により納付期限を設定することになる。

(7)　公務で出ていた当庁の官用車が、駐車中にA会社所有の自動車に衝突された。衝突の原因は専らA社の自動車の運転手の不注意にあると認められるが、官用車の破損にかかる賠償金額については、なお当庁A社との間で争いがあり、確定していない。このような状況のもとで、以下の点についてどのような処理をしたらよいか。

(イ)　このような場合、官用車の管理に関する事務を行っている者は、和解等によって金額が確定することを待つまでもなく、債権が発生したことを当該債権にかかる歳入徴収官等に通知すべきと思うがどうか。

(ロ)　当庁内部には、本件のように金額が確定していないケースでも、歳入徴収官等は、記載又は記録できる範囲で債権管理簿へ記載し、又は記録すべきという意見と、債権発生の事実を知った以上当然、調査、確認を行う必要はあるが、債権管理簿への記載又は記録は金額が確定してからという意見があるが、いずれの処置が適当か。

(一)　法一二条に規定されている債権発生の通知は、これによって歳入徴収官等が債権の調査、確認をすることを実現して、もって債権の徴収漏れを防止しようというものであり、債権の発生事実を職務上知り得る立場にある者(同条各号に列記されている者)は、発生の事実を知ったときは遅滞なく通知を行うべきものとされている。

したがって、本件のように、まだ金額について争いがあって確定していない場合でも、国のために債権が発生した事実が認められる以上は、官用車の管理に関する事務を行っている者は、遅滞なく当該債権に係る歳入徴収官等に通知をする必要がある。

(二)　法一一条一項の規定によれば、歳入徴収官等は、その所掌に属すべき債権が発生したときは、政令で定める場合を除き、遅滞なく、債務者の住所氏名、債権金額、履行期限等の事項を調査、確認の上、これを債権管理簿に記載し、又は記録すべきこととされている。

ところで、本件のように金額が未確定の損害賠償金債権については、特に政令で記載又は記録を要しない場合とはされていないし(令九条)、例え金額が未確定であっても、国に債権が発生した以上は適切に債権管理を行っていく必要があるから、本件においても、金額については「金額未定」といった形で表示することとして、債権管理簿へ記載し、又は記録する必要があるものと思われる。

(8)　地方支分部局の所掌する債権について、歳入徴収官等が地方支分部局の長であれば問題はないが、当該部局の会計課長が歳入徴収官等である場合は、会計課以外の部課の所掌事務の遂行に関連して発生する債権については、ときにはその的確な調査確認ができ難いことがある。こういった場合における当該会計課長の債権管理の責任は、相当減少されるものと考えてよいか。

地方支分部局の長が歳入徴収官等である場合は、当該部局に所属する各課の所掌事務に関連する債権の発生の事実は、すべて知り得る地位にあるが、会計課長が歳入徴収官等である場合は、このような地位にないので歳入徴収官等としての責任は減じられるとする取扱いは適当ではない。この場合の会計課長は、その地方支分部局を代表して当該部局の所掌する債権の管理にあたるものであるから、地方支分部局の長と同程度以上の事務処理ができるものでなければならない。したがって、その支分部局において発生した債権については、すべて会計課長が把握することができるよう当該部局の長の責任において関係各課からの会計課に対する連絡の組織又は手続を確立した上で、当該会計課長に債権管理事務を委任すべきである。

第二款　調査確認及び記載又は記録時期の特例

債権のうちには、その性質上又は特殊な管理手続を必要とする関係上、債権が発生又は帰属したときにおいて調査確認し、記載し、又は記録することが困難又は不適当なものがある。こういう事情を考慮して、政令で定める債権については、発生又は帰属以外の政令で定める特別の時点において調査確認及び記載又は記録を行うこととする特例が認められている（法一一Ⅰかっこ書）。

注　以下、説明の便宜上、「調査確認及び記載又は記録」の手続を「調査確認」又は「登載」と略称することがある。

一　利息、財産の貸付料若しくは使用料又は国立教育施設の授業料に係る債権（令八①）

これらの債権は、財産又は営造物の利用に対する対価としての性質を有するものであるから、債権は現実に給付が行われた時間の進行に対応して継続的に発生するものといえる。この継続的な給付に対する反対給付として発生する貸付料債権等を時間の進行に応じて時々刻々に調査確認をすることは不可能である。このため債権を一定期間ごとに取りまとめて一括管理するほかはない。その期間の設定にあたっては歳入の会計年度区分と整合させる意味において、会計年度ごとに区分することとし、各年度内に利払期又は支払期日の到来する債権金額を取りまとめて、次のように、その期間の開始時に調査確認することとした。

区分	調査確認の対象となる債権金額	調査確認を行う時期
初年度	債権の発生の原因となる契約その他の行為（貸付契約、財産の使用の許可又は入学の許可等）をした日の属する年度に利払期又は支払期日が到来する債権の金額	発生の原因となる行為をしたとき
次年度以降	各年度に利払期又は支払期日が到来する債権の金額	各年度の開始したとき（当該年度の四月中に利払期又は支払期日が到来する債権で事前に納入の告知をしな

ければならないもののうち、その利払期又は履行期限から起算して二〇日前の日が前年度の三月中における日に該当するものは、前年度の三月中における当該日以前の日（則八）)。

注　例えば、国家公務員有料宿舎の使用料債権は、月々履行期限が到来する債権であるが、この公務員宿舎を、甲年度において国等の職員に貸与したところ、当該職員が、乙年度、丙年度と引き続き入居している場合、甲年度分の使用料債権については、前表の初年度の取り扱いにより、貸与したときが調査確認又は登載の時期となるのに対し、乙年度及び丙年度の分については、それぞれ乙年度の四月一日及び丙年度の四月一日が調査確認又は登載の時期となる（なお、この場合、乙、丙両年度の四月中にも、使用料債権の履行期限が到来するわけであるが、この使用料は、給与支払機関が給与の支払の際、支給すべき給与額から控除し、国庫金振替書又は納付書によって歳入に納付するもので、歳入徴収官の納入の告知は行われないから（予決令二八の二⑤）、前表かっこ書にいう前年度の三月中における一定の日を登載の時期とする場合には該当しない。）。また、財産貸付料債権の例で、甲年度に貸し付けた物件の貸付料のうち、例えば、乙年度の四月一〇日を納期とするものについては、前表かっこ書の取り扱いにより、甲年度の三月中における日で納期の二〇日前に当たる日（三月二一日）以前の日が調査確認又は登載の時期となる。これは前例の宿舎使用料債権の場合のように、乙年度の四月一日を登載の時期としたのでは、納入の告知に要する時間的な余裕がとれないので、実務上の考慮からこのような取り扱いに定められたものである。

なお、ここで利息債権というのは、元本たる金銭の使用料の対価としての性質又はこれに準ずる性質を有する利息にかかる債権に限るのであって、損害賠償の性質を有する遅延利息債権はこれに含まれない。遅延利息債権については、延滞金債権として、後述四のとおり、別途の登載時期が定められている。

二　一定期間内に多数発生することが予想される同一債務者に対する同一種類の債権で法令又は契約の定めるところによりこれを取りまとめて当該期間経過後に履行させることになっているもの（令八②）

「当該期間満了の日の翌日からその履行期限までの間において各省各庁の長が定めるとき」において調査確認を行う。

これに該当する債権としては、国が設置する病院の入院患者に対する療養費債権などがある。これらの債権は一定期間、継続する契約関係に基づいて債権が反復的に発生するもので、発生する債権についてそのつど履行を求めるのではなく、一定期間ごとに取りまとめて履行させることとしている。これらの債権については、一件ごとに調査確認を行うよりも、一定期間分を取りまとめて行うことがその債権の管理の実情に合っており、事務処理上も効率的である。

三　国の行政機関以外の者によってのみその内容が確定される債権（令八③）

民事訴訟費用は、通例、敗訴者の負担となるが、その負担する金額は裁判により決定される（民訴法六七Ⅰ）。この債権は、裁判所の決定したところに従い債権の管理を行うことになるので、「この者が債権の内容を確定したとき」に調査確認を行うこととしている。

注　似て非なる事例

(1)　会計検査院の検定に基づく会計職員の弁償金債権

会計検査院は国の機関ではあるが、法律上独立性が与えられている点においては、第三者的機関に近いものではある。しかし、会計職員の弁償責任は、同院の検定によって確定するものではなく、同院の検定に従い各省各庁の長が弁償命令を発したときにおいて、その弁償命令に基づき弁償責任が、そしてその職員に対する国の弁償金債権が確定するものである。

(2)　社会保険診療報酬支払基金から支払を受ける診療報酬に係る債権

社会保険診療報酬支払基金は、診療報酬を支払う保険団体等の委託により診療報酬を審査し、及び支払を行うものである。したがって、債権者である診療機関は、同基金の審査によってその債権金額が一方的に決定されるものではない。診療報酬の支払を受ける債権者の側において同基金の行う審査に権威を認め、特別の事由のない限り、その審査の結果に従っているに過ぎない。

四　延滞金債権（令八④）

延滞金とは、債務者の履行の遅滞に係る損害賠償金その他の徴収金をいう（法二四Ⅱ）。この債務者の履行の遅滞に係る損害賠償金とは、いわゆる遅延利息をいい、同じくその他の徴収金とは、これと同じ性質を有するものではあるが、特別の法令の規定（例えば、健康保険法（大正一一年法律第七〇号）一八一条、鉱業法（昭和二五年法律第二八九号）一四三条、補助金等に係る予算の執行の適正化に関する法律一九条、労働保険の保険料の徴収等に関する法律（昭和四四年法律第八四号）二八条）により、主として公法上の債権に付される、いわゆる延滞金を指すものである。これらは、履行期限が経過したときから、元本が完済されるまでの期間に応じ、元本に対する一定の割合をもって計算される。したがって、延滞金債権は、履行期限が経過したときにまず発生するが、事後、元本が完済されるまでその金額が確定しない。いわば、最初に発生したときから以降、引き続いて日々発生してゆくもので、その点利息債権と類似した性質を有している。このように、延滞金債権は、特殊な性質をもつ債権であるので、一般の債権と区別して特別な登載時期が定められている。

すなわち、延滞金債権については、次のときにおいて調査確認を行う。

元本債権が履行期限の定めのあるもの	元本債権の履行期限が経過したとき
元本債権が損害賠償金債権又は不当利得返還金債権であるもの	損害賠償又は不当利得の返還の請求をするとき

延滞金債権は、元本債権の履行遅滞期間に応じて、日々発生するものと考えられるが、これを発生の都度把握し、調査確認することは事務処理の実情に合わないことはいうまでもない。そこで、

(1)　「延滞金が付される元本債権が履行期限の定めのあるものである場合」にあっては、元本債権の履行期限が経過したときに調査確認をすることとした。この場合、将来発生することとなる延滞金債権を元本債権の履行期限経過時においてあらかじめ包括的に調査確認するものである。そして、延滞金債権は前述のように履行遅滞期間の進行に応じて日々、累増するものであるため、延滞金債権金額を常時把握し、記載し、又は記録することは困難であるから、その債権金額は、支払われるべき金額が確定した場合を除くほか、記載し、又は記録することを要しない

こととされている（令一〇Ⅲ）。

注　支払われるべき延滞金額が確定する場合とは

(イ)　債務者の弁済した金額を優先的に元本債権に充当することとなっている場合……元本完納時

(ロ)　債務者の弁済した金額を優先的に延滞金債権に充当することとなっている場合（民法四八九）……

延滞金額に充当した金額についてはは充当時 ┐
その他は元本完納時 ┘……この時点においては、延滞金債権は弁済の充当により、又は元本と同時に完済されることにより消滅しているから、債権金額とその消滅額が記載されることになる。

(2)　「延滞金が付される元本債権が損害賠償金又は不当利得返還金に係るものである場合」にあっては、これらの債権にかかる延滞金は不法行為のとき又は不当利得（悪意の不当利得に限る。）のときにさかのぼって付されるから（民法七〇四又は大正三年六月一四日大審院判例）、既に発生している延滞金債権及び今後発生する延滞金債権を含めて、賠償の請求又は返済の請求をするときに調査確認することとしている。そのため、延滞金債権金額については、その支払われるべき金額が確定した場合を除くほか、記載し、又は記録する必要のないことは(1)の場合と同様である。

(3)　延滞金債権の記載又は記録方法

延滞金債権について記載し、又は記録すべき事項は、元本債権の記載事項と共通するところが多く、また元本、延滞金相互間の弁済充当の関係を明らかにする必要があるので、延滞金債権は原則として、これを付することとなっている元本債権とあわせて債権管理簿に記載し、又は記録することとなっている（則別表第四―三）。

この点は、利息債権及び次の加算金債権についても同様である。

五　一定の期間に応じて付する加算金に係る債権（令八⑤）

加算金とは、法令又は契約の定めるところにより、一定の期間に応じて元本債権に加算して付されるもので、債務者に履行遅滞以外の義務違反などがあった場合に、多分に制裁的な意味で徴収されるものである。

「法令又は契約の定めるところによりその加算金を付することとなったとき」において調査確認を行う。令八条五号では次の二つの加算金について調査確認を行う時期を例示している。

一定の期間に応じて付する加算金	調査確認を行う時期
(1)　補助金等に係る予算の執行の適正化に関する法律による交付決定の取消しに基づく補助金等の返還命令があったときにおいて、同法一九条の規定により付する加算金（返還を命ぜられた補助金等の交付を受けた日から返還完了の日までの期間に応じ、年一〇・九五パーセント）	返還命令があったとき
(2)　貸付契約の定めるところにより貸付金の繰上償還を指示した場合において同契約の定めるところにより付する加算金（法三六条一〇号参照。貸付けの日から償還完了の日までの期間に応じ市中金利と貸付金利との差に相当する割合。令三七）	繰上償還の指示があったとき

加算金債権についても延滞金債権と同様、その支払われるべき金額が確定した場合を除くほか、債権金額の記載又は記録は要しないこととされている（令一〇Ⅲ）。

注　加算金債権は、前述の延滞金債権と同様、元本債権とあわせて債権管理簿に記載し、又は記録する（則別表第四―三）。

六　金銭の給付以外の給付を目的とする権利（すなわち金銭債権以外の債権）の履行遅滞に係る徴収金に係る債権で債権金額が一定の期間に応じて算定されることとなっているもの（令八⑥）

「その権利の履行期限が経過したとき」において調査確認を行う。

国が発注する請負工事の完成又は国が購入する資材の納入の遅滞に対して、請負契約又は売買契約に定めるところによって徴収する遅滞料債権（工事完成期限又は納入期限の翌日から完成又は納入の日まで年何パーセント）などがある。本債権についても延滞金債権、加算金債権と同様の理由により調査確認時には債権金額は未確定であるから、債権金額はその支払われるべき金額が確定した場合を除くほか、記載又は記録を要しないこととしている（令一〇Ⅲ）。

〔運用上の問題・解釈〕

(1)　国有財産の貸付契約を年度の中途で解約した場合、その年度末までに支払われるべき貸付料債権金額が既に債権管理簿に記載し、又は記録されている。解約に伴い解約後の期間分の債権金額は免除されたものとして取り扱うことになるのか。

貸付料債権は現実に相手方に貸付けをした期間に対応して発生する。年度中途で貸付契約を解除すれば、財産を返還した日後の貸付料債権は発生しないことになる。しかし、債権管理簿には、貸付料債権の調査確認及び記載又は記録の便宜上、年間分の貸付料金額を一括して記載し、又は記録することとしている（未発生の債権金額をあらかじめ記載し、又は記録している。令八①）から、解約に伴って発生しないこととなった金額を債権管理簿から除去する必要がある。この処理は、国の内部における帳簿上の整理に過ぎず、債権の免除のような対外的な効力を伴うものではない。

注　記載し、又は記録した債権金額を減額して整理するときは、調査確認をした債権金額の変更ということになるので、法一一条一項後段の規定による変更の調査確認をしなければならないことになる（則別表第四参照）。

(2)　履行期が日曜日又は祝日にあたるときは、その翌日に履行しても債務者には履行遅滞の責任は生じない（民法一四二）。しかし、その翌々日に履行した場合は、二日分の延滞金債権が発生するのか、それとも一日分か。

一日分及び二日分の両説があり、そのどちらかによるかは断定し難いが、国の会計の管理が堅実な事務処理を旨とすることからすると、休日の翌日を履行期限とみなして一日分の延滞金の徴収に止めてよいであろう。しかし、公債若しくは借入金を財源として行う事業又は企業的色彩の濃い事業の運営上生ずる契約上の債権については、休日の翌日に履行した場合においても一日分の延滞金を徴収する旨を特約で定めておくことが考えられてよいであろう。

(3)　延滞金債権は、これを付することとなっている元本債権とあわせて記載し、又は記録することとなっており、債権金額はその支払われるべき金額が確定するまでは記載し、又は記録しなくてよいことになっているので、元本債権の履行期限が経過したときに行う調査確認にあたってほとんど記載し、又は記録する事項がないように思われるがどうか。

延滞金債権は、元本債権と同一の債権管理簿に記載し、又は記録することになっている（則別表第四―三）。そして、その記載事項は、債権金額、債権の種類及び発生年度を除けば記載又は記録事項とほとんど一致すると考えてよい。延滞金債権の債権金額は延滞金発生時には記載し、又は記録する必要はないし（令一〇Ⅲ）、延滞金債権の種類はすでに債権管理簿に記載又は記録済みであるから、延滞金債権の調査確認時においてこれを再確認するくらいであって、実際の記載又は記録手続としては延滞金債権が発生したことを示すための発生年度の記載又は記録が行われるに止まるものであるといえる。

第三款　債権の発生年度の区分及び債権の種類

本款では、調査確認及び記載し、又は記録すべき事項のうち、特に説明を要する「債権の発生年度の区分」及び「債権の種類」について詳述する。

一　発生年度の区分（令一〇Ⅳ、則一一Ⅰ、別表第一）

発生年度とは、債権が発生した日の属する年度をいう。しかし、単に、債権が発生した日といっても、それが抽象的な権利関係の発生した日をいうのか、それとも具体的に権利関係が確定した日を指すのかは明らかでない。また、利息、貸付料債権のように債権が一定の期間を通じて継続的にも生ずるものは擬制的な発生年度の区分をしなければ事務処理が困難であり、さらに、延滞金、加算金債権のように債権金額を記載し、又は記録しないものには、発生年度の区分ができないものがある。

令一〇条四項の規定により債権の発生年度の区分を定めるにあたっては、このような事情を考慮し、原則としては、権利関係の確定した日をもって発生年度の区分の基準とするが、利息、貸付料、延滞金など特殊な調査確認を必要とする債権にあっては、特例的に調査確認及び記載又は記録をする日をもって発生年度を区分することとしている。

〔債権の発生年度区分（則別表第一）〕

債権区分	発生年度の区分
1　令八条各号に掲げる債権（調査確認時期の特例が定められている債権）	当該各号の規定により債権管理簿に記載し、又は記録すべき日の属する年度（ただし、令八条一号かっこ書の規定により当該年度の四月に利払期又は履行期限が到来する債権のうち事前に納入の告知を要するため前年度の三月中に記載するものについては、その利払期又は履行期限の属する年度とする。）
2　契約その他の行為により発生する債権（1に該当する債権を除く。）	その契約の締結をした日又はその行為をした日の属する年度（ただし、債権の発生又は帰属に関し停止条件又は不確定の始期があるときは、その条件の成就又は期限の到来により債権が発生した日の属する年度）
3　不当利得による返還金又は損害賠償金にかかる債権	その請求権の発生の原因となる事実のあった日の属する年度
4　契約に関して発生した債権（1から3までに該当するものを除く。）	その契約に関して債権が発生した日の属する年度
5　法令の規定により一定の事由により発生する債権（1から4までに該当するものを除く。）	その法令において定められた履行期間の初日の属する年度

⑴　**令八条各号に掲げる債権**（調査確認時期の特例が定められている債権）

これらの債権について、債権管理簿に記載し、又は記録すべき日をもって発生年度の区分をすることとしたのは事務処理の便宜によるものであるが、令八条四号から六号までの債権（延滞金、加算金又は遅滞料債権）を除けば、この方法によるのと権利関係の確定した日をもって発生年度の区分をしたのとは結果的には大きな相違は生じないといえる。

注(イ)　令八条一号に掲げる債権（利息、使用料、貸付料、授業料債権）……履行期限の属する年度と権利発生年度とが、実際上一致する。そして、各年度に履行期限が到来する金額を各年度の開始時に記載し、又は記録することになっているから結果的には発生年度と一致することになる。

(ロ)　令八条二号に掲げる債権（一定期間内に多数発生することが予想される同一債務者に対する同一種類の債権で期間経過後に取りまとめて履行させることとなっているもの）……発生期間経過後、債権管理簿に記載し、又は記録するまでの期間的ズレが短く、大部分は発生年度内に記載され、又は記録されるものとみてよいので、集団的事務処理の便宜上、債権管理簿に記載し、又は記録する年度をそのまま債権の発生年度として取り扱う便法を認めてよいものと考える。

(ハ)　令八条三号に掲げる債権（国の行政機関以外の者によってのみその内容が確定される債権）……その確定によってはじめて権利の行使ができるから、その確定があったとき（すなわち、債権管理簿に記載し、又は記録するとき）をもって発生年度を区分しても問題はないものと考える。

(ニ)　これに対し、令八条四号から六号までに掲げる延滞金、加算金又は遅滞料債権は、これらの債権を付することとなった事由が生じたときをもって発生年度を区分するので、元本債権が数年間にわたって遅滞するような場合には、債権が発生する期間と発生年度の表示が食い違うことになるが、もともと、これらの債権は支払われるべき金額が確定するまでは債権金額の記載又は記録を必要としない（令一〇Ⅲ）から、発生期間に対応するそれぞれの年度を表示する意味がなく、結局、その発生の始期の属する年度を表示すれば足りるものと考える。つまり、この場合における発生年度の表示は「〇〇年度以降発生」を意味する。

(2) 契約その他の行為により発生する債権（(1)に該当する債権を除く。）

契約等の行為によって債権が発生することになる場合には、その行為をした日をもって発生年度を区分する。ただし、債権の効力の発生につき停止条件又は不確定の始期がある債権は、その行為時ではなく、その条件が成就し、又は始期が到来したときに発生することになるから、条件が成就又は始期の到来した日をもって発生年度を区分する（不確定の始期……一〇八頁〔運用上の問題・解釈(1)〕参照）。

(3) 不当利得による返還金又は損害賠償金に係る債権

その請求権の発生の原因となる事実のあった日の属する年度の区分による。その請求権の発生の原因となる事実のあった日とは、計算誤びゅうなどによる過払額の返還金債権はその過払のあった日、債務不履行又は不法行為による損害賠償金債権は債務不履行又は不法行為のあった日ということになるから問題はないが、概算払をした工事請負代金等の精算返納金債権にあっては、工事等の完了した日ではなく、工事完了後、債務者から精算書の提出があり、これによって精算超過額を確定した日をもってその事実のあった日とするのが通例である。また、概算払をした旅費の金額を旅行者が所定の期間内に精算しないときは、概算払をした旅費の金額を返納させることとしているから（国家公務員等の旅費に関する法律一三条四項）、この場合の旅費の返還金債権は、返納義務の発生した日、すなわち精算提出期限を経過した日がその事実のあった日ということになる。

(4) 契約に関して発生する債権（(1)から(3)までに該当する債権を除く。）

委託契約の終了に伴って相手方が交付を受けた資金の未使用残額を国庫に返納することとしている場合の返納金

債権などがこれに該当する。契約の不履行に伴って発生する違約金その他の損害賠償金債権は、(3)の債権に該当するので本号の対象から除かれる。

(5) 法令の規定により一定の事由により発生する債権（(1)から(4)までに該当する債権を除く。）

国の債権は、国の行為により又は国の行為に関連して発生するものだけではなく、法令に定める一定の事実の発生に伴い、権利が発生するものがある。例えば、健康保険法に基づき事業主が毎月、被保険者に支払う賃金等を基礎とした額に対して発生する健康保険料債権、日本中央競馬会法に基づく日本中央競馬会の国庫納付金債権（同会に生じた毎事業年度分の剰余金の二分の一相当額を国庫に納付すべきこととされるもの）などがある。

これらの債権のうち、健康保険料についていえば、事業主が毎月被保険者に支払う賃金等を基礎として定められる標準報酬月額及び標準賞与額に一定の保険料率を乗じた額の保険料を翌月末日までに納付することになっており、日本中央競馬会にあっては前述の剰余金額を事業年度終了後三月以内に国庫納付することとされているので、これらの債権の発生の原因となる賃金等の支払又は利益の発生の際には、抽象的な権利関係は生じているといってよいであろうが、まだ国の権利として確定したものではないから、これを権利の発生と考えるのは、法律上無理である。その月分の保険料額又はその事業年度分の剰余金額が確定する各月末日又は各事業年度の末日が経過したとき、すなわち履行期間が始まったときにおいて発生するものとしてよいのではないかと考える。かかる観点から本号該当の債権は、法令に定める履行期間の初日の属する年度の区分によることとしている。

二　債権の種類（令一〇Ⅳ、則別表第二）

債権の分類は、単にその記録整理のためだけでなく、歳入徴収官等の管理する債権の全況を把握して、そのときにおける管理の方針を定め、その他、適時適切に管理事務を処理する上において重要な役割を果すものである。

こういった観点からみて、債権は、それが公法上の原因によって発生したものであるか、それとも私法上の原因によるものか、同じ公法上の債権であっても行政上・司法上の手数料、負担金、占用料などそれぞれの法令の適用関係が判別できるものでなければならない。また、財産の売払代債権か、貸付料債権か、損害賠償金であるのかそれとも費用弁償金であるのか、立替費用の返還金であるのか、不当利得返還金であるのか、また元本債権か利息債権であるのか、これらの種々の国の債権がその法律的性質の相違に従って一目瞭然に把握できるように分類されていなければならない。同時に、これらの債権に基づく国の収入金が会計制度上、歳入金、歳出金（歳出への戻入金）、資金、特別会計積立金、前渡資金などに区分されるから、債権とその収入金との計算の関係を明らかにする必要がある。

こういった経理上の要請に基づいて、則別表第二においては、債権管理法の適用を受ける債権を歳入金債権と歳入金債権以外の債権に二大別し、それらをさらに部款項目に区分することとしている。このうち、目の区分が債権の法律的性質に従った分類（いわば、本来的な意味における債権の分類）であり、部款項の区分は債権に基づく収入金の計算上の科目区分との関係を明らかにするための表示――収入金に関する計算との対応関係を明示するためのインデックス――であるといってよい。

(1) 歳入金に係る債権

財政法二三条の規定により毎会計年度の歳入予算において定められた科目の区分に従い、部、款及び項（特別会計に属する債権にあっては、款及び項）に区分し、更に、債権の性質に従い則別表第二の一に定める目に区分することとしている。ただし、目の区分について必要があるときは各省各庁の長が財務大臣と協議して則別表第二の一に定める目以外の目の区分を設定することができる（則別表第二の一に定める歳入金に係る債権の目を説明したものについては、「債権管理事務取扱規則別表第二に掲げる債権の目の説明について」三九八頁参照）。

(2) 歳入金に係る債権以外の債権（(3)及び(4)に掲げるものを除く。）

歳入金債権以外の債権は、その債権に基づく収入金が法令の規定により国の歳入外の受入金として整理されるので、これを「歳入外債権」と称している。

歳入外の受入金の一般的なものとしては、(1)支出官の管理する歳出への返納金（会計法九条ただし書）、(2)資金前渡官吏の保管する前渡資金への返納金（出納官吏事務規程五八条の二本文）（歳入外の受入金としては、このほか、歳入歳出外現金出納官吏の保管する供託金その他の保管金への受入金があるが、法三条一項四号により、国の保管金となるべき金銭の給付を目的とする債権は法の適用が除外されている。）。

これらの債権については、「歳入外債権」という部の区分を設け、返納金に係るものについては歳出金、前渡資金又は繰替払等資金の別に応じて款及び項に区分し、目の区分はすべて「返納金債権」としている（則別表第二の二）（なお、返納金債権に付される延滞金、加算金又は返納金債権について履行延期の特約等をした場合に付される延期利息は、歳入に組み入れられるものであるから、(1)に述べた歳入金債権のうち**12損害賠償金の類**又は**13利息**

の**類**によって整理する。）。

(3)　特別調達資金に属する債権（防衛省所管）

特別調達資金に属する債権は、則別表第二の三に定める部、款及び項に区分し、さらに防衛大臣が財務大臣に協議して定めるところにより目に区分することとしている。

(4)　貨幣回収準備資金に属する債権（財務省所管）

貨幣回収準備資金の属する債権は、則別表第二の四に定める部、款、項及び目に区分することとしている。

（参考）　法三九条及び四〇条（債権現在額の報告）以外の規定の適用を除外されている債権の種類（則別表第三）

国税収納金整理資金に属する債権及び法律の規定により国が保有する資金の運用により生ずる債権は、法三条一項ただし書の規定により年度末債権現在額の報告に関する規定（法三九条及び四〇条）以外の規定を適用しないこととされている。このことは、第一章第一節二㈡において述べたところである。したがって、これらの債権については法一一条の規定による調査確認は行われないから、そのための債権の分類は必要ではない。しかし、債権の現在額報告書を作成するにあたっての分類整理をする必要があるので、則四一条の規定により次のような分類区分を設けることとしている。

㈠　歳入金に係る債権

則別表第二の歳入金債権の区分に準じて款、項及び目に区分する。

㈡　歳入金に係る債権以外の債権

則別表第三の二に定めるところにより、部、款及び項に区分し、さらに各省各庁の長が財務大臣に協議して定めるところにより目に区分する。

〔運用上の問題・解釈〕

(1)　債権の発生年度区分と歳入又は歳出の所属年度区分とが異なる場合があるか。あるとすれば、何故、異なってもよいのか。

債権の発生年度とその債権に基づく歳入金又は歳出への戻入金の所属年度が異なる場合としては、次のような事例がある。

債権の区分	債権の発生年度	歳入歳出の所属年度
(イ)　年賦償還の方法による貸付金債権・国有財産延納売払代債権等	貸付契約・売払契約等をした日の属する年度（則別表一―2）	各年賦償還金又は各分割納付代金にかかる納期末日の属する年度（予決令一の二Ⅰ①）
(ロ)　翌年度以降に発見された国有地の不法占拠に対する損害賠償金債権	不法行為のあった日の属する年度（則別表一―3）	納入の告知をする日の属する年度（予決令一の二Ⅰ②）
(ハ)　出納整理期間における精算確定の結果生ずる返納金債権	精算の確定した日の属する年度（則別表一―3）	出納整理期間の末日までに限り支出した年度の歳出の金額に戻入（予決令六）
(ニ)　出納整理期間中に返還命令を発して返還させる補助金等の返還金債権	返還命令をした日の属する年度（則別表一―2）	右に同じ。
(ホ)　年度経過後、徴収漏れを発見した公務員宿舎使用料債権	その履行期限の属する年度（則別表一―1）	納入告知書を発した日の属する年度（予決令一の二Ⅱ）
(ヘ)　延滞金債権	元本債権の履行期限が経過した日（履行期限の翌日）の属する年度（則別表一―1）	領収した日の属する年度（予決令一の二Ⅰ③）

債権の発生年度の記載又は記録は、本来、個々の債権の法律的効力の発生した日の属する年度を表示することを目的とするものである。これに対し、歳入歳出の所属年度の区分は、各年度の歳出の財源となるべき収入金額を当該年度の歳入金又は歳出戻入金として計上するための区分の基準であって、制度上の趣旨、目的が違うから部分的には双方の年度が異なることはあり得るし、あっても差し支えないものである。

(2)　則別表第二に定められている債権の目の区分に該当しない債権が発生した場合は、必ず財務大臣に協議して目の区分を新設しなければならないか。

債権を詳細精密に分類すると種類区分が多岐になり、分類整理、記載又は記録、集計等の事務が煩雑化してかえって非効率となるので、明確に該当しないものを除き、極力最も近い分類の目の区分によって整理することとしている。

(3)　土地区画整理法による換地清算金債権は、いかなる目の区分によって整理するか。

公法上の債権であるが、財産の交換分合の実体に着目して、不動産の交換差金債権と同様に、「不動産売払代債権」の目で整理する。換地清算金債権は、国全体を通じ年間の発生件数は僅少であり、債権総額も少ないから国全体の債権金額を集計し、及び一覧するにあたって便宜を考えれば、独立の目の区分を設けず、前述の目の区分によって整理することが妥当であると考える。

(4)　庁舎の一部を借り受けて使用している民間業者に供給する暖房用スチームの供給の対価は、「物件売払代債権」か「財産利用料債権」か。

スチームの供給期間又は供給量に応じて一定の単価によって計算した金額を徴収することとする事例が多いので、「財産利用料債権」の分類によることが妥当であると考える。

(5)　家畜、オットセイ毛皮、野菜、卵、種苗等はすべて「農産物等売払代債権」の分類に含めてよいか。また、研究実験材料として購入した家畜の用途廃止による売払代債権はどうか。

獣医学等の実験材料として購入した家畜の売払代は「不用物品売払代債権」として、その他の農産物、水産物、畜産物及びその加工物で一次産品と目されるものは「農産物等売払代債権」として整理してよいと考える。

(6)　土地に定着している建物のみを売り払う場合の債権の種類は次のいずれかになるか。

(ア)　不動産売払代債権

(イ)　物件売払代債権

建物は一般に土地の定着物といわれているが、土地と離れて独立の不動産として取り扱われている。したがって、建物の売払代の債権の種類は、アの「不動産売払代債権」が適当であると考えられる。

なお、参考までに則別表第二の一の5「財産売払代の類」の一六の債権の種類について説明すれば、この一六の種類のうち「不用物品売払代債権」及び「物件売払代債権」を除く一四の区分は、常時生ずる主要な財産の売払代についての例示であり、これらの例示及び各省各庁の長が財務大臣に協議して定めた債権の種類に適合しない財産の売払代については、物品の不用決定の手続を経て処分するものは「不用物品売払代債権」に、その他のものは「物件売払代債権」にそれぞれ整理されるものと考えられる。

(7)　繰替払等資金返納金債権とは何か。

繰替払等出納官吏（旧出納官吏事務規程一）の出納保管する現金の過誤払によって生じた返納金に係る債権である。

第四款　調査確認及び記載又は記録を必要としない場合とその事後処理

一　調査確認及び記載又は記録を要しない場合（令九）

債権が発生し、又は国に帰属したときは、歳入徴収官等は、政令で定める場合を除き、遅滞なくこれを調査し、確認の上、債権管理簿に記載し、又は記録しなければならないことになっているので（法一一Ⅰ）、この「政令で定める場合」には、債権の調査確認及び記載又は記録をしなくてもよいことになる。政令で定める場合としては、歳入徴収官等がまだ調査確認及び記載し、又は記録していない債権についてその全部が消滅したことを確認した場合とされている（令九Ⅰ）。債権の全部が消滅してしまった以上、国の財産として管理する権利が存在しないのであるから、調査確認及び記載又は記録の必要がないことはいうまでもない（債権の消滅確認は、法二三条その他の法令（会計法四七条）の規定による関係の機関からの弁済の受領その他の消滅の通知による。）。

二　記載又は記録できなかった場合における事後的措置（令九Ⅱ本文）

この場合において、歳入徴収官等は、何故その債権を事前に債権管理簿に記載し、又は記録することができなかったのか、その理由を明らかにしておかなければならない。その方法としては、書面をもって明示するのではなく、適宜の様式による補助簿（債権整理簿という）に債権の概要、記載し、又は記録することができなかった理由その他必要な事項を記載することにより行う（則九Ⅰ）。なお、法一二条に掲げる者からの債権の発生又は帰属の通知（第六款〔一〇五頁〕参照）が遅延したことによって記載し、又は記録することができなかった場合は、その者に対して通知が遅延した事由について疎明を要求しなければならない（則九Ⅱ）。

三　事後的措置を要しない債権（令九Ⅱただし書）

債権のうちには、徴収手続の特殊性から、又は事務処理の実情により、債権の消滅前に債権管理簿に記載し、又は記録することが著しく困難であるものがある。こういう債権については、令九条二項各号に列挙し、前述の事後的処理に関する規定を適用しないこととしている。令九条二項各号に掲げる債権は、次のとおりである。

〔発生と同時に消滅する債権〕

(1)　債権金額の全部をその発生と同時に納付することになっている債権（第一号）

（例）1　申請書に債権相当額の収入印紙を貼付し、申請書の受理と同時に納入が完了する検査手数料債権

2　現金と引換えに入場券を交付する方法により徴収する国営公園等の入場料債権

これらの債権は、発生と消滅とが観念的には同時に行われるものである。これに反して、物品の売払代金債権で売買契約の成立後、直ちに歳入徴収官の口頭告知により出納官吏に即納させるものは、短時間ではあっても、債権管理の余裕があるものであり、実際に歳入徴収官が歳入の調査決定をし、納入の告知をしているところである。事前の徴収行為が行われる以上、その前提となる債権管理行為は行われていなければならないはずであることから、この即納金債権はここにいう発生と同時に消滅する債権には該当しない。

〔債権金額の確定後、直ちに債務者に支払う給与等から控除して徴収することとなっており、かつ、給与関係事務の特殊性を考慮してこの処理を要しないこととしたもの〕

(2) 国が報酬又は賃金から控除する各種の社会保険（健康保険、船員保険、労働保険又は厚生年金保険）の保険料に係る債権（第二号）

これらの保険料は、事業主である国が毎月被保険者に支払う報酬、賃金の額を基準として算定されるから、事業主（国）が被保険者から徴収する保険料の被保険者負担金債権金額も、その報酬又は賃金を支払うときにおいて確定するものである。そして、その債権金額が確定する報酬、賃金の支給日において控除し、徴収されるから、債権管理の時間的余裕がほとんどない上に、短時間内に多数の受給者を対象として賃金計算、支払、控除徴収の作業を集団的に処理しなければならない給与関係事務の特殊性を考慮し、この事後的処理を要しないこととした。

(3) 恩給金額分担及国庫納金収入等取扱規則一〇条一項により俸給又は給料から控除する恩給法納付金債権（第三号前段）

前記(2)の保険料被保険者負担金債権と同様、給与関係事務の特殊性を考慮したものである。

〔法令の規定による債務者の自主的履行によって債権の発生を確認する債権〕

(4) 恩給金額分担及国庫納金収入等取扱規則一一条二項ただし書により地方公共団体の給与支払機関が仕訳書に現金を添えて自主的に国の収入官吏に払い込む恩給法納付金債権（第三号後段）

(5) 予決令六二条一項の規定により支出官が日本銀行に交付した隔地払送金資金又は他の法令の規定により出納官吏が日本銀行に交付した隔地払送金資金の一年経過による返納金債権（第四号）

日本銀行は、送金資金の交付を受けた日から一年を経過してもまだ支払を終らないものは、その送金を取消し、現金払込書を添えて自主的に国の歳入又は前渡資金の預託金に組み入れることとしている。これは、国庫金出納機関としての日本銀行の送金事務処理の迅速化を考慮した一種の申告納付の方法による返納であるといえる。

(6)「ポツダム宣言の受諾に伴い発する命令に関する件に基く大蔵省関係諸命令の措置に関する法律施行令」一項又は二項の規定により旧陸海軍人等に対し支給した退職賞与金を国庫に返納させるため、その退職賞与金にかかる定期預金の預入銀行が納付書に現金を添えて自主的に納付させることとなっている返納金債権（第五号）

(7)「接収貴金属等の処理に関する法律」一六条の規定により債務者が納付書に現金を添えて自主的に納付させることとなっている納付金債権（第六号）

〔運用上の問題・解釈〕

(1)　出納官吏に即納させる債権については、時間的には事前に債権管理簿に記載し、又は記録することができず、債権の弁済後に記載し、又は記載することになるが、それでもよいのか。

債権の消滅前に債権の調査確認が行われ、債権管理簿への記載又は記録が時間的な関係上、結果的に債権の消滅後となったものであるから差し支えない。この場合における即納金債権については債権発生の通知、債権の調査確認、納入の告知等、およそ債権管理法に規定する管理はその消滅前に適切に行われているものといえる。

(2)　公務員宿舎使用料債権は職員に支給する給与から控除して徴収するものであるから、給与から控除して徴収する社会保険料債権と同様に債権管理簿への記載又は記録を要しないものとすべきではないか。

公務員宿舎使用料債権は、国有財産の貸付料債権と同性質のものであるから、貸付料債権と同様に事前の調査確認をすべきである。給与から控除ができるというだけで債権管理簿への記載又は記録を省略することは適当ではない。しかし、毎月、一定額を給与から控除することにより簡便迅速に債権の取立てができるものであるから、職員別給与簿等をその債権管理簿とするなど記載又は記録の手数をかけないで的確に債権管理をすることが最も望ましい。

第五款　債権管理簿に記載し、又は記録する事項及びその方法

債権管理簿に記載し、又は記録しなければならない事項は、法一一条並びにこれに基づく令一〇条一項、五項、六項及び七項において定められており、これらの事項の記載又は記録の方法に関しては、則別表第四に定めている。

しかし、債権管理簿は、他の法定帳簿と異なり、帳簿の様式については何ら規定していない。これは、債権管理の事務が各省庁における一般行政事務又は事業と特に密接に関連するものであることから、これらの事務又は事業との一体的な執行を図り、債権管理事務の円滑かつ効率的な処理を促進することが必要であるので、債権管理簿に記載すべき又は記録すべき事項は法令で定めるが、その様式については各省庁の事務処理の実情に適合するものを自主的に、かつ、弾力的に定めることができるような体制をとることとしたものである。

一　債権管理簿に記載すべき又は記録すべき事項（法一一、令一〇Ⅰ、Ⅴ～Ⅶ）

(1)　債権の発生又は帰属に伴い、その債権について調査確認及び記載すべき又は記録すべき事項（その後における変更の調査確認及び記載又は記録を含む。）（法一一Ⅰ）……六〇頁参照。

(2)　その他その債権の管理に関する事務の処理について必要な事項（法一一Ⅱ）

①　担保物の保存及び債権又は担保に関する証拠書類その他の物件の保存に関する事項（令一〇Ⅵ）

② その管理に関する事務の処理上とられた必要な措置の内容（令一〇Ⅶ）

〔例〕 納入の告知、督促、強制執行による差押えの実施、徴収停止、債務者からの相殺の通知の受理、履行延期の特約、免除等

③ 支払事務担当職員からの相殺若しくは充当済の通知（法二二Ⅱ）又は出納官庁、日本銀行等の収納機関若しくは契約担当官等からの弁済の受領その他の事由による消滅の通知（法二三）に基づいて確認した債権の消滅の内容

④ 債権の管理に関する事実で事務の処理上必要なもの

〔例〕 債務者の破産手続の開始の決定、解散等

注 なお、外国通貨をもって表示される債権については、債権金額を当該外国通貨をもって記載し、又は記録するほか、財務大臣が定める外国為替相場で換算した円貨換算額を付記することとしている（令一〇Ⅴ）。

二 債権管理簿の記載又は記録の方法に関し必要な事項（則一二、別表第四）

⑴ 年月日の記載又は記録

債権管理簿には、法一一条一項及び令一〇条の規定により記載すべき又は記録すべき事項のほか、次の日付を記載し、又は記録する。

① 債権の発生年月日（国に帰属した債権については、発生年月日及び帰属年月日）

② 他の歳入徴収官等からの債権管理事務の引継年月日

③　変更の調査確認を要する場合においては、その変更があった年月日
④　債権の消滅年月日
⑤　その他債権の管理に関する事務の処理に関して必要な措置をとった年月日又は債権の管理に関係する事実で事務の処理上必要と認められるものの発生した年月日

(2)　債権の発生年度、種類、発生原因、利息又は延滞金に関する事項等の記載又は記録

①　同一の発生年度若しくは種類に属する債権又は同一の発生原因に基づいて発生した債権を他の債権と区分して整理することとなっている債権管理簿においては、これらの事項をその債権管理簿の表紙又は見出しに記載し、又は記録することができる。

②　同一の種類に属する債権を他の債権と区分して整理することとしている債権管理簿において利息に関する事項、延滞金に関する事項その他債権管理簿に記載すべき又は記録すべき事項の内容が当該種類に属するすべての債権について同一である場合におけるこれらの事項の記載又は記録についても同様とする。

(3)　元本債権及び利息（延滞金及び加算金債権を含む。）の同一口座における記載又は記録

利息、延滞金又は加算金にかかる債権は、これを付することとなっている元本債権とあわせて記載し、又は記録するものとする。ただし、徴収簿（又は徴収整理簿）を債権管理簿として使用する場合には、歳入科目別に区分整理する必要上、元本債権とは別の口座において記載し、又は記録して差し支えないこととする。

(4)　債権の種類と記号化

債権の種類は、略称又は符号をもって簡略に表示することができる。

(5)　債権の減少額の記載又は記録

①　次に掲げる事由による債権の減少額については、法一一条一項後段の規定により債権金額の変更の調査確認、記載又は記録を行って当該債権金額を減額整理するものとする。

(イ)　債権の発生の原因になる契約その他の行為の解除又は取消し、これらの行為に解除条件が付されている場合におけるその解除条件の成就、債権の発生に関する法令の改廃その他特別の事由により債権の発生の原因となる法律関係が消滅したこと。

(ロ)　債権が譲渡され、又は更改もしくは混同により消滅したこと。

(ハ)　令八条一号の規定により一会計年度分の利子、貸付料、使用料等の金額を債権金額として記載し、又は記録した場合において、その債権金額が年度中に利率又は貸付料の減額変更その他の事由により減少することとなったこと。

(ニ)　判決による債権不存在の確認、誤びゅうその他特別の事由によりすでに記載され、若しくは記録されている債権の金額が過大であり、又はその債権が存在しないことが明らかとなったこと。

②　次に掲げる事由による債権の減少額については、法一一条二項の規定により消滅の記載又は記録をするものとする。

(イ)　弁済（代物弁済を含む。）、相殺又は充当による債権の消滅〔すなわち債権の目的を実現したことによる消滅〕

(ロ)　債権の免除、消滅時効の完成その他①及び②～(イ)以外の事由による債権の消滅（則三〇条の規定によるみ

なし消滅を含む。）〔すなわち欠損的事由による消滅〕

なお、以上の場合において、債権管理簿には、これらの減少額をそれぞれ区分して整理する（つまり別々の事項欄を設けて各々の事由による減少額を明らかにしておく）こととされている。

注　債権管理簿の様式に関する取扱い

昭和四三年一〇月に債権管理法施行令の一部改正（昭和四三年一〇月七日政令第三〇二号）が行われるまでは、債権管理簿についても他の法定帳簿と同様にその様式が同施行令に基づく債権管理事務取扱規則において定められていたが、会計事務の簡素化を図るための関係諸法令の改正の一環として前記改正政令によりその様式が廃止されたものである。なお、法定様式の廃止後における債権管理簿の様式の取扱いについて次の通達が出ているので、参考として掲載する。

なお、同通達中、「債権管理官」とあるのは「歳入徴収官等」と読み替えて運用することとしている。

会計事務簡素化のための法令の実施について（抄）

（昭四三、一〇、二一蔵計二四一三　大蔵大臣から各省各庁の長あて）

今回、会計事務の簡素化を図るため、次の法令が公布されたところであるが、これらの法令のうち、その施行に伴い経過措置を必要とするものならびにその実施にあたり統一的に処理することを適当と認める事項について下記のとおり定めたので、御了知のうえ、その旨を貴省庁関係の機関に対し御通知願いたい。

記

第二　統一的に処理すべき事項

1　債権管理簿の様式

(1)　国の債権管理等に関する法律施行令（昭和三一年政令第三三七号）第四十条の改正により、今後、債権管理簿の様式は、各省各庁の長又は債権管理官（代理債権管理官又は分任債権管理官を含む。(2)において同じ。）が、債権の管理に関する事務を取り扱う官署の組織、職員の数、取り扱う債権の内容、取扱件数等を勘案して任意に定めることができることとなったところであるが、その場合においては、事務上支障のない限り、次に掲げる一又は二以上の帳簿又は書類に所要の補正を加えて、これをその管理する債権に係る債権管理簿として利用するよう配慮されたい。

イ　国の債権の管理等に関する法律施行令第十一条第一項の規定による通知書、債権管理事務取扱規則第十条の書類及び国の債権の管理等に関する法律（昭和三十一年法律第百十四号）第二十二条第二項若しくは国の債権の管理等に関する法律施行令第二十二条の規定による債権の消滅の通知に関する書類

ロ　徴収簿（予算決算及び会計令（昭和二十二年勅令第百六十五号）第百三十一条に規定する徴収簿をいう。）、徴収整理簿（歳入徴収官事務規程（昭和二十七年大蔵省令第百四十一号）第四十一条に規定する徴収整理簿をいう。）及び領収済通知書

ハ　基準給与簿、職員別給与簿、被保険者台帳、貸付金台帳、売上伝票及び診療カード等各省各庁においてその事務又は事業を遂行するために必要とする帳簿又は書類

(2)　債権管理官は、その使用する債権管理簿の目録を常時、備えておくものとする。この場合において、事務上支障がない限り、当該債権管理簿として使用する帳簿又は書類に債権管理簿である旨を表示しておくものとする。

2　債権のみなし消滅

「債権管理事務取扱規則第三十条第二項の規定に基く債権を消滅したものとみなして整理した内容の報告について（昭和三十二年七月十二日付蔵計第二二三四号）」を廃止するが、各省各庁においては、今後とも、債権管理事務取扱規則第

三十条の規定により債権を消滅したものとみなして整理したものの内容を充分は握できるようにしておかれたい。

第六款　債権の発生又は帰属の通知

一　発生等の通知義務者及び通知の時期

債権の発生又は帰属の事実を職務上知り得る立場にある特定の職員は、歳入徴収官等に対して債権が発生又は帰属したことを通知し、もって歳入徴収官等の行う債権の調査確認の事務を補佐し、債権の徴収漏れの防止に資することとしている（法一二）。

法一二条に定める通知義務者は、次に掲げる者であり、これらの者はそれぞれ定められたときに遅滞なくこの発生又は帰属の通知を行わなければならないこととしている。

(1)　法令の規定に基づき国のために債権が発生し、又は国に帰属する原因となる契約その他の行為をする者……その行為をしたとき（債権の発生又は帰属について停止条件又は不確定の始期があるときは、その条件の成就又は期限の到来により債権が発生し、又は国に帰属したとき。）

国の財産の売払又は貸付契約を締結する契約担当官、行政財産の使用許可、補助金の返還命令等の処分を行う機関がこれに該当する。

なお、債権の発生とは、債権としての具体的な効力の発生をいうものであるから、債権の効力の発生につき停止条件又は始期が定められているものはその条件が成就し、又は始期が到来したときに発生に関する通知をすべきものとされている〔停止条件及び不確定の始期〔運用上の問題・解釈⑴参照〕〕。

⑵　法令の規定に基づき国のために支出負担行為をする者……その支出負担行為の結果、返納金債権が発生したことを知ったとき

支出負担行為すなわち財政法三四条の二にいう国の支出の原因となる行為をする者としては、支出負担行為担当官及び分任支出負担行為担当官がある。ここにいう返納金債権は歳出に係る返納金債権の全てではなく、支出負担行為の結果生ずる返納金債権に限られ、通常の場合は、概算払に係る支出負担行為に伴って生ずる清算返納金債権や国の委任事務終了に伴い受託者から返還される未使用現金に係る返納金債権がこれに該当する。

⑶　法令の規定に基づき国のために契約をする者……その契約に関して債権が発生し、又は国に帰属したことを知ったとき（⑴又は⑵に該当する場合を除く。）

契約に関し、⑴又は⑵以外の事由により債権が発生し、または帰属する例としては、契約の履行遅滞に伴って遅滞料債権が発生し、又は相手方の契約不履行を理由として契約解除をしたことに伴って損害賠償金債権や前金払・概算払をした契約代金の返納金債権が発生する場合が考えられる。

⑷　現金出納職員、物品管理官（又は物品供用官）又は国有財産の管理職員……その取扱いに係る財産に関して債権が発生したことを知ったとき

これらの職員が保管の責に任ずる現金又は物品の盗難、国有財産の不法占拠等により損害賠償金債権が発生した場合において通知することになる。

注(イ)　官庁内部において、二以上の部局が一連の事務の処理に関係する場合に、これらの部局が相互に関連のある事実を

通知することは、その官庁の事務を一体的に処理するための当然の義務であって、あえて法律の定めをもって通知義務を課すまでもないところである。にもかかわらず、法一二条において特に通知義務を法定したのは、現実の問題として、これらの機関からの債権発生等の通知がなければ債権の調査確認ができないことが多いので、これを法律上の通知義務にまで高めることによって、これらの関係の機関の通知責任を加重したものである。

(ロ)　したがって、本条各号に定める者以外の者が職務の遂行に関連して債権の発生等の事実を知り得る機会のある場合が少なくないが、これらの者は本条の適用がないという理由だけで通知をしなくてもよいというわけではない。ただ、連絡通知を欠いた場合における責任の度合が異なるに過ぎない。

(ハ)　本条二号は、支出負担行為の結果として、返納金債権が発生する債権発生のケースを対象としている。国の機関自体の故意又は過失を原因として債権が発生する場合については触れていない（官署支出官の誤認による過誤払に対する返納金債権の発生等）。この場合は、その性質上、単なる発生通知だけに止まるものではなく、債務者に対する取消しの通知、歳入徴収官等への取立て依頼その他その債権発生の原因となる行為をした機関の責任において的確な連絡その他の善後措置がとられるべきである。

二　通知の手続（令一一）

通知すべき事項は、歳入徴収官等がその債権について債権管理簿に記載し、又は記録しなければならない事項と同一の事項とする。各省各庁の長は、これらの事項のうち通知をする必要がないと認められるものについては、その通知を省略させることができる（令一一Ⅱ）。この通知にあたっては、通知を要する事項を記載し、又は記録した書面に関係書類の写しその他関係の物件を添付して歳入徴収官等に送付する（令一一Ⅰ）。

通知すべき事項（令一一）

(1)　債務者の住所及び氏名又は名称
(2)　債権金額
(3)　履行期限
(4)　令一〇条一項各号に掲げる事項〔調査、確認及び記帳を要する事項〕

三　異動の通知（令一二）

債権の発生又は帰属の原因となる契約その他の行為をする者（法一二条一号に該当する者）は、歳入徴収官等に通知した債権について、その後異動を生じたとき（契約の変更等による貸付面積の増減、使用料金額の引上げ、単価契約の場合における契約金額の確定等があったとき）は、遅滞なく同一の手続により歳入徴収官等にその旨を通知しなければならない。

〔運用上の問題・解釈〕

(1)　債権の発生につき不確定の始期がある場合とは、具体的にどのような場合を指すのか。また、債権の発生に関する停止条件とは、どのように違うか。

債権の発生につき不確定の始期がある場合とは、例えば「会社を退職したら支払う」というように、ある法律行為の効力の発生を到来時期の確定しない期限の到来にかからしめている場合であって、国の債権には実例がない。しかし、仮に「事業が成功したとき又は事業を廃止したときは返還する」という定めのある補助金があるとすれば、その補助金の返還金債権は不確定の始期の到来によって発生するものといえるであろう。これに対して、例えば「事業が成功したときは返還する」ことを定める補助金の返還金債権、「第三債務者から償還を受けたときは国に償還する」こととする貸付金債権などは時期が到来するか否かが未確定であるから停止条件の債権であるといえる。このように不確定の始期と停止条件は内容が類似するのであるが、停止条件にあっては条件の成就が将来における不確定の事実の発生にかかっているのに対し、不確定の始期は、効力の発生を、時期は確実ではないが到来することは確実であると認められる期限の到来にかからしめている点が相違する。しかし、現実のケースに当てはめてみた場合にある債権の効力の発生に関する定めが停止条件であるか、それとも不確定の始期とみるべきかは、その事実の発生の確実又は不確実の認定如何にかかっており、外見的には、いずれとも断定することが困難な場合もあり得る。

(2)　国有財産の管理機関が、その管理する国有地内の立木の盗伐を発見した。加害者は不明であるため、法一二条の規定により債権の発生通知をしようにも、通知を要する事項のうち、債務者の住所氏名については通知をすることができない。債務者の住所氏名が判明するまで通知を延期すべきであるか。

令一一条一項では、歳入徴収官等が債権管理簿に記載又は記録を要する事項を通知することを定めているが、同項の規定は、これらの事項についてその内容がどうであるかを通知せよという意味であって、その内容が不明であり、通知義務者の職務能力からみて無理であると認められるにもかかわらず、ことごとく調査して内容を明白にすることを義務付けているものとは解されない。債権の内容を調査確認する義務は歳入徴収官等にあるのであるから、債権発生に関する事実の通知義務者は、その通知をするときにおける状態において、できるだけ（詳細な）債権の内容の判明に努め、その調査結果に基づく状況を同項の記載し、又は記録した事項に従って通知すればよいと考える。

第三節　債権の取立て

本節に定める債権の取立てに関する事務としては、次のものがある。

一　履行の請求（「納入の告知」という。）
二　督促
三　納付の委託
四　強制履行の請求等
　　担保権の実行（担保の処分、保証人に対する履行の請求）
　　強制執行の申立て
　　訴訟又は非訟手続による履行の請求
五　履行期限の繰上げ

第一款　履行の請求（納入の告知）

歳入徴収官等は、その所掌に属する債権について履行期限が到来することとなるときは、原則として、債務者に対して、履行の請求をしなければならない。国の会計法令においてこの履行の請求を一般に「納入の告知」という。

一　歳入金債権についての納入の告知（法一三Ⅰ、会計法六、予決令二八～二九、則一三）

歳入金債権については、歳入徴収の面から会計法六条の規定（歳入の調査決定及び納入の告知）の適用があるので、法一三条一項においては「会計法第六条の規定によるもののほか、政令で定めるところにより、債務者に対して納入の告知をしなければならない」と規定して、その納入の告知は会計法の規定にゆずることを明記している。このような規定の関係から、歳入金債権については本条第一項の規定に基づく債権管理法施行令並びに債権管理事務取扱規則の規定の適用は受けず、会計法六条に基づく予決令二八条から二九条まで及び歳入徴収官事務規程に定めるところによって納入の告知が行われることになる。

しかし、則一三条の規定（期限の定めのない債権にかかる履行期限の設定並びに元本債権及び利息、延滞金債権相互の間における弁済充当の順序の指定）は、納入の告知に関する手続規定ではなく、納入の告知の対象となる債権の内容を補充する規定であるので、歳入金債権を含む国の債権全体について適用がある。

二　歳入外債権についての納入の告知（法一三Ⅰ、令一三、則一四）

⑴　納入の告知の手続

歳入徴収官等は、納入の告知をしようとする歳入外債権の内容が法令又は契約に違反しないかどうかを調査したうえ（令一三Ⅰ）、債務者の住所氏名、履行すべき金額、履行期限、履行場所、弁済の充当の順序その他必要な事項を記載した書類を作成し、これに基づいて一定の書式による納入告知書（則別紙第一号書式、別紙二号書式）を債務者に送付する（則一四Ⅰ・Ⅱ本文）。ただし、債務者に即納させる場合は、口頭をもって納入の告知をすることができる（則一四Ⅱただし書）。

(2) **納入の告知をする時期**（令一三Ⅱ）

債務者に対する納入の告知は、次の日後、遅滞なく、行うこととしている。

履行期限の定めのある債権……履行期限前二〇日前の日（調査確認をした日がこれより遅いときは、調査確認をした日）
履行期限の定めのない債権……調査確認をした日

(3) **少額債権についての納入の告知の省略**（令一三Ⅱ）

同一債務者に対する債権金額の合計額が極めて少額で履行の請求に要する費用（文書による納入の告知の場合における郵送料）を超えない場合は明らかに費用倒れとなるから、法一三条による納入の告知を要しないことができることとしている。かかる債権は将来、他の必要により債務者に対して文書を送付する機会がない限り、納入の告知が行われることはない。そうして、消滅時効の完成後において、当該債権は、債権の消滅又はみなし消滅（第六節第四款一参照）の処理をすることになる。

(4) **納入の告知の手続を要しない債権**（法一三Ⅰ、令一四）

申告納付に係る債権その他特殊な徴収方法がとられる政令で定める債権については、法一三条一項の納入の告知に関する規定を適用しないこととしている。

この納入の告知に関する手続を要しない債権として政令で定めるものは、次のとおりである（令一四条各号）。

① 令九条二項一号、二号又は四号に掲げる債権（調査確認及び記載又は記録を要しない歳入外債権）

これらの債権は、特別な徴収手続がとられるため、債権の消滅前にその調査確認をして債権管理簿に記載し、又は記録することができ難いものである。したがって、同様の理由により納入の告知に関する規定についても適用を除外されているのである。

② 同一年度内に支給する給与から金額を一時に控除して徴収することができる給与の返納金債権

（参考）　納入の告知の手続を要しない歳入金債権（予決令二八の二）

歳入金債権についても会計法第六条の規定によって納入の告知の手続を要しないこととされているものがある。納入の告知を要しない歳入金債権は、予決令二八条の二各号において次のように定められている。

1　令九条二項各号に掲げる債権のうち歳入金に係るもの

2　労働保険の保険料の徴収等に関する法律の規定により、債務者が自ら申告した金額又は国が更正し、若しくは決定した金額に基づいて自主的に納付することとされている概算保険料に係る債権

その申告又は更正・決定した金額を国の請求によることなく、納付書により一定期間内に自主的に納付する建前となっているものである。

3　石綿による健康被害の救済に関する法律の規定により、労働保険料と併せて事業主が自主的に納付を行う一般拠出金に係る債権

4　職員に支給する給与から控除して徴収する公務員宿舎使用料債権

債務者に支払われるべき金額から一方的に控除して徴収することができるから、納入の告知をする必要がないこと

はいうまでもない。

5　防衛省職員に支給する給与から控除して徴収する食事代、弁償金又は払込金に係る債権（4と同様、債務者に支払われるべき金額から一方的に控除して徴収することができるからである。）

6　国民年金の保険料にかかる債権（納付書により自主的に納付することとしている。2と同様、自主的納付の方法がとられるため納入の告知を要しないこととされている。）

7　国民年金法等の一部を改正する法律（昭和六〇年法律第三四号）附則四三条又は四四条に規定する被保険者（任意継続被保険者）が納付する保険料に係る債権（納付書により自主的に納付することとしている。2と同様、自主的納付の方法がとられるため納入の告知を要しないこととしている。）

8　その他財務省令で定める歳入（歳入徴収官事務規程八の二）

三　履行期限の設定及び弁済充当の順序の指定（則一三）

(1)　期限の定めのない債権についての履行期限の設定（則一三Ⅰ）

納入の告知をする債権の履行期限が法令又は契約によって定まっているときは、その履行期限により納入の告知をしなければならないことはいうまでもないが、債権のうちには、履行期限が定められていないものがある。こういった債権については、歳入徴収官等が法一一条一項の規定により債務者及び債権金額を確認した日から二〇日以内において適宜の履行期限を定めることとしている。

履行期限の定めのない債権としては、一般に不当利得返還金債権とか損害賠償金債権が挙げられるが、このうち、悪意の受益者に対する不当利得返還金債権とか不法行為による損害賠償金債権については、第二節第一款二～(1)～③に述べたように民法七〇四条又は大正三年六月二四日大審院判例により不当利得の日又は不法行為のときから遅延利息を付することとする関係上、これらの事実があった日を履行期限として指定することとしている（基本通達第三の二）ので、その他の債権、すなわち善意の受益者に対する不当利得返還金債権及び債務不履行による損害賠償金債権が則一三条一項の規定の適用を受けることとなる。

(2) 弁済充当の順序の指定（民法四八八～四九一、則一三Ⅱ）

① 弁済充当の順序

債務者が二以上の債務を同時に支払うべき場合において、弁済した金額が支払われるべき債務の総額に不足するときは、その弁済額をまず、どの債務の弁済に充てるべきかという弁済金額の充当に関する優先順位の問題が生ずる。

この弁済充当の順序としては、二以上の元本債権相互間における充当と元本債権及び利息、延滞金債権等の間における充当との二つがあるが、納入の告知に関して問題となるのは、後者の元本債権及び利息、延滞金債権等との間における充当である。

② 原則（民法四八九、四八八）

(イ) 元本と利息、延滞金等との間における充当順序

弁済金額をまず、利息（延滞金及び加算金を含む広義の利息）に充て、次いで元本に充てることを原則とする（民法四八九Ⅰ）。

○民法第四八九条　債務者が一個又は数個の債務について元本のほか利息及び費用を支払うべき場合（債務者が数個の債務を負担する場合にあっては、同一の債権者に対して同種の給付を目的とする数個の債務を負担するときに限る。）において、弁済をする者がその債務の全部を消滅させるのに足りない給付をしたときは、これを順次に費用、利息及び元本に充当しなければならない。

2　（略）

(ロ)　利息、延滞金及び加算金相互間の充当順序（民法四八八）

民法四八八条の原則に従えば、利息及び履行期限までの期間分の加算金に優先的に充当し、次いで延滞金及び履行期限後の加算金に充てられることになる（民法四八八③）。

利息と期限前の加算金又は延滞金と期限後の加算金は、順位が同一であるから、本来は比例按分によることが原則であるが（民法四八八④）、国の債権の管理については、事務処理の便宜を考慮して、利息、次いで履行期限前の加算金の順により充当順序を指定することとしている（基本通達三の一の1）。なお、延滞金と履行期限後の加算金については、原則どおり比例按分によることとなる。

○民法第四八八条　債務者が同一の債権者に対して同種の給付を目的とする数個の債務を負担する場合において、弁済として提供した給付が全ての債務を消滅させるのに足りないとき（次条第一項に規定する場合を除く。）は、弁済をする者は、給付の時に、その弁済を充当すべき債務を指定することができる。

2・3　（略）

4　弁済をする者及び弁済を受領する者がいずれも第一項又は第二項の規定による指定をしないときは、次の各号の定めるところに従い、その弁済を充当する。
一・二　（略）
三　債務者のために弁済の利益が相等しいときは、弁済期が先に到来したもの又は先に到来すべきものに先に充当する。
四　前二号に掲げる事項が相等しい債務の弁済は、各債務の額に応じて充当する。

③　特例

特別の法令により民法四八九条の特例として、元本に優先的に充当し、次いで利息（利息、加算金及び延滞金）に充てることが認められているものがある（この場合においても、利息（利息、加算金及び延滞金）相互間の充当順序は、特段の規定がない限り、前述の(2)②(ロ)によることになる。）。

例(1)　法三三条三項の規定により延滞金相当額の全部又は一部を免除することができる債権（則一三Ⅱ）

延滞金相当額を免除することができる債権であるから、弁済の充当にあたっても延滞金を元本よりも優先して積極的に取り立てる意義はなく、かえってその事務処理を複雑にするだけであるから、債権の性格にかんがみ財務省令においてこの特例を認めたものである。

(2)　歳出その他の支払金に戻し入れる返納金債権（則一三Ⅱ）

返納金の歳出等への戻入れを認める制度上の趣旨から考えれば、歳出予算の早期復活を図り、かつ、歳出その他の支払金に関する会計経理の簡素化を図ることがより重要であるので、元本債権への優先充当を認めることとしたものである。

(3)　義務違反に係る補助金等の返還金に付される加算金及び返還金を命ぜられて補助金等を納期日までに納付しない場合に付される延滞金（補助金等に係る予算の執行の適正化に関する法律施行令一〇、一一）

〔運用上の問題・解釈〕

○　納入の告知を要しないこととされている歳入金債権については、歳入の徴収に関する取扱手続としては、事前の調査決定を行う必要はない。その収納後に、事後調定の処理をすればよいものと考えてよいか。

歳入の調査決定の行為と納入の告知の行為とは相互に関連はするが、性質的には、別個の行為として考えるべきである。法令上、一定期間内に限り自主的に納付させることとなっている歳入とか、債務者に支払う預金から一方的に控除して徴収することができる手数料収入などは、歳入の発生から納付期限までの間に徴収事務を行う十分な時間的余裕がある。したがって、歳入徴収官は事前に調査決定をすることはできるが、債務者の自主的納付を行わせる建前上、又は、債権者からの履行を必要としない関係上、納入の告知を要しないとされている（予決令二八の二及び歳入徴収官事務規程八条の二）。一方、事後調定による処理が認められる歳入としては、歳入徴収官事務規程三条二項各号に掲げており、同項九号で「納入の告知前に納付されたもの」と規定されている。

第二款　督促

債権の全部又は一部が履行期限を経過してもなお履行されない場合には、債務者に対して督促をしなければならない。

督促の手続は、歳入金債権については歳入徴収官事務規程二一条（分任歳入徴収官の取り扱う歳入金にかかるものについては同規程四七条）において、歳入外債権については則二〇条において規定するところである。

いずれの場合においても原則として特定様式の文書（督促状）を債務者に送付することにより行うこととしている。ただし、必要に応じて、口頭をもって督促を行うことができる（口頭による督促の事例としては、少額の債権について督促を行う場合、債務者と面接の上督促を行う場合等が考えられる。）。

第三款　特定分任歳入徴収官等の分掌に係る歳入金債権についての納入の告知及び督促

ここにいう「特定分任歳入徴収官等」とは、令一四条の二に規定する歳入徴収官等（歳入金債権の管理に関する事務を分掌する職員で分任歳入徴収官でないもの）をいう（則三九の三Ⅰ参照）。

特定分任歳入徴収官等が管理する歳入金債権に関する納入の告知その他対外的な履行の請求の措置は、歳入の徴収に関する事務との調整を図るため、歳入徴収官の名において行うこととしているので、特定分任歳入徴収官等がその分掌する歳入金債権について債務者に対して納入の告知又は督促をする必要があるときは、自らこれらの行為を行わないで、歳入徴収官に対してこれらの行為をすることを求めることとしている（令一四の二本文）。ただし、督促については歳入徴収官を経由する時間的余裕がない場合もあるので、自ら督促を行うこともできるようになっている（令一四の二ただし書）。

一　歳入徴収官（分任歳入徴収官を含む。）に対する納入の告知の請求等（則三九の四Ⅰ～Ⅳ）

特定分任歳入徴収官等が歳入徴収官に対して納入の告知の請求をするときは債務者の住所及び氏名又は名称、履行すべき金額、履行期限その他履行の請求に必要な事項を記載した書面に契約書その他の証拠書類を添えて、歳入徴収官に送付することにより、その請求を行うものとする（則三九の四Ⅰ）。この場合において、歳入徴収官が口頭で納入の告知をすることができるときは、特定分任歳入徴収官等からの納入の告知の請求も口頭をもって行うことができる（則三九の四Ⅱ）。

なお、歳入徴収官に送付した契約書その他の証拠書類で特定分任歳入徴収官等が引き続き整備保存しなければならないものは、歳入徴収官が納入の告知をした後、その返付を受けることにしている（則三九の四Ⅲ）。

また、いったん納入の告知の請求をして納入の告知が行われた債権について弁済の充当により元本債権の全部が完済され、延滞金又は加算金額の全部又は一部が未納であるときは、未納の延滞金又は加算金債権について前記と同様の方法により納入の告知の請求をすることを要する（則三九の四Ⅳ）。

二　国の支払金額から控除して徴収する債権についての歳入徴収官への通知（則三九の四Ⅴ）

特定分任歳入徴収官等は、その所掌に属する歳入金債権で、国が債務者に対して支払う給与その他の支払金額から控除して徴収することができるものについては、則一五条の規定により履行すべき金額、履行期限その他履行に関し必要な事項を支出官又は現金出納職員に通知するほか、同一の事項を歳入徴収官にも通知しなければならないこととして、当該歳入について歳入徴収官が行う調査決定に役立たせることとしている。

三　歳入徴収官に対する履行の督促の請求又は自ら行う履行の督促（則三九の五Ⅰ）

特定分任歳入徴収官等は、債務者に対して履行の督促をする必要があるときは歳入徴収官に対しその督促をすべきことを請求するものとする（則三九の五Ⅰ本文）。

この請求を受けて歳入徴収官が督促をするときは、当該債権を管理する特定分任歳入徴収官等の官職氏名を明示して行うものとしている（歳入徴収官事務規程五四の二Ⅱ）。

しかし、緊急の必要があるときその他特別の事由があるとき（例えば、歳入徴収官と所在場所を異にしており、歳入徴収官を経由して督促をしていたのでは時間的に対処できないとき、債務者と面接の上督促をするとき、増担保の請求その他の請求行為に関連して滞納債権の督促をするとき、少額の債権について督促をするとき等）は、口頭又は適宜の書面によって、自ら履行の督促を行うことができることとしている（令一四の二ただし書、則三九の五Ⅰただし書）。

第四款　納付の委託

一　納付委託

納付の委託とは、滞納債権の取立ての一方法として、国の機関（歳入徴収官等）が債務者からの委託に基づき、債務者から直ちに現金化することができ難い有価証券（先日付（さきびづけ）小切手、約束手形又は為替手形）の提供を受けて、その取立て及び取り立てた金額をもって債務者のために国庫に納付することをいう。

歳入徴収官等は、履行期限を経過してもなおその全部又は一部が履行されていない債権について、債務者が有価証券（証券ヲ以テスル歳入納付ニ関スル法律により直接、歳入の納付に充てることができる証券を除く。）を提供して、その証券の取立て及び取り立てた金銭による当該債権の弁済金の納付を国に委託することを申し出た場合には、その証券が最近において確実に取り立てることができるものであり、かつ、その委託に応ずることが徴収上有利であると認められるときに限り、政令で定めるところによりその委託に応ずることができる（法一四Ⅰ前段）。

この場合において、その証券の取立てについて費用を要するときは、委託をしようとする者からその取立費用の額をあわせて提供させなければならない（法一四Ⅰ後段）。

委託を受けた有価証券については、歳入徴収官等の補助職員が直接、その取立て及び国庫への納付を行うことができるのであるが、通常の場合は、手形交換所における交換決済を通じて取り立てるのが効率的であるので、歳入徴収官等は、納付の委託があった場合において必要があるときは、確実と認める金融機関に証券の取立て及び納付の再委託をすることができることとしている（法一四Ⅱ）。

納付委託は、一種の契約（委託〈委任〉契約）であり、契約当事者としてこの委託の申込みに応ずる国の機関は法一四条一項に定めるとおり、歳入徴収官等である。

債権管理法における納付委託の制度は、昭和四五年の同法改正（昭和四五年法律一一一号）によって新設されたが、制度的には、租税について既に昭和二九年四月から実施されているところである。この納付委託は、税務官署にとっては提供を受けた有価証券が一種の担保となり、また証券の社会的信用の面から支払期日における取立率がきわめて高いことなどの理由により大いに利用されているところである。

納付委託は、一般に次のような利点があると考えられる。

⑴　債務者である国民の側からみて……歳入の納付に充てることができる証券としては、これまで証券ヲ以テスル歳入納付ニ関スル法律に定めるごとく、直ちに現金化することのできる一覧払の支払証券等に限られていたが、納付委託制度の採用により先日付小切手、約束手形、為替手形であっても、取立完了時にはこれをもって歳入納付に充てることができるので歳入納付の手段としての面で便宜が増大する。

⑵　また、国の側からみても……有価証券の提供を受けることによって支払期日にはほぼ確実に取立てができるから、たびたび臨戸督促を繰り返す必要がなく、債権の取立てに関する事務の簡素化、効率化が図られるという利点がある。

二　納付委託に応ずることができる有価証券

小切手（通常の小切手は、証券ヲ以テスル歳入納付ニ関スル法律により歳入納付に使用することができるので、先日付小切手が納付委託の対象となるものといえる。）、約束手形及び為替手形であって、かつ財務省令で定める要件に該当するものでなければならない（令一五Ⅰ）。

注　先日付小切手――振り出しの日付を実際の振出日よりも将来の日とする小切手。先付（さきづけ）小切手。

財務省令では、次の要件を定めている（則二〇の二）。

⑴　納付委託に使用する証券の券面金額の合計額が国の債権金額（元本のほか、納付の日までに付される利息、延滞金及び加算金の金額を含む。）を超えないこと。

納付委託に応じることができる有価証券を債権金額以下としたのは、取り立てた金額のうち債権の弁済金に充てた残額を債務者に返還しなければならず、その返還に係る事務手続の煩さと現金の返還に伴う危険を考慮したこと等によるものである。

(2) 受取人の指定がないもの（いわゆる無記名証券）又は歳入徴収官等を受取人として指定したもの若しくは納付委託をする者が取立てのための裏書をしたものであること。

通常小切手の場合は持参人払式の小切手が多い。歳入徴収官等を受取人として指定したものとしているのは、記名式若しくは指図式小切手の場合、約束手形又は為替手形の場合には歳入徴収官等が受取資格のあることを証券上明瞭に記載してあることが必要であることからである。

また、納付委託をする債務者がその取立てのために裏書をしたものとしているのは、納付委託をする債務者以外の者が振り出した記名式若しくは指図式の小切手、約束手形又は為替手形については裏書により転々と流通するので、これらの流通証券を納付委託のために提供するときは、必ず納付委託をする債務者が裏書をしたものでなければならない。債務者に裏書をさせることによりそれまでの裏書と連続していれば、所持人である国は正当な権利を取得したものとしての推定を受け、これに手形金額上の債務を支払ったときは、その支払人は免責をされることになっていることによるものである。

(3) 金融機関に取立ての再委託をする有価証券にあっては、その金融機関の加入している手形交換所に加入している金融機関を支払場所とするものその他再委託をする金融機関を通じて取り立てることができるものであること。

現在は、手形交換所が各地に設置されているので、小切手、約束手形等はその支払人たる銀行の店舗に直接所持人が持参して呈示することなく、全て取引銀行を通じて手形交換所に呈示されるのが一般的である。したがって納付委託に係る有価証券を金融機関に再委託する場合には、その金融機関が手形交換所に呈示することにより取り立てることになるので、その手形交換所に加入している金融機関を支払場所とする有価証券か、あるいはその手形交換所でなく、他の手形交換所に加入している金融機関を支払場所とするものであっても、再委託金融機関がその本支店網を通じて、その他の手形交換所への呈示及び取立てができればよいものである。

三　納付委託の手続

(1)　納付の委託（令一五Ⅱ、則二〇の三、二〇の四）

①　債務者からの納付委託の申出は、通常の場合、歳入徴収官等の所属庁の収納事務担当職員に対して行われる。

これらの職員は、債務者から納付委託の申出があった場合において、その委託に応ずることが適当であると認められるときは、債務者の提供する有価証券（その証券の取立てについて取立費用を要するときは、取立費用に相当する現金を併せて）を受領し、その証券（及び現金）に対する受領証書（則別紙五号書式）を債務者に交付する（則二〇の三）。

なお、提供を受ける有価証券には、紛失、盗難又は不正事故を防止するため、

（小切手にあっては、これに線引きをさせ、

〔約束手形又は為替手形で債務者を振出人とするものにあっては、これに指図禁止の記載をさせることとしている（昭和四五、九、二二蔵計第三〇九七号大蔵大臣通達記2⑵〔三九三頁〕参照）。

納付委託にかかる証券の提供を受ける収納事務担当職員は、収入官吏（又は分任収入官吏若しくは出納員）としての任命を受けているのが通例であると思われるが、納付委託の実施にあたり、債務者のために現金（取立費用相当額の現金）を保管することもあり得ることから、必要に応じて歳入歳出外現金出納官吏（又は分任歳入歳出外現金出納官吏）の任命も受けておくこととしている（同通達記2⑴）。

② 前記により受領した有価証券及び現金については、その後、歳入徴収官等においてこれを審査し、納付委託に応ずることとした場合には、歳入徴収官等から債務者に対して納付受託通知書（則別紙五号の二書式）を交付することとしている。（則二〇の四）。この歳入徴収官等からの受託の通知によってはじめて国の機関と債務者との間に納付委託契約が成立したことになる。なお、納付委託契約に関して約定すべき事項は、あらかじめ担当職員が債務者に交付してある受領証書（則別紙五号書式）の裏面に記載してあるので、歳入徴収官等からの受託通知においては、単に「受託証書記載のとおり納付委託に応ずる」旨を通知するだけで足りることになる。

⑵ 証券の取立て及び国庫納付

① 再委託をすることができる金融機関（則二〇の五）

法一四条二項の規定により有価証券の取立て及び納付の再委託をすることができる金融機関は、日本銀行の代理店又は歳入代理店である金融機関とすることとしている。これらの金融機関は、国庫金の取扱いについて歳入徴収官等の所属庁と取引関係があり、また取り立てた現金の国庫への納入について便宜を有するからである。そして、歳入徴収官等は、これらの金融機関のうちから手形交換決済による取立ての便宜等を考慮して適当と認めるものを選んで再委託することになるが、再委託が反復して行われると見込まれるときは、そのつど契約をすることなく、当該金融機関とあらかじめ包括的な再委託契約を結んでおくことも考えられる。

② 再委託をする金融機関又は証券の取立てをする職員への納付書の交付（則二〇の六）

歳入徴収官等は、金融機関に再委託をするとき、また所属庁の職員をして有価証券の取立てをさせた場合において取り立てた金銭を国庫に納付させるときは、債務者の住所及び氏名（又は名称）、納付すべき金額、期限及び場所その他納付に関し必要な事項を記載した納付書を作成して、当該金融機関又は職員に交付し、これによって取り立てた金銭を国庫に納付させることとしている。

③ 納付委託の完了に伴う領収証書の送付（則二〇の七）

前記の金融機関又は職員がその取り立てた金銭を国庫に納付したことに伴い国の収納機関から領収証書を受けたときは、これを歳入徴収官等に送付することとしている。歳入徴収官等は、これらの者から納付委託に係る領収証書の送付を受けたときは、直ちにこれを債務者に送付しなければならないことになっている。

(3) 納付委託の取消し及びこれに伴う証券の返付（則二〇の八）

歳入徴収官等は、次に掲げる場合には、その旨を債務者に通知して、所属庁の職員が交付した受領証書（前記(1)—①）と引き換えに、納付委託に係る有価証券（次の①の場合は、有価証券及び取立費用に充てるため受領した現金）を返付するものとする。
① 所属庁の職員が受領した有価証券について審査した結果、納付の委託に応じないこととした場合
② 債務者から納付委託の解除の申出があり、やむを得ない事由があると認めてその解除をした場合
③ 再委託をした金融機関が取立てを行った場合において、その支払を受けることができなかったため、当該金融機関から再委託にかかる証券の返付を受けた場合
④ 所属庁の職員が直接取立てを行った場合において、その支払を受けることができなかったとき
⑤ 納付委託の原因となる国の債権が消滅した場合

⑷ 納付委託についての事故防止について

債権管理法上、納付の委託については、債権管理の責任機関である歳入徴収官等でなければ納付の委託に応ずるかどうかの決定ができないこととされている。したがって、実際に債務者宅に臨んで弁済を求めたり、官署の窓口において債務者に面接して弁済の相談に応じて、納付委託の申出を受ける所属庁の職員は、自己の判断においてその納付委託を受けることが適当であると認められる場合において、有価証券を受領し、有価証券受領証書を交付する。そして、歳入徴収官等に納付委託に応ずることについて最終的な判断を求め、歳入徴収官等から債務者に対して納付受託通知書を交付することとなる。

注　有価証券受領証書の性格

有価証券受領証書は、納付委託が正式に受託されるかどうかわからないときにおいて交付されるもので、納付委託有価証券の受領証書ではなく、則別紙第五号書式では、かっこ書で納付委託関係の受領証書であるとしている。一種の

「仮預り証書」であるといえる。

このように、歳入徴収官等自らでなく、その所属庁の職員に納付委託に係る有価証券の受領を行わせることとなるので、その有価証券の取扱いについては、間違いの生じないよう十分な監督を行わなければならない。すなわち、小切手については、その支払場所である銀行の店舗に呈示すれば直ちに現金化することができるし、またその他の約束手形等についても、裏書譲渡することによって転々と流通するので、現金に準じた厳重な取扱いをする必要がある。このことから歳入徴収官等は、納付委託にかかる有価証券について、その厳正な管理をするため、例えば次のような事務処理を行うこととするのが適当であると考える。

① 所属庁の職員が、債務者から納付委託の申出があった有価証券を受領しておきながら、歳入徴収官等に報告又は引継ぎをしないでこれらを処分することを防止するため、有価証券受領証書の使用枚数及び残枚数を常に確認すること。

② 歳入徴収官等は、納付委託にかかる有価証券を金融機関へ再委託するために引き渡したときは、その事績を明らかにし、例えば再委託金融機関の行員の受領印を、有価証券受領証控又は適宜作成した証券受払整理簿に受けておく等の処理をすること。

③ 再委託金融機関から、納付委託に係る有価証券の取立てを完了し領収証書の交付を受けてこれを債務者に送付したとき、不渡りの通知を受けてその不渡りに係る証券を債務者に返付したときその他納付委託の解除、債権の消滅等により納付委託に係る証券を返付したときは、その領収済み又は返付済みの事績を有価証券受領控又は適宜作成した証券受払整理簿上に明らかにすること（これで、当該有価証券に係る納付委託契約は終了す

ることになる。)。

〔参考〕

○会計事務簡素化のための債権管理法令等の改正法令の実施について（抄）

（昭和四五、九、二二　蔵計三〇九七号）
大蔵大臣から各省各庁の長あて

今回、会計事務の簡素化を図るため、次の法令が公布され、来る十月一日から施行されることとされたが、これらの改正法令の実施にあたっては、下記によることとしたので、御了知の上、その旨を貴省庁の関係機関に対し御通知願いたい。

2　納付委託の実施について

(1)　改正後の国の債権の管理等に関する法律一四条一項の規定による納付委託に係る有価証券の取立てについて費用を要するときは、同項後段の規定によりその委託をしようとする者から当該費用の額に相当する金額（歳入歳出外現金）の提供を受けることになるので、債権の取立てについて臨戸督促をする歳入徴収官等の所属庁の職員（収入官吏等）を必要に応じ歳入歳出外現金出納官吏または分任歳入歳出外現金出納官吏に任命しておくこととされたい。

(2)　歳入徴収官等の所属庁の職員が受領する納付委託に係る有価証券は、小切手にあってはこれに線引きをし、約束手形又は為替手形で債務者が振出人であるものにあっては、これに指図禁止の記載をしなければならないものとする。

(3)　歳入徴収官等は、納付委託に係る有価証券の取扱いについて、事故の防止を期するため、担当の職員からそのつど有価証券受領証書を提出させて、その使用状況および発行した受領証書の控えと現物の有価証券との照合をする等十分な監督を行うこととする。

第五款　強制履行の請求等

法一五条に定める強制履行の請求等の措置としては、次の三つがある。

担保権の実行（保証人に対する履行の請求を含む。）
強制執行
訴訟又は非訟手続による履行の請求（訴訟の提起、調停の申立て）

一　法一五条の適用を受けない債権

国税徴収又は国税滞納処分の例によって徴収する債権その他政令で定める債権（現在のところ、政令で定められているものはない。）は、法一五条の適用を除外されている（法一五かっこ書）。

国税徴収又は国税滞納処分の例によって徴収する債権については、民事執行法に基づく強制執行の手続を要しないで、徴収官庁が自ら滞納処分を執行することができる特別な強制徴収の権限（いわゆる自力執行権）が付与されている。したがって、民事訴訟手続により債務名義を取得する必要がなく、また担保権の実行についても民事執行法その他の民事法の手続によらず、滞納処分の一環として行い得ることから本条の適用を除外しているところである。

注　民事執行法（昭和五四年法律第四号）は、同法制定以前は、判決等の債務名義に基づく強制執行については民事訴訟法第六編（強制執行）に、抵当権等の担保権の実行としての競売（いわゆる任意競売）については競売法に、それぞれの執行手続が規定されていたものを統合し、民事執行に関する手続法として制定されたものである。

二　強制履行の請求等の措置をとることを要しない場合

前記一に述べる債権以外の債権についても次の場合に該当するときは、法一五条による強制履行の請求等の措置をとらなくてもよいこととされている（法一五ただし書）。

① その債権について法二一条の規定による徴収停止の整理をする場合
② その債権について法二四条の規定による履行延期の特約又は処分をする場合
③ その他、各省各庁の長が財務大臣と協議して定める特別の事情がある場合

「各省各庁の長が財務大臣と協議して定める特別の事情がある場合」としては、(イ)債務者が公庫等の政府関係の特殊法人である場合、(ロ)債務者が重症患者であって本条の措置をとることにより悪影響を及ぼすおそれがある場合などの協議事例がある。

三　強制履行の請求等の措置をとる時期

前記二に該当する場合を除き、歳入徴収官等は、法一五条の適用を受ける債権の全部又は一部が、債務者に対して督促をした後「相当の期間」を経過してもなお履行されないときは、本条に規定する措置をとらなければならない（法一五本文）。

注　督促後における「相当の期間」として、どの程度の猶予期間が認められるかは、債権の内容、時効期間の長短、債務者の資産または業務の状況、弁済の誠意、その他債務者の動向等によって異なるので、一概には断定できない。歳入徴収官等がそれぞれの債権について、これらの事情及び履行強制措置による効果を比較衡量し、今後、これ以上督促を続けても実効は期し難く、強制履行の請求等の措置によらざるを得ないと断定するまでの期間をいうものであって、この点は、歳入徴収官等の適切な情況判断によるところである。

四　担保権の実行（保証人に対する履行の請求を含む。）（法一五①）

(1)　担保の処分

担保の付されている債権は、担保権の内容に従い、歳入徴収官等が自ら担保権を実行するか、又は法務大臣に対して担保権の実行の手続をとることを求める。

①　歳入徴収官等が自ら担保権を実行できる場合

(イ)　質権の目的である第三債務者に対する債権（権利質の目的）の取立て（民法三六六）

(ロ)　流質契約に基づく商事質権の目的である質物の処分（商法五一五）

(ハ)　抵当直流（ていとうじきながれ）特約に基づく抵当物件の処分

(ニ)　弁済期以後の特約に基づく質物の処分（民法三四九）

(ホ)　譲渡担保契約に基づく目的物の処分

などがある。

注　抵当直流（ていとうじきながれ）――質権については流質契約の禁止規定（民法三四九）があるが、抵当権については、このような禁止規定がないので、特約により抵当物件を任意に処分し、弁済に充当することは適法であると解されている。かかる解釈に従い、抵当物件を直ちに債務の弁済に充てることを認める特約が行われることがある。これを「抵当直流の特約」という。

② 非訟事件手続としての法務大臣の権限に属することから、法務大臣に対して担保権の実行手続をとることを求める場合

競売、強制管理等（民事執行法、鉄道抵当法等）

(2) 保証人に対する履行の請求（法一五①）

歳入徴収官等が保証人に対して履行の請求をする。

① 歳入金債権

(イ) 歳入徴収官等が歳入徴収官としての立場から歳入徴収官事務規程二一条の二の規定により保証人に対し納付書を送付して履行の請求を行う。

(ロ) 特定分任歳入徴収官等（則三九の四）にあっては、歳入徴収官に対し保証人に対する履行の請求を行うべきことを請求する（令一四の二、則三九の五Ⅲ）。この請求に基づいて歳入徴収官が前述の歳入徴収官事務規程二一条の二の規定による履行の請求を行うことになる。

② 歳入外債権

歳入徴収官等が則二二条の規定により保証人に対して履行の請求を行う。

履行の請求の手続は、歳入金債権と同様に、保証人に対して納付書を送付することにより行う（則一二二）。

五　強制執行（法一五②）

債務名義のある債権又は訴訟手続による確定判決若しくは和解、調停等により債務名義を取得した債権については法務大臣に対し強制執行の手続をとることを求める。

注　債務名義

一定の私法上の請求権の存在を証明し、かつ、法律が執行力（強制執行により権利の内容を実現する権能）を認めた公正の文書をいう。

①　民事執行法は、債務名義として、次のものを規定している（民執法二二）。

一　確定判決

二　仮執行の宣言を付した判決

三　抗告によらなければ不服を申し立てることができない裁判（確定しなければその効力を生じない裁判にあっては、確定したものに限る。）

三の二　仮執行の宣言を付した損害賠償命令

四　仮執行の宣言を付した支払督促

四の二　訴訟費用若しくは和解の費用の負担の額を定める裁判所書記官の処分又は第四十二条第四項に規定する執行費用及び返還すべき金銭の額を定める裁判所書記官の処分（後者の処分にあっては、確定したものに限る。）

五　金銭の一定の額の支払又はその他の代替物若しくは有価証券の一定の数量の給付を目的とする請求について公証人が作成した公正証書で、債務者が直ちに強制執行に服する旨の陳述が記載されているもの
六　確定した執行判決のある外国裁判所の判決
六の二　確定した執行決定のある仲裁判断
七　確定判決と同一の効力を有するもの（三に掲げる裁判を除く。）

②　確定判決と同一の効力を有するものとしては、次のものがある。
一　和解調書等（民訴法二六七）
二　調停調書（民事調停法一六（特定債務等の調整の促進のための特定調停に関する法律二二）、家事事件手続法二六八）
三　破産債権者表への記載（破産法二二一）
四　再生計画の条項の再生債権者表への記載等（民事再生法一八〇）
五　更生計画の条項の更生債権者表等への記載等（会社更生法二〇六）

六　訴訟又は非訟事件手続による履行の請求（法一五③）

担保及び債務名義のない債権又は担保権を実行してもなお履行されない債権については、法務大臣に対して訴訟手続又は非訟事件手続による履行の請求をすることを求める。

(1)　訴訟手続による履行の請求

訴訟の提起（一般に、給付判決を求める訴訟）

支払督促の申立て（訴訟上の督促手続）
訴え提起前の和解（いわゆる即決和解）の申立て（民訴法二七五）……和解不成立の場合は、通常の訴訟に転移する前提として行われるので、訴訟手続による履行の請求に含まれるものとしてよい（二一〇頁参照）。
破産手続開始の申立て

(2) 非訟事件手続による履行の請求

民事調停法による調停の申立て
民事再生手続開始の申立て
会社更生手続開始の申立て

七　滞納処分の執行の請求（令一六）

国税徴収又は国税滞納処分の例によって徴収する債権（いわゆる自力執行権のある債権）は前述のように、法一五条の適用を受けないが、これらの債権が督促後、相当の期間を経過してもなお履行されない場合には、歳入徴収官等は当該債権について法令の規定によって滞納処分を執行する権限を有する国の機関に対して滞納処分の手続をとることを求めるものとしている。

注　国税徴収又は国税滞納処分の例により徴収する公課の例

（国税徴収の例により徴収する公課）

公課の内容	根拠規定	徴収主体	備考
一　租税類似のもの			
(1) 価格差益納付金及び割増金	物価統制令二三条	財務大臣	
二　社会保険制度に基づく保険料等			
(2) 健康保険の保険料その他の徴収金	健康保険法一八三条	保険者等（厚生労働大臣、健康保険組合）、全国健康保険協会	同法一八〇条から一八二条まで参照
(3) 船員保険の保険料その他の徴収金	船員保険法一三七条	厚生労働大臣、全国健康保険協会	同法一三三条から一三六条まで参照
(4) 私立学校教職員共済の掛金その他の徴収金	私立学校教職員共済法三三条	日本私立学校振興・共済事業団	同法三〇条から三二条まで参照
(5) 厚生年金保険の保険料その他の徴収金	厚生年金保険法八九条	政府	同法八六条から八八条まで参照
(6) 国民年金の保険料その他の徴収金	国民年金法九五条	政府	同法九六条から九八条まで参照
(7) 地方公務員共済の掛金、負担金その他の徴収金	地方公務員等共済組合法一四四条の一六	地方職員共済組合	同法一四四条の一三から一四四条の一五まで参照
(8) 労働保険の保険料の徴収等に関する法律に基づく保険料その他の徴収金	労働保険の保険料の徴収等に関する法律三〇条	政府	同法二七条から二九条まで参照
(9) 農林漁業団体職員共済の掛金その他の徴収金	農林漁業団体職員共済組合法等廃止法附則二八条（旧農林漁業団体職員共済組合法六〇条）	農林漁業団体職員共済組合	旧法五七条から五九条まで参照

公課の内容	根拠規定	徴収主体	備考
(10) 農業者年金の保険料その他の徴収金	独立行政法人農業者年金基金法五四条	独立行政法人農業者年金基金	同法五五条から五七条まで参照
三　その他徴収金等			
(11) 汚染賦課量賦課金その他の徴収金	公害健康被害の補償等に関する法律六〇条	独立行政法人環境再生保全機構	同法五七条から五九条まで参照
(12) 障害者雇用促進納付金その他の徴収金	障害者の雇用の促進等に関する法律六二条	独立行政法人高齢・障害・求職者雇用支援機構	同法五九条から六一条まで参照
(13) 石綿による健康被害の救済に関する法律に基づく一般拠出金、特別拠出金その他の徴収金	石綿による健康被害の救済に関する法律三八条一項、五〇条の五	厚生労働大臣、独立行政法人環境再生保全機構	同法五〇条の二から五〇条の四まで参照 労働保険の保険料の徴収等に関する法律三〇条の準用

（国税滞納処分の例により徴収する公課）

公課の内容	根拠規定	徴収主体	備考
一　各省共通のもの			
(1) 行政代執行の費用	行政代執行法六条一項	行政庁	
(2) 補助金等の返還金又はこれに係る加算金若しくは延滞金	補助金等に係る予算の執行の適正化に関する法律二一条一項	各省各庁の長	
(3) 国民生活安定緊急措置法に基づく課徴金	国民生活安定緊急措置法一二条三項	主務大臣	
二　内閣府関係			
(4) 私的独占の禁止及び公正取引の確保に関する法律に基づく課徴金	私的独占の禁止及び公正取引の確保に関する法律六九条第四項	公正取引委員会	

三　総務省関係			
(5)　電波利用料及び延滞金	電波法一〇三条の二第四三項	総務大臣	
(6)　地方職員共済組合が徴収する地方公務員等共済組合法に基づく掛金又は負担金	地方公務員等共済組合法一四四条の一四第一項	地方職員共済組合、市町村	地方職員共済組合が行う場合は総務大臣認可 市町村は市町村税の滞納処分の例による。
(7)　引揚者等に対する特別交付金の返還金	引揚者等に対する特別交付金の支給に関する法律一四条三項	総務大臣	
(8)　政党交付金の返還金又はこれに係る加算金若しくは延滞金	政党助成法三三条一二項	総務大臣	
四　文部科学省関係			
(9)　補助等に係る重要文化財譲渡の場合の納付金	文化財保護法四二条四項	文化庁長官	
(10)　私立学校教職員共済組合法に基づく掛金	私立学校教職員共済法三一条一項	日本私立学校振興・共済事業団、市町村	日本私立学校振興・共済事業団が行う場合は文部科学大臣認可 市町村は市町村税の滞納処分の例による。
五　厚生労働省関係			
(11)　健康保険の保険料その他の徴収金	健康保険法一八〇条四項	保険者等（厚生労働大臣又は健康保険組合、全国健康保険協会）、市町村	市町村は市町村税の滞納処分の例による。 健康保険組合、全国健康保険協会が行う

⑿ 船員保険の保険料その他の徴収金	船員保険法一三二条四項	厚生労働大臣、市町村、全国健康保険協会	場合は厚生労働大臣認可 市町村は市町村税の滞納処分の例による。 全国健康保険協会が行う場合は厚生労働大臣認可
⒀ 厚生年金保険の保険料その他の徴収金	厚生年金保険法八六条五項	厚生労働大臣、市町村	市町村は市町村税の滞納処分の例による。
⒁ 国民年金の保険料その他の徴収金	国民年金法九六条四項、一三四条の二第一項	厚生労働大臣、市町村、国民年金基金	市町村は市町村税の滞納処分の例による。 国民年金基金が行う場合は厚生労働大臣認可
⒂ 障害者雇用納付金その他の徴収金	障害者の雇用の促進等に関する法律五九条三項	独立行政法人高齢・障害・求職者雇用支援機構	厚生労働大臣認可
⒃ 石炭鉱業年金基金の掛金その他の徴収金	石炭鉱業年金基金法二二条一項	石炭鉱業年金基金	厚生労働大臣認可 厚生年金保険法八六条五項の準用
⒄ 労働保険の保険料の徴収等に関する法律に基づく保険料その他の徴収金	労働保険の保険料の徴収等に関する法律二七条三項	政府	
⒅ 前期高齢者納付金等及び延滞金	高齢者の医療の確保に関する法律四四条四項	厚生労働大臣又は都道府県知事	社会保険診療報酬支払基金の請求により処分
⒆ 地域水道原水水質保全事業又は河川水道原水水質保全事業負担金及び延滞金	水道原水水質保全事業の実施の促進に関する法律一六条三項	国の行政機関の長、地方公共団体の長又は地方	

		公共団体	
(20) 介護保険納付金	介護保険法一五六条四項	厚生労働大臣又は都道府県知事	
(21) 副作用拠出金、感染拠出金又は安全対策等拠出金	独立行政法人医薬品医療機器総合機構法二五条三項	独立行政法人医薬品医療機器総合機構	厚生労働大臣認可
六　農林水産省関係			
(22) 換地処分清算金、一時利用地指定による受益者負担金及び延滞金	土地改良法八九条の三第三項	国	
(23) 保安林指定による受益者負担金	森林法三六条四項	農林水産大臣又は都道府県知事	都道府県知事は地方税の滞納処分の例による。
(24) 農水産業協同組合貯金保険法に基づく保険料及び延滞金	農水産業協同組合貯金保険法五二条五項	市町村、農水産業協同組合貯金保険機構	市町村は市町村税の滞納処分の例による。農水産業協同組合貯金保険機構が行う場合は主務大臣認可
(25) 農業者年金の保険料その他の徴収金	独立行政法人農業者年金基金法五五条六項	市町村、独立行政法人農業者年金基金	市町村は市町村税の滞納処分の例による。独立行政法人農業者年金基金が行う場合は農林水産大臣認可
七　経済産業省関係			
(26) 鉱業権取消しによる受益者負担金	鉱業法一四三条三項	経済産業大臣	
(27) 航空機開発助成事業交付金、開発助成金又は開発促進基金の返還納付金又はこれに係る加算金若しくは延滞金	航空機工業振興法二五条一項	経済産業大臣	
(28) 公害防止事業基金拠出金及び延滞金	金属鉱業等鉱害対策特別措	独立行政法人石	経済産業大臣認可

	置法一二条の二第三項	油天然ガス・金属鉱物資源機構	
(29) 緑地等設置事業負担金及び延滞金	石油コンビナート等災害防止法三五条三項	地方公共団体の長	
(30) 最終処分業務拠出金	特定放射性廃棄物の最終処分に関する法律一五条三項	原子力発電環境整備機構	経済産業大臣認可
(31) アルコールの譲渡等伴う納付金及び延滞金	アルコール事業法三七条四項	経済産業大臣	
八　国土交通省関係			
(32) 砂防工事等の負担金及び過料	砂防法三八条一項	行政庁	
(33) 埋立免許料及び裁定のための鑑定費用	公有水面埋立法三八条	都道府県知事	
(34) 港湾工事等の負担金及び延滞金	港湾法五六条の六第三項	国土交通大臣	
(35) 土地若しくは物件の引渡し又は物件の移転の代行及び代執行費用	土地収用法一二八条五項	市町村長	
(36) 道路法に基づく負担金、占用料、駐車料金、割増金及び料金並びに手数料及び延滞金	道路法七三条三項	道路管理者（国土交通大臣、都道府県）	
(37) 換地処分清算金並びに督促手数料及び延滞金	土地区画整理法一一〇条五項	施行者（都道府県又は市町村、独立行政法人都市再生機構、地方住宅供給公社）	
(38) 自動車損害賠償保障事業賦課金又は過怠金	自動車損害賠償保障法八〇条四項	国土交通大臣	
(39) 占用料、土石採取料及び海岸保全施設工事等負担金及び延滞金	海岸法三五条三項	海岸管理者	
(40) ダム建設負担金等、ダム使用権納付金又は特別納付金及び延滞金	特定多目的ダム法三六条三項	国土交通大臣又は都道府県知事	

(41)	地すべり防止工事等の負担金及び延滞金	地すべり等防止法三八条三項	都道府県知事	
(42)	都市計画事業による受益者負担金及び延滞金	都市計画法七五条五項	国、都道府県又は市町村	
(43)	市街地再開発事業の特定事業参加者負担金、土地若しくは物件の引渡し又は物件の移転の代執行及び移転の代行費用、施設建築物の一部等の価額等の確定精算金及び延滞金	都市再開発法五六条の三第三項、九九条五項、一〇六条四項	地方公共団体、機構等（独立行政法人都市再生機構、地方住宅供給公社）	
(44)	海洋汚染防除措置の原因者負担金及び延滞金	海洋汚染等及び海上災害の防止に関する法律四一条の三第五項、四二条の一六第七項	関係行政機関の長等、海上保安庁長官	
(45)	防災街区整備事業の特定事業参加者負担金、土地又は物件の引渡し等の代行及び代執行費用、防災施設建築物の一部等の価額等の確定清算金及び延滞金	密集市街地における防災街区の整備の促進に関する法律一八六条三項、二三四条五項、二五〇条四項	地方公共団体、市町村長、独立行政法人都市再生機構又は地方住宅供給公社	
(46)	物件引渡し等費用	大深度地下の公共的使用に関する特別措置法三五条七項	市町村長	
(47)	特定施設、水資源開発施設の新築等負担金及び延滞金	独立行政法人水資源機構法二八条三項	都道府県知事又は独立行政法人水資源機構	都道府県知事は地方税の滞納処分の例　独立行政法人水資源機構が行う場合は国土交通大臣認可
(48)	河川法に基づく負担金又は流水占有料等及び延滞金	独立行政法人水資源機構法施行令一四条二項	独立行政法人水資源機構	
(49)	特定離島港湾施設の存する港湾における水域の占用料若しくは土砂採取料、過怠金又は	排他的経済水域及び大陸棚の保全及び利用の促進のた	国土交通大臣	

工作物等の撤去等の負担金及び延滞金	めの低潮線の保全及び拠点施設の整備等に関する法律一三条三項		
九　環境省関係			
(50) 公園事業等の負担金及び延滞金	自然公園法六六条三項	環境大臣	
(51) 公害防止事業の事業者負担金及び延滞金	公害防止事業費事業者負担法一二条三項	施行者（国の行政機関又は地方公共団体の長）	
(52) 保全事業工事等原因者負担金等及び延滞金	自然環境保全法四〇条三項	環境大臣又は地方公共団体の長	地方公共団体は地方税の滞納処分の例による。
(53) 汚染賦課量賦課金その他の徴収金	公害健康被害の補償等に関する法律五七条六項	市町村、独立行政法人環境再生保全機構	市町村は地方税の滞納処分の例による。独立行政法人環境再生保全機構が行う場合は環境大臣認可
(54) 国内希少野生動植物種保護措置負担金及び延滞金	絶滅のおそれのある野生動植物の種の保存に関する法律五二条四項	環境大臣又は経済産業大臣等	
(55) 石綿による健康被害の救済に関する法律に基づく一般拠出金、特別拠出金その他の徴収金	石綿による健康被害の救済に関する法律三八条一項、五〇条の二第四項	政府、独立行政法人環境再生保全機構	独立行政法人環境再生保全機構が行う場合は環境大臣認可 労働保険の保険料の徴収等に関する法律二七条三項の準用

〔運用上の問題・解釈〕

○　歳入徴収官等が法務大臣に対して強制履行の請求等の措置を求める場合における具体的な手続如何。

法務大臣に対して強制履行の請求等の措置を求めるための書面の送付手続は次のように定めている（基本通達第

四。三八七頁）。実際には、この書面の送付のほかに、法務省担当部局及び債権管理をする各省各庁の部局相互間の緊密な連絡を保ち、証拠書類その他の準備資料の整備、債務者の資力状況その他必要な事項の調査に努めることが必要である。

第六款　履行期限の繰上げ

一　履行期限の繰上げができる場合

期限の利益は、債務者のために存するものと推定されるので（民法一三六）、債権の履行期限を繰り上げ、債務者の期限の利益を奪い即時に履行させることは、法律又は契約において特に認められた場合でなければできない。

⑴　法律に定める場合

一般には、民法に定めるところによる。

①　債務者が破産手続開始の決定を受けたとき（民法一三七）

②　債務者が担保を滅失させ、損傷させ又は減少させたとき（民法一三七）

③　債務者が担保提供の義務を怠ったとき（民法一三七）

④　債務者が死亡し、その債務について限定承認があったとき（民法九三〇）

⑤　債務者が死亡し、相続財産の分離が行われたとき（民法九四七）

⑥　債務者が死亡し、相続財産法人が成立した場合において相続人のないことが明らかになったとき（民法九五七）等

(2) 契約に定める場合

それぞれの契約の内容として、種々の繰上げ事由を定めることができるが、特に国の契約の場合は法三五条二号、五号又は三六条九号の規定に基づき、債務者が契約条項に従わなかった場合には履行期限の繰上げができる旨の定めをすることとしている。

二　履行期限の繰上げの手続（法一六）

歳入徴収官等は、履行期限を繰り上げることができる事由が生じたときは、遅滞なく法一三条一項に定める措置（債権の履行の請求のための納入の告知の措置）をとらなければならない。既に納入の告知済みであるときは納付書の送付により請求する。いずれの場合においても「履行期限を繰り上げる旨及びその理由」を明示して行うことが必要である（則二四、歳入徴収官事務規程一八Ⅱ、Ⅲ）。

〔運用上の問題・解釈〕

○　履行延期の特約をする債権については、法二七条二号の規定により履行期限の繰上げに関する定めをすることになっているが、この履行延期をした債権について行う法一六条の規定による履行期限の繰上げは、債務者の期限の利益を喪失させるものと考えるべきか、それとも現在の履行期限に代わる新たな履行期限を設定するものと考えるべきであるか。

原則として、民法その他の法令の規定による履行期限の繰上げの場合と同様に、債務者の期限の利益を喪失させ、残存債権の全部を即時に履行させることとするものである。しかし、契約の文言からすれば、状況により（殊に法二七条二号のホの場合は、「その他の事情の変化により」と規定している。）将来の特定の時点を新たな履行期限として設定する――

つまり、即時の履行を求めずに履行期限を短縮するような繰上げ措置をとったとしても法二七条の趣旨に反することにはならないであろう。

第四節　債権の保全

本節においては、民法、民事訴訟法、民事執行法、民事保全法、国税徴収法、破産法、民事再生法、会社更生法等関係の各法律の分野にわたり、法律行為及び事実行為の両者を含めてとるべき債権の保全措置に関する基準をメニュー的に列挙し、そのいずれかの事由が発生した場合においても即応しうるように手続規定を整備し、適正かつ確実な事務処理を図ることとしている。

本節に定める債権保全措置としては、次のものがある。

(1)債権の申出（法一七）
(2)担保の徴求及び保全（法一八Ⅰ、一九）
(3)仮差押え又は仮処分の請求（法一八Ⅱ）
(4)債権者代位権の行使（法一八Ⅲ）
(5)詐害行為取消権の行使（法一八Ⅳ）
(6)時効更新の措置（法一八Ⅴ）
(7)担保、証拠物件等の整備保存（法二〇）

第一款　債権の申出

歳入徴収官等は、その所掌に属する債権について、次に掲げる理由が生じたことを知った場合において、法令の規定により国が債権者として配当の要求その他債権の申出をすることができるときは、直ちに、そのための措置をとらなければならない（法一七）。

債権の申出とは、債務者が強制執行を受けるなどその責任財産が危うくなったときや、債務者の総財産について清算が開始されたときなどに、債務者の財産の分配にあたって不利益を被ることのないよう、国が債権者として、その債権の存在を主張することをいう。

また、「知った場合において」とあるが歳入徴収官等は常に債務者の状況に注意し、債権申出事由を知るべき注意義務があると考えるべきである。

債権の申出をなす場合

(1)　債務者が強制執行を受けたこと（法一七①）

強制執行とは、私法上の請求権の現実的履行を国の強制力によって実現する手続であって、原則として執行力のある債務名義の正本に基づき、国の執行機関により執行されるものである。

「債務者が強制執行を受けた」とは、当該債権以外の債権で国又は国以外の者の有する債権につき、動産が執行官に差し押えられたとき（民執法一二二）、債務者の有する債権に対する差押命令が第三債務者に送達されたとき

（民執法一四五）、不動産又は船舶の競売開始決定が債務者に送達されたとき（民執法四六、一一四）、不動産の強制管理開始決定が債務者に送達されたとき（民執法九三、一一一）等をいう。仮差押え又は仮処分は、将来の強制執行の不能化又は困難化の予防としてなされるもので、強制執行の付随手続ではあるが、これらの保全手続では原則として換価処分までには至らないことから、ここにいう強制執行には含まれない。

強制執行があった場合、差押債権者以外の債権者は、二重に差押えができる場合には、その申立てという方法又は配当要求という方法によりその執行に参加し、弁済を受けることになる。

注　旧民事訴訟法においては、二重の強制競売の申立て、あるいは担保権実行の申立てがあった場合に二重開始決定は禁止されていたが、民事執行法は、その点を改め、二重の強制競売又は競売の申立てがあったものについては、全て開始決定をしたうえで、差押えの登記を嘱託により行うこととしている（民執法四七、四八等）。

歳入徴収官等は、その所掌する債権の債務者が他の国又は国以外の者の有する他の債権について強制執行を受けたことを知った場合において、二重に申立てを行う場合を除き当該所掌債権の履行期限が既に到来しているときは、配当要求の手続をとらなければならない。また、当該所掌債権の履行期限がまだ到来していないときにおいては、その債権の履行期限が法令又は契約の定めるところによりこれを繰り上げることとなっている場合に限り、遅滞なく、繰上の措置を行った上で（法一六）、配当要求の手続を請求すべきである。

配当要求は、訴訟手続であり「国の利害に関係のある訴訟についての法務大臣の権限等に関する法律」により法務大臣の権限に属する事項に関する事務であるから、右の措置をしようとするときは、その措置をとるべき旨を、法務大臣に請求しなければならない。なお、国税徴収及び国税滞納処分の例によって徴収する債権については、このような場合、右の配当要求の手続はとられず、歳入徴収官等が交付要求の手続により強制執行機関に対し、交付要求書を提出する（国税徴収法八二）。

①　不動産の場合

不動産に対する強制競売の場合の配当要求は、執行裁判所が定める配当要求の終期（民執法四九Ⅰ）までに、執行力のある債務名義の正本を有する債権者、強制競売の開始決定に係る差押えの登記後に登記された仮差押債権者及び一定の文書により一般の先取特権を有することを証明した債権者に限り行うことができる（民執法五一）。また、不動産に対する強制管理の場合の配当要求は、執行裁判所の定める期間（民執法一〇七）ごとに、執行力のある債務名義の正本を有する債権者に限り行うことができる（民執法一〇五）。配当要求の手続は、債権の原因及び額を記載した書面で行わなければならない（民事執行規則（昭和五四年最高裁規則五）二六、七三）。

注　旧民事訴訟法においては、債務名義を有しない債権者の配当要求も認めていたので、虚偽債権、通謀債権等による配当要求もなされ、執行債権者の権利実現を妨げる原因ともなっていた。民執法はこれを改め、原則として執行力のある債務名義の正本を有する債権者に限ることとし、これに若干の例外を認めた。

②　船舶の場合

船舶に対する強制執行は、強制競売の方法により行われるが、この場合の配当要求は、不動産に対する強制競売に準ずることとされている（民執法一二一）。

注　航空機、自動車、建設機械に対する強制執行については、民事執行規則により、船舶執行の方式に準じた手続とされている。

③　動産の場合

動産に対する強制執行の場合の配当要求は、先取特権又は質権を有する者に限り行うことができる（民執法一三三）。一般債権者については、虚偽債権等による配当要求を防止するため、原則として追加差押えをして、先の動産執行と併合すべきこととされており、この場合、後の事件の申立てについて配当要求の効力を生ずることとしている（民執法一二五）。

注1　民執法においては、虚偽債権、通謀債権等による配当要求を防止し、差押債権者の権利の実現を確保するため、不動産競売と同様、原則として債務名義を有しない債権者の配当要求は認めないこととしている。ただし、動産について優先権（先取特権又は質権）を有するものについては、その例外として、その権利を証する文書を提出して、配当要求をすることができる。

2　また、動産執行においては、特に厳格に超過差押えが禁止される（民執法一二八）ので、債務名義を有する債権者及び仮差押債権者の配当要求という方法は認めず、二重執行の申立てをし、追加差押えができる場合には追加差押えをしたうえで事件の併合をうけ、配当にあずかるべきものとしている。

配当要求（民執法一三三）をした債権者（配当要求の効力を有する債権者（民執法一二五）を含む。）で配当を受けることができる債権者の範囲は、その換価物ごとに、次のように定められている（民執法一四〇）。

(イ)売得金……執行官がその交付を受けるまでに配当要求をした債権者
(ロ)差押金銭…その差押えをするまでに配当要求をした債権者
(ハ)手形等の支払金…その支払を受けるまでに配当要求をした債権者

④　債権及びその他の財産権の場合

金銭の支払又は船舶若しくは動産の引渡しを目的とする債権に対する強制執行（以下「債権執行」という。）の場合の配当要求は、執行力のある債務名義の正本を有する債権者及び文書により先取特権を有することを証明した債権者に限り行うことができる（民執法一五四）。

配当要求をした債権者が配当を受けることができるのは、次に定める時までに行われた場合に限られる（民執法一六五）。

(イ)第三債務者が民執法一五六条一項又は二項の規定による供託をした時
(ロ)取立訴訟の訴状が第三債務者に送達された時
(ハ)売却命令により執行官が売得金の交付を受けた時
(ニ)動産引渡請求権の差押えの場合にあっては、執行官がその動産の引渡しを受けた時

(2)　債務者が租税その他の公課について滞納処分を受けたこと（法一七②）

滞納処分とは、国、地方公共団体その他の公的団体を債権者とする公法上の金銭債権が滞納された場合において、法律の規定に基づき、債権者たる国等の権限ある職員が、債務名義なしに、自ら債務者の財産を差し押え、換価し、その換価代金をもって滞納された公課の弁済に充当する簡易強力な強制徴収手続であって、国税について国税徴収法第五章がその手続を規定するが、国税以外の公法上の債権についても、国税徴収又は国税滞納処分の例により徴収する旨の実体法上の規定に基づき、この手続が認められるものが多い。

滞納処分による差押財産の換価代金は、差押えに係る租税、交付要求を受けている国税、地方税及び公課並びに

差押財産に係る質権、抵当権、先取特権又は留置権により担保される債権等に配当される（国税徴収法一二九）。

したがって、この配当に参加できる歳入徴収官等は、公売財産については、売却決定の日の前日までに、取立金については、取立て前日までに、それぞれ債権現在額申立書を税務署長その他滞納処分を行う執行官吏に提出しなければならない（国税徴収法一三〇Ⅰ等）。

また、債権の担保として質権若しくは抵当権が設定されていない場合又は先取特権若しくは留置権によって債権が担保されていない場合は、その履行期限が到来している債権については、二重差押え等前述した強制的な履行の請求の措置を講ずべきであり、さらにその履行期限が到来してない債権については、法令又は契約の定めるところにより履行期限を繰り上げることができることとなっている場合は、遅滞なく繰上げの措置を行った上で、右の措置をとるべきである。

(3) 債務者の財産について競売の開始があったこと（法一七③）

競売とは、広義においては金銭債権についての強制執行における換価手続としての競売又は滞納処分における公売が含まれるが、この意味の競売は、法一七条一号の強制執行を受けた場合又は同条二号の滞納処分を受けた場合に該当するから、ここにいう競売とは、狭義の競売、すなわち主として、質権、担保権の実行としてなされる競売（いわゆる任意競売）をいう。

この任意競売についても配当要求が認められ、強制競売と同一の手続により配当手続が実施される（民執法一八八、一八九、一九二、一九三）。

(4) 債務者が破産手続開始の決定を受けたこと（法一七④）

「破産手続開始の決定を受けた」とは、破産法（平成一六年法律第七五号）の定めるところにより破産手続開始の決定を受けたことをいう。破産手続開始の決定は、債務者に支払不能又は債務超過の事由が生じたときに、原則として申立により、裁判所が破産手続を開始する旨を宣言する決定である。

この破産手続開始の決定により、破産者の財産の全てが破産者の手を離れて破産管財人の管理の下におかれる破産財団となり（破産法三四、七八）、債権者に対する弁済は全てこの財団から、破産管財人によって支払われることになる。債権は全て破産債権となり、破産法に定める配当手続によってのみ支払を受けることとなる。

この破産の場合において、期限付債権は破産手続開始の時において弁済期に至ったものとみなされる（破産法一〇三Ⅲ）から、歳入徴収官等は、履行期限が到来していると否とを問わず、その破産債権の全てにつき裁判所の定めた期間内に、その債権の額及び原因、優先的破産債権であるときはその旨、劣後的破産債権や約定劣後破産債権のときはその旨等を、証拠書類又はその謄本若しくは抄本とともに裁判所に届け出るよう（破産法一一一）法務大臣に請求しなければならない。

⑸　**債務者の財産について企業担保権の実行手続の開始があったこと**（法一七⑤）

企業担保法（昭和三三年法律第一〇六号）の定めるところにより、株式会社の総財産は、その会社の発行する社債を担保するため、一体として、企業担保権の目的とすることができることになっている。この「企業担保権の実行手続の開始があった」とは、会社の本店の所在地を管轄する地方裁判所が、企業担保権の実行手続の開始を決定し、その決定を会社に送達したことをいう（企業担保法一九、二〇）。

この企業担保権の実行手続が開始されると、会社の総財産は裁判所の選任した管財人の管理の下に置かれ、一括競売又は任意競売によって換価されてしまう。換価及び配当の手続については不動産の強制執行に準ずるため（企業担保法五〇）、配当要求は法務大臣の権限に属する。したがって、歳入徴収官等は、法務大臣に対し配当要求すべきことを求めることになる。

なお、一括競売による換価の場合には競落期日の終わりまでに、任意売却による換価の場合には裁判所が定めて公告した日までに配当の要求をしなければ、配当を受けることができないことに留意を要する（企業担保法五一条の二）。

(6)　債務者である法人が解散したこと（法一七⑥）

「法人が解散した」とは、定款で定めた存続期間の満了、定款で定めた解散事由の発生、破産手続開始の決定、株主総会その他総会の決議、解散命令、解散判決、会社の合併（消滅する場合に限る。）等（一般社団法人及び一般財団法人に関する法律一四八、二〇二、会社法四七一、六四一等）があったことである。

法人の解散があったときは、破産手続開始の決定及び合併の場合を除き、法人は清算に入る。清算において、清算法人又は清算人は、債権申出の公告又は催告をして債務を弁済するが（一般社団法人及び一般財団法人に関する法律二一二、二三三、会社法四八一、四九九、六六〇参照）、公示に示された期間内に申出をしない債権者は清算から除斥されることになる（一般社団法人及び一般財団法人に関する法律二三三Ⅱ、会社法四九九Ⅱ、六六〇Ⅱ）。除斥された債権者は、未分配の残余財産についてのみにしか弁済を請求できないことになってしまうので歳入徴収官等は履行期限の到来、未到来を問わず期限に遅れないよう清算法人又は清算人に対し申出をすべきである。

法人が解散した場合の清算法人又は清算会社の清算人に対する債権の申出手続は、訴訟手続でも非訟事件の手続でもないから、歳入徴収官等は自ら債権の申出をすべきである。

(7)　債務者について相続の開始があった場合において、相続人が限定承認をしたこと（法一七⑦）

限定承認とは、相続人が被相続人の債務と遺贈とについて、相続によって得た財産を限度として責任を負うことを留保して行う相続の承認であって、相続財産が負債超過のおそれがあるような場合はその清算を行い、その結果債務が残ればそれに対しては責任を負わず、積極財産が残ればそれを相続する制度である（民法九二二）。「相続人が限定承認をした」とは、相続人が自己のために相続の開始があったことを知った時から三カ月以内に、財産目録を調整してこれを家庭裁判所に提出し、相続によって得た財産の限度においてのみ被相続人の債務及び遺贈を弁済すべきことを留保して相続を承認する旨の申述をなして家庭裁判所がこれを受理したときからをいう（民法九一五Ⅰ、九二二、九二四）。

限定承認者は、限定承認をした後五日以内に、一切の相続債権者に一定の期間内（二カ月を下ることはできない。）にその債権の請求の申出をすべき旨を公告することになっており（民法九二七）、その期間満了後その期間内に申し出た債権者その他知れた債権者には、各々原則としてその債権額に応じて弁済がなされるが（民法九二九）、その期間内に申し出なかった債権者等で限定承認者に知れなかった者は、残余財産についてのみその権利を行うことができることになり（民法九三五）、清算から除斥されることもあり得る。限定承認者は、弁済期に至らない債権についても弁済しなければならないことから（民法九三〇Ⅰ）、国の債権についてその債務者が死亡し相続人が限定承認をした場合には、歳入徴収官等は、時期を失しないよう限定承認者に対して債権申出のための措置をとるべきである。この債権の申出の措置は、訴訟手続でも非訟事件の手続でもないから、歳入徴収官等が自ら債権の申出をすべきである。

⑻　債務者の総財産についての清算が開始されたこと（法一七⑧）

⑴から⑶までに述べた場合、すなわち債務者が強制執行を受けた場合、滞納処分を受けた場合及び競売の開始があった場合は、いずれも債務金額又は担保価格を限度とした債務者財産が清算される場合であって、それが債務者の全財産に及ぶか否かは、債務者の資産の規模と債務金額との相対的な関係に止まる。一方で⑷から⑺までに述べた場合、すなわち債務者が破産手続開始の決定を受けた場合、企業担保権の実行手続の開始があった場合、債務者である法人が解散した場合、限定承認があった場合は、いずれも債務者の全財産が清算の対象とされる場合であるが、ここに列挙された場合のほかにも、次のような例がある。

①　会社更生手続の開始決定があったとき（会社更生法四一）
②　民事再生手続の開始決定があったとき（民事再生法三三）
③　会社の特別清算の開始命令があったこと（会社法五一四）
④　債務者について相続の開始があった場合において財産分離の請求があったこと（民法九四一）

注　債権の申出について一表に示せば次のとおりである。

申出をする事由	申出の手続（手続を行う機関）	申出の期限	備考
⑴　債務者が強制執行を受けたこと	配当要求（民執法五一……法務大臣） 交付要求（国税徴収法八二……	一　不動産の強制競売 執行裁判所が定める配当要求の終期（三月ごとに更新（民	法務大臣に対して配当要求を求める。 交付要求は、国税徴収又は国

国税徴収又は国税滞納処分の例によって徴収する権限を有する行政機関）

執法五二条））（民執法四九条一項）

二　強制管理

執行裁判所が定める期間ごと（民執法一〇七条一項）

三　船舶執行

不動産の強制競売と同じ（民執法一二一条）

四　動産執行

①売得金については執行官がその交付を受けるまで（執行停止中の売却（民執法一三七条）、仮差押物の売却（民保法四九条三項）の場合の供託された売得金については、動産執行が続行されることとなるまで）（民執法一四〇条）

②差押金銭についてはその差押えをするまで（民執法一四〇条）

③手形等の支払金についてはその支払を受けるまで（民

税滞納処分の例によって徴収する債権に限る。歳入徴収官等は、行政機関に対して交付要求を求めることになる。

申出をする事由	
申出の手続（手続を行う機関）	
申出の期限	執法一四〇条） 五　債権執行 ①第三債務者が民執法一五六条一項又は二項の規定による供託をした時（民執法一六五条一号） ②取立訴訟の訴状が第三債務者に送達された時（民執法一六五条二号） ③売却命令により執行官が売得金の交付を受けた時（民執法一六五条三号） ④動産引渡請求権の差押えの場合にあっては執行官がその動産の引渡しを受けた時（民執法一六五条四号） 六　その他の財産権執行 債権執行の例による（民執法一六七条一項）
備考	

(2) 債務者が滞納処分を受けたこと	交付要求（行政機関） 担保の付されている債権の申立（国税徴収法一三〇……歳入徴収官等）	売却決定の日の前日まで（国税徴収法一三〇）	申出をすることができるのは、自力執行権のある行政機関及び差押財産の上に担保権を有する債権者に限られる。
(3) 競売の開始があったこと	配当要求（民執法一八八等……法務大臣） 交付要求（行政機関）	（強制執行に準ずる。）	担保権者及び債務名義のある債権者に限られる。
(4) 破産手続開始の決定を受けたこと	破産債権の届出（破産法一一一……法務大臣） 交付要求（行政機関）	裁判所の定めた期間内	法務大臣に届出をすべきことを求める、未届債権は配当から除斥される。
(5) 企業担保権の実行手続が開始されたこと	配当要求（企業担保法五一条の二……法務大臣） 交付要求（行政機関）	（民事執行法の強制執行手続が準用される）	
(6) 法人が解散したこと	債権の申出（一般社団法人及び一般財団法人に関する法律二三三、会社法四九九、六六〇……歳入徴収官等）	清算人が公告する一定の期間（二月以上）内、知れたる債権者には、個別に申出の催告をする。	申出のなかった債権は、配当から除斥される。
(7) 相続人が限定承認をしたこと	債権の申出（民法九二七……歳入徴収官等）	限定承認をした相続人が公告する一定の期間（二月以上）内、知れたる債権者には個別に申出の催告をする。	右に同じ。

申出をする事由	申出の手続（手続を行う機関）	申出の期限	備考
(8) 前四号のほか、債務者の総財産について清算が開始されたこと	債権の届出又は申出（法務大臣）	会社更生手続の開始に伴う更生債権の届出（会社更生法一三八） 民事再生手続の開始にともなう再生債権の届出（民事再生法九四） 相続財産の分離に伴う債権の申出（民九四一）	

〔運用上の問題・解釈〕

○　債務者が死亡した場合、債権金額の取立ては遺産相続人から行うこととなるが、歳入徴収官等としてはどのような手続が必要か。

相続による権利義務の承継の方法には、単純承認と限定承認とがある。もっとも、本件には関係がないが、このほかに相続の放棄もある。

単純承認をした場合は、相続人は被相続人の一身に専属する権利義務を除く一切の権利義務を無制限に承継することになる（民法九二〇）。したがって、歳入徴収官等は債務者の死亡によっても債権の取立てを放棄することなく、その後は、相続人を承継債務者として引き続き債権の管理を行わねばならない。この場合、相続人は債務者としての被相続人の地位を、そのまま受け継ぐものであるから、その死亡前に既に納入の告知を行っていたり、あるいは督促をしているときは、相続人に対し改めて納入の告知又は督促をする必要はない。

相続人が限定承認をしたときは、相続人は相続によって得た財産の限度において被相続人の債務を弁済する旨の条件を留保してその権利義務を承継することになるから（民法九二二）、相続人が限定承認をした場合における債権の取立て手続は単純承認の場合とは相当異なったものとなる。この場合、限定承認をした相続人は、(イ)限定承認後五日以内に一切の債権者に対し、限定承認をしたこと及び一定の期間（二月以上）内に債権の請求の申出をすることを公告する。ただし、知れたる債権者には個別に申出を催告することとしている（民法九二七）。この場合は、履行期限がまだ到来しない債権であっても申出をしなければならない。一定の期間内に申し出なかったときは、限定承認者による弁済の対象から削除され、他の債権等を弁済した後に残余財産があれば、それから弁済を受け取ることとなるにとどまる。(ロ)次に、相続財産を競売その他の方法により換価し（民法九三二）、(ハ)期間内に申出があった債権者その他知れたる債権者に対し各々の債権金額の割合に応じて弁済することになっている（民法九二九）。したがって、国に対する債務者の相続について限定承認があったとき、歳入徴収官等は、個別に相続人から通知がある場合を除き、相続人に連絡をとり債権の請求の申出その他所要の措置をとり、相続財産からの弁済に参加しなければならないことになる。

弁済にあたっては、相続財産の処分費用その他の優先権を有する債権にまず配分されるから（民法九二九ただし書）、相続財産の価額がこれらの費用及び優先債権の金額の合計額を超えないときは、他の一般債権は弁済を受ける見込みがない。債権管理事務上、このような状態にある債権については、則三〇条三号によりみなし消滅の処理をすることが認められている。

また、弁済を受けるにしても、債権金額の一部しか弁済が得られないことがある。このような場合の債権残額については、令二〇条二号の規定に該当する場合においては、同条の規定により徴収停止の措置をとり、消滅時効完成後、則三〇条一号によりみなし消滅の処理をすることとしている。

第二款　担保提供の請求

歳入徴収官等は、債権を保全するために必要があるときは、法令又は契約の定めるところに従い、債務者に対し、担保の提供若しくは保証人の保証を求め、又は必要に応じ増担保の提供若しくは保証人の変更その他担保の変更を求めなければならない（法一八Ⅰ）。

一　国が提供を求めるべき担保の種類及び担保の評価

この場合において、歳入徴収官等はいかなる種類の担保の提供を求めるべきかの問題がある。提供すべき担保については、令一七条において、法令又は契約に別段の定めがない限り次に掲げるような担保価値の確実なものを選定することとしている（令一七Ⅰ）。提供された担保の評価について同条では、財務省令で定めるところによることとされ（令一七Ⅱ）、財務省令において次のように定められている（則二五）。

〔提供を求める担保の種類(令一七)〕	〔担保の評価基準(則二五)〕
(1) 国債及び地方債	額面金額による。
(2) 歳入徴収官等が確実と認める社債その他の有価証券	
(イ) 社債、特別法人債及び貸付信託受益証券	発行価額の八割相当額による。
(ロ) 上場株式の株券、出資証券及び投資信託受益証券	時価の八割以内において歳入徴収官等の決定する価額による。
(ハ) 金融機関の引受け、保証又は裏書のある手形	手形金額による。
(3) 土地又は保険に付された建物、立木、船舶、航空機、	時価の七割以内において歳入徴収官等の決定する価額による。

⑷ 歳入徴収官等が確実と認める金融機関その他の保証人の保証	保証金額による。
自動車、建設機械等	

しかし、債務者の資産の状況によっては、前記の優良な担保を提供できない場合がある。このような場合でやむを得ない事情があると認められる場合にはこれ以外の担保を提供させることで足りるとされている（令一七Ⅰただし書）。この種の担保の評価は別に財務大臣が定めるところに従い歳入徴収官等が決定する金額によることとされている（則二五⑦、基本通達第五）。

二　担保の提供の手続

歳入徴収官等は、担保が提供されたときは、遅滞なく、担保権の設定について、登記、登録その他の第三者に対抗することができる要件を備えるため必要な措置をとらなければならない（法一九）。

担保の提供の手続は法令又は契約に別段の定めのある場合を除くほか次による（令一七Ⅱ）。

⑴　有価証券

原則として、担保提供者をしてその有価証券を供託所に供託させ、供託書正本の提出を受けてこれを保管する。登録国債（登録の方法による債権）にあっては証券が発行されていないから供託させることはできないので、供託に代えて登録機関における質権設定の登録をさせ、登録済通知書を提出させ、これを保管し、振替株式等（社債、株式等の振替に関する法律（平成一三年法律第七五号）第二条第一項に掲げる社債等で同条第二項に規定する振替機関が取り扱うもの）を提供する場合は、振替株式等の種類に応じ、当該振替株式等に係る振替口座簿の歳入徴収官等の口座の質権欄に増加又は増額の記載又は記録をするために振替の申請をすることとしている（則二六Ⅰ）。

例外として短期の延納特約のような場合における担保は供託所に対する供託によらず、歳入徴収官等が引渡しを受けてその官庁において保管することも認められている（基本通達第五の二、三八九頁）。

なお、政府が担保として振替国債（その権利の帰属が社債、株式等の振替に関する法律の規定による振替口座簿の記載又は記録により定まるものとされるもの）の提供を受ける場合には、当該振替国債について取扱官庁等の口座における増額の記載又は記録がなされるよう、担保提供者に振替の申請を行わせることとなる（政府担保振替国債取扱規則（平成二三年財務省令第一五号）三Ⅱ、供託振替国債取扱規程（平成一四年財務省令第六九号）三Ⅰ）。

⑵　土地、建物その他抵当権の目的となる財産

抵当権設定の登記原因又は登録原因を証する書面及び登記又は登録承諾書を提出させ、登記所又は登録機関に対し抵当権設定の登記又は登録の嘱託の手続をする（則二六Ⅱ、Ⅲ）。

注　登記（登記所）――土地、建物、立木、工場財団、鉱業財団、船舶、建設機械等
登録（国土交通省）――鉄道財団、航空機、運河財団
（自動車検査登録事務所）――自動車

⑶　その他の動産

歳入徴収官等の指定する物品出納官に引き渡させ、物品出納官をして保管させる（則二六Ⅵ）。この場合におけ

る当該物品の出納命令は歳入徴収官等が行うものとする（法二〇Ⅲ）。

(4) 保証人の保証

債務者から保証人の保証を証する書面を提出させた後、その保証人と保証契約を締結する（則二六Ⅳ、Ⅴ）。

(5) 債権

債権を権利質の目的とするには債権の証書及び第三債務者の承諾が必要となるので（民法三六四）、債務者をしてこれらの証書及び承諾書を提出させて、保管する（則二六Ⅶ）。

なお、担保及びその証拠物件保存については法二〇条の規定がある。

〔運用上の問題・解釈〕

(1) 歳入徴収官等が不動産登記を嘱託する職員（以下「嘱託職員」という。）でない場合、不動産についての抵当権設定の登記の嘱託は、歳入徴収官等が自ら行うことができない。このような場合は、債権の担保に関する登記の嘱託に限り歳入徴収官等を嘱託職員に任命した方がよいか。

通常、歳入徴収官等としては、各省各庁の長等が任命される。一方、嘱託職員は、官署の長が任命されることが多い。

質問のような場合には、歳入徴収官等は、その官署の登記の嘱託の事務を行う既存の嘱託職員に請求し、その者をして嘱託手続を行わせることとなる（ただし、既存の嘱託職員をして債権管理関係の嘱託事務を行わせることが適当でないと認められるときは、歳入徴収官等又は他の適当な職員をその官署の嘱託職員として任命する等の措置をとるべきであろう。）。

(2)　法二〇条は、担保物件等の保存について規定しており、同条三項で、出納命令は、債権管理機関である歳入徴収官等が行うとされている。したがって、この規定は、物品管理法の特別規定と解してよいか。
　また、出納命令を行った場合の物品管理官への通知については、特に規定されていないが、当然、通知がなされるものとしてよいか。

　法二〇条は、物品管理法二三条の特例規定である。債権の担保（質権の目的）として提供された保管物品の管理は、債権の管理と物品の管理の二つの側面をもっているからである。担保物件の管理に関する事務について物品管理官が同時に歳入徴収官等を兼ねている場合は、両者の機関相互間の連絡通知は問題がないが、種々の事情によりそれができ難い場合には、歳入徴収官等と物品管理官がそれぞれの事務に関係のある事項（質物の受入れ、処分又は返還のための出納命令及びその出納の事実）を相互に通知し合って、事務の連係を緊密にすることが必要であるというべきであろう。

第三款　仮差押え又は仮処分の請求

　歳入徴収官等は債権を保全するため仮差押え又は仮処分の手続をとる必要があるときは、法務大臣に対しその手続をとることを求めなければならない。

一　仮差押えの請求

「仮差押え」とは、金銭債権又は金銭債権に換えることのできる請求権について、将来、動産又は不動産に対する正式の強制執行に着手するまでの間に仮差押えをしておかなければ判決の執行が不可能又は著しく困難となるおそれがある場合において、強制執行を保全するために裁判所の判決又は決定をもって行われる処分であって、期限未到来の債権についても行うことができる（民保法二〇）。

仮差押債権者が書面により、原則として請求及び仮差押えの理由を疎明し、あるいは疎明に加えて保証をたてた場合には、裁判所は仮差押えを命ずる。この命令は決定でなされ（民保法一六）、債務者は決定に対しては保全異議の申立ができるが（民保法二六）、異議の申立があっても執行は原則として停止されない。

仮差押えの執行は、原則として強制執行の規定が準用されるものの、仮差押命令があってから二週間を経過すると執行ができなくなる（民保法四三Ⅱ）。一方、債務者に仮差押命令が送達する前でも執行はできるが（民保法四三Ⅲ）、原則としてその執行は目的物の換価にまでは至らない。

仮差押えは本訴訟提起前であると、それと同時であると、または本訴訟係属中であるとを問わず、これをすることができる。仮差押えは時効の完成猶予事由であり、仮差押えが終了した時から六箇月を経過するまでの間は、時効は完成しない（民法一四九①）。

二　仮処分の請求

「仮処分」には、係争物に関する仮処分と仮の地位を定める仮処分とがある。

前者は金銭債権以外の特定物の引渡しなどの給付を目的とする請求権の執行保全を目的として、物の現状が変更されることによって執行が不可能となり、又は著しく困難となるおそれがある場合に（例えば、係争物の毀滅、移転、譲渡、負担の増加等）、裁判所の命令をもって行われる処分である（例えば、係争物の譲渡禁止、不動産の明渡し等の仮処分がある。主として国有財産、物品の管理に関する事務処理が多いが、債権管理の問題としては物上担保権の設定移転に関するものが考えられる。（民保法二三Ⅰ））。

後者すなわち、仮の地位を定める仮処分とは、争いのある権利関係について著しい損害を避け、又は急迫の危険を避けるためこれを必要とする場合に、裁判所の命令をもって行われる処分である（民保法二三Ⅱ）。

仮処分の命令その他の手続については、原則として仮差押えの規定が準用され、また仮処分の執行については、原則として仮差押えの執行又は強制執行の例によることとされている（民保法五二）。仮処分も仮差押えと同様に時効の完成猶予事由となり、仮処分が終了した時から六箇月を経過するまでの間は、時効は完成しない（民法一四九②）。

第四款　債権者代位権の行使

歳入徴収官等は、債権を保全するために債権者代位権を行使する必要があるときは、そのための必要な措置をとらなければならない。

「債権者代位権」とは、債務者が自ら自己の権利を行使しない場合において、債権者が自己の債権を保全するために債務者に属する権利（被代位権利）を代って行使する権利である（民法四二三Ⅰ）。ただ、債務者の一身に専属する権利及び差押えを禁じられた権利については認められず、被代位権利の目的が可分であるときは、自己の債権の額の限度においてのみ、被代位権利を行使することができる。

一　債権者代位権の行使の手続

一般に、債権者代位権の行使は民事上の手続として、歳入徴収官等が自ら行うことができるが、第三債務者が債務の履行に応じないときは訴訟手続上の行為（訴訟の提起、当該訴訟の結果の判決又は和解に基づく強制執行等）を行う必要が生ずる。また、国の債権が期限未到来であるときは債務者の有する抵当権の登記などの保存行為を除き被代位権利を行使することができない（民法四二三Ⅱ、非訟手続法七二〜七九）。これらの事務は、いずれも法務大臣の権限に属するものであるから、歳入徴収官等は法務大臣に対して債権者代位権の行使のために必要な措置をとることを求めなければならない。

これにより、債権者（国の場合は、歳入徴収官等又は法務大臣）が代位権を行使する旨を債務者に通知したときは、以後、債務者はその代位の目的に反する処分行為をする機能を失い、債権者は、自己の名において債務者に属する権利を行使することになる。

二　債権者代位権の行使により国が受領した金銭又は有価証券の管理

債権者代位権の行使にあたっては、国は債務者が自ら権利を行使する場合と同様の権能をもってその権利を行使し得るのであるが、代位権の行使の結果は本人すなわち債務者に帰属する。したがって、第三債務者から受領した金銭その他の財産については、これを直ちに国の所有とすることができない。そのため、債務者のために保管しなければならないこととなる。

このうち、金銭又は有価証券については、会計法三三条〔現金及び有価証券保管の制限〕に基づく政令として定められた「国の債権者代位権の行使に伴う現金又は有価証券の保管に関する政令」（昭和三一年政令第二六三号）によって各省各庁の長が保管することができることとされ、その保管にあたっては、会計法、予決令及び出納官吏事務規程又は政府保管有価証券取扱規程の定めるところにより、現金にあっては歳入歳出外現金出納官吏が保管し、有価証券にあっては取扱主任官を定め、原則として日本銀行に寄託して保管する。

金銭及び有価証券以外の動産については、物品管理法三五条の規定による同法の準用動産として保管することとなる。不動産については、特に規定はないが、歳入徴収官等が必要に応じて不動産登記法上の所要の権利保全措置を講じ、又は状況によってこれを占有して管理する等の措置を講ずることが考えられる。

なお、これらの財産の処分については、通常の場合、債務者に請求して、これを弁済に充当し、又はその協議に基づきこれを換価処分して弁済に充当するなどの措置を講ずることになろう。

第五款　詐害行為取消権の行使

歳入徴収官等は、その所掌に属する債権について債務者が国の利益を害する行為（債務者が故意に自己の財産を減少させるような行為――贈与、廉価売買、債務の負担等）をしたことを知った場合において、法令の規定により国が債権者としてその行為（詐害行為）の取消しを求めることができるときは、遅滞なく、法務大臣に対しその取消しを裁判所に請求することを求めなければならない。

「詐害行為取消権」とは、債権者がその債権を保全するため、債務者が故意に自己の財産を減少させる行為をした場合においてその行為の取消しを裁判所に請求する権利である（民法四二四）。その財産減少行為が債務者の弁済資力を薄弱にする場合に認められる権利であって、債務者の総財産が債権額に不足する場合に限り行使することができる。また、債務者が故意であるばかりでなく、その行為によって利益を受けた者（受益者）も悪意であることが必要である（民法四二四Ⅰただし書）。

取消しの効果は、総債権者の利益に帰し取消権を行使した債権者も優先的地位を取得しない（民法四二五）。

取消権の消滅時効の期間は、債務者が債権者を害することを知って行為をしたことを債権者が知った時から二年、詐害行為の時から一〇年である（民法四二六）。

詐害行為取消権の行為は、裁判所に係累する行為であるから、歳入徴収官等が自ら行うことはできない。法務大臣に対して、その措置をとることを請求することになる。

第六款　時効更新の措置

歳入徴収官等は、その所掌に属する債権が時効によって消滅することとなるおそれがあるときは、時効を更新するために必要な措置をとらなければならない。

なお、令和二年施行の改正民法により、時効の中断については、時効の完成が猶予されるという効力を時効の「完成猶予」、新たな時効が進行を始めるという効力を時効の「更新」という概念を用いて整理することとされた。

民法に定める時効の完成猶予事由及び更新事由は次のとおりである。

(1)　時効の完成猶予及び更新

①裁判上の請求等（裁判上の請求、支払督促、和解・調停、破産・再生・更生手続参加）（民法一四七）、②強制執行等（強制執行、担保権の実行、競売、財産開示手続）（民法一四八）がある。これらの事由がある場合は、その事由が終了するまでの間は時効の完成が猶予され、その事由が終了した時から新たな時効の進行が始まることとなる。

(2)　時効の完成猶予

①仮差押え・仮処分（民法一四九）、②催告（民法一五〇）、③協議を行う旨の合意（民法一五一）がある。これらの事由がある場合は、時効の完成が猶予されることとなる。

(3)　時効の更新

権利の承認（民法一五二）があり、時効の利益を受ける者が権利の存在を承認するような行為をすることによって成立する。証書の書換え、債権の一部弁済、支払猶予の申出、利息の支払等はいずれも債権の承認となり、これらの事由がある場合は、新たな時効の進行が始まることとなる。

以上に掲げる時効の完成猶予及び更新措置のうち、裁判上の手続として行われるものは法務大臣の権限に属することから、歳入徴収官等は法務大臣に対してこれらの手続をとることを求めなければならない。

第七款　担保及び証拠物件等の保存

歳入徴収官等は、国が債権者として占有すべき担保その他の物件及び国の債権に関する証拠書類その他の証拠物件を善良な管理者の注意をもって整備し、保存しなければならない（法二〇Ⅰ）。この整備保存を要する物件としては、①債権者として占有する担保物件、②債権者代位権の行使により受領する物件、③債権又は債権の担保にかかる証拠書類、④その他の証拠物件がある。また、保存上の手続は次のとおりである。

(1)　有価証券

政府の保管に係る有価証券の取扱いは、会計法及びこれに基づく命令の定めるところによる（法二〇Ⅱ）。保管有価証券の取扱いは、一般に、会計法に基づく政府保管有価証券取扱規程の定めるところにより取扱主任官を定め、同主任官をして、原則として日本銀行に寄託させることとしているが、債権の担保として提供を受ける有価証券については、債権管理官庁において現物を保管することなく、担保提供者をして供託所に供託させ、供託書正本の交付を受けて、これを保存することとしている（則二六Ⅰ本文）。なお、供託所において保管する供託有価証券は、供託有価証券取扱規程の定めるところにより日本銀行に寄託することになる。

(2)　動　産

保管動産については、物品管理法三五条の準用動産として物品出納官（又は物品管理官）が保管する。この場合における保管動産の出納命令は、物品管理官が行うのではなく、歳入徴収官等が行うこととしている（法二〇Ⅲ。一六八頁〔運用上の問題・解釈(2)〕参照）。

第五節　徴収停止

一　徴収停止

徴収停止とは、履行が遅滞している債権について、これを取り立てる場合における収入金額よりも、取立てその他の管理に要する費用の額が上回ると見込まれる場合において、債権管理上の明らかな費用倒れを避けるために、以後、その債権について積極的に管理を行わないこととする国の内部的な整理である。

徴収停止の整理をした債権については、以後、担保及び証拠書類物件の保存（法二〇）以外の債権の保全及び取立てに関する事務を行う必要はないものとされる。つまり、その債権についての歳入徴収官等の積極的な管理の責任を解除するものである。したがって、徴収停止をした債権については時効期間が満了に近づいても時効更新の措置（法一八Ⅴ）をとる必要はないから、その債権は消滅時効の完成によって消滅することになる。

注　消滅時効の完成につき債務者の援用を要する債権は、その援用があったときに消滅の処理が行われる。しかし、時効の援用を要する債権で徴収停止中のものについては、債務者に対して督促するなどの措置は行われず、債務者の時効の援用の意思を確認する適切な機会がないから、則三〇条一号による債権の「みなし消滅（後述）」の処理をすることになる。

二　徴収停止の整理ができる場合

(1)　履行期限（履行期限の定めのない債権にあっては、法一一条一項前段の規定によりその債権について調査確認及び記載又は記録をした日）後相当の期間を経過してもなお完全に履行されない債権（国税徴収又は国税滞納処分の例によって徴収する債権その他政令で定める債権を除く。）について、債務者又は債権金額が次のいずれかに該当し、これを履行させることが著しく困難又は不適当であると認められる場合に限り徴収停止の整理をすることができる（法二一Ⅰ）。

①　法人である債務者が事業を休止し、将来その事業を再開する見込みが全くなく、かつ、差し押さえることができる財産の価額が強制執行の費用を超えないと認められる場合。ただし、その法人の債務につき他の弁済の責任を負う者があり、その者について徴収停止をすることができる事由がない場合を除く（法二一Ⅰ①）。

法人が倒産した後、法令の規定に従って清算を結了すれば、法人格は消滅する。すなわち、その法人の責任（債務）は消滅することになるから、則三〇条による債権のみなし消滅の処理が行われる。しかし、企業倒産の場合には、倒産し、操業を停止した後、とるべき解散手続その他の残務処理を行わないで事業を放棄するような事例がしばしば見受けられ、法人格は存続するが、その法人の残存資産は全くないか、又はあっても強制執行費用を超える配当が得られない場合が多い。こういった状態にある法人に対する債権にあっては、いたずらに管理の手数と費用を労するだけであるので、国が引き続き積極的に管理する実益はまず認められない。しかしながら、その法人が合名会社又は合資会社である場合は、合名会社の社員又は合資会社の無限責任社員が、別途、会社の債務について弁済の責任を負うことになり、また法人の役員や親会社又は取引銀行等がその法人の保証人となっている場合は、これらの保証人に対して請求することができる。したがって、これらの弁済の責に任ずる者がある場合には、当該弁済の責に任ずる者についてもまた本条各号に定める徴収停止事由がない限り、徴収停止をすることができないことになる。

② 債務者の所在が不明であり、かつ、差し押さえることができる財産の価額が強制執行の費用を超えないと認められる場合その他これに類する政令で定める場合（法二一Ⅰ②）。

(1) 債務者の所在が不明であり、かつ、差し押さえることができる財産の価額が強制執行の費用を超えると認められる場合において、その超えると認められる金額の全部を他の優先弁済権を有する債権等の弁済のために充当しなければならない場合（令二〇①）

(2) 債務者が死亡した場合において、相続人のあることが明らかでなく、かつ、相続財産の価額が強制執行をした場合の費用及び優先債権等の金額の合計額を超えないと見込まれるとき（令二〇②）

(3) 歳入徴収官等が債権について履行の請求後又は保全措置をとった後、債務者が本邦に住居所を有しないこととなった場合において、再び本邦内に住居所を有することとなる見込みがなく、かつ、差し押えることができる財産の価額が強制執行をした場合の費用及び優先債権等の金額の合計額を超えないと見込まれるとき（令二〇③）

これらは、いずれも個人に対する債権である。債務者の行方不明又はその承継者である相続人の存否不明あるいは債務者の国外逃亡等により、これらの者から直接弁済を受けることができず、一方その遺留財産には見るべきものがない状態である。債務者の所在不明若しくは相続人の存否不明の程度又は債務者の国外における資産状況、これに対する執行の難易、弁済の誠意等を勘案し、明らかに効率的でないと判断したときは、徴収停止をすることができるように配慮したものである。

③　債権金額が少額で取立てに要する費用に満たないと認められる場合（法二一Ⅰ③）
取立てに要する費用とは、督促状の郵送料や臨戸督促に要する出張旅費等であるが、近隣の他の債務者に対する出張臨戸督促の際あわせて臨戸督促ができるような場合、又は同一債務者に対する他の債権の金額と合計して請求すれば、取立てに要する費用を償いうるような場合等は、徴収停止をすべきではない。また、強制執行に要する費用や滞納処分費は含まれない。さらに、訴訟費用も含まない。

(2)　歳入徴収官等が債権の発生又は国庫への帰属の事実を確認して、法一一条一項前段の規定により調査確認及び記載又は記録をした後、相当の期間を経過してもなおその債務者が明らかでなく、かつ、将来これを取り立てることができる見込みがないと認められているときにおいても同様に徴収停止の整理をすることができる（法二一Ⅱ）。

この規定に該当する事例としては、例えば国有林の盗伐とか国有施設の損壊などの不法行為による損害賠償金債権で相当の調査を行っても加害者がなお不明である場合が挙げられる。この場合には、債権管理官庁においては引き続き加害者（債務者）の究明に努めるべきではあるが、時の経過とともに事実関係の調査はますます困難となり、相当期間を経過した後には、実質的にはほとんど徴収停止と同じ状態におかれることが多い。

注　不法行為による損害賠償金債権は、損害及び加害者を知ったときから三年間権利を行使しないとき、又は不法行為のときから二〇年間行使しないときは、時効により消滅することになっているから（民法七二四）、加害者不明の債権は、不法行為のときから二〇年間は、時効が完成せず、債権管理簿への記載又は記録を続けなければならないことになる。しかし、このような債権をその発生後二〇年間にわたって一般の債権並みに記載し、又は記録する意義は小さいので、不法行為の事実を知ったときから一定の期間を経過したものは、徴収停止に切り替えることができる措置を講じたのである。

三　徴収停止の整理の対象から除外される債権

(1) 国税徴収又は国税滞納処分の例によって徴収する債権

自力執行権のある債権については、その賦課徴収の目的に即した別個の徴収緩和制度によるべきである（これらの債権で一定の要件に該当するものについては、国税徴収法一五三条による滞納処分の執行停止の途が開かれている。）。これらの公課が滞納となった場合には、原則として督促状を発した日から起算して一〇日を経過した日までに完納されなければ、滞納処分が執行されることとなっているが（国税徴収法四七）、一定の事由に該当する場合には、滞納処分の執行が停止される（国税徴収法一五三）。滞納処分の停止の要件は、集団的反復的に多数発生する公課の画一的能率的処理に資するため、一般債権についての徴収停止の要件に比べて緩和されたものとなっており、例えば、滞納処分を執行することによってその生活を著しく窮迫させるおそれがあるときは、執行停止することができる。また、この場合において、差押財産があればその差押えを解除し、停止が三年間継続すれば時効完成を待たずこれを消滅させ、三年を経過する前に時効が完成すれば消滅時効による消滅も認めるという強力な効果も与えている。なお、徴収停止が国の内部限りの事務の簡素合理化措置であるのに対して、滞納処分の停止は、債務者に対する徴収緩和制度の一つであり、その措置をとった旨を滞納者に通知することとなっている。

(2) 担保の付されている債権

担保付債権は、まずその担保を処分して弁済に充てるべきであるので、直ちに徴収停止をすることは認められない（令一八）。しかし、その担保の価額が担保権を実行した場合に要する費用及び優先債権等の金額の合計額を超えないと見込まれる場合は、担保権を実行する価値がないから無担保債権並みに徴収停止することが認められている。

また、担保の処分による収入をもって完済されない部分の債権については、担保の付されていない債権として徴収停止の対象となりうるものであることはいうまでもない。

四　徴収停止の性質

徴収停止は、前述のごとく、国の内部的な整理手続きに過ぎず、債権の対外的な効力になんらの影響を及ぼすものではない。したがって、徴収停止整理中の債権について、もし債務者から弁済の提供があった場合は、当然、正当な権利に基づく履行として、その弁済を受領すべきである。

五　徴収停止の取止め

徴収停止の整理をした債権について、その後の事情変更等によりその措置を維持することが不適当となったことを知った場合は、直ちにその措置を取り止め、一般の債権として再び、積極的な管理を開始しなければならない（法二一Ⅲ）。この徴収停止の取り止めは、所在不明の債務者の所在がその後、判明したような場合にも行われることが多い。

〔運用上の問題・解釈〕

(1)　分割して弁済することとなっている債権のうち、分割履行期限の到来した債権金額については徴収停止の整理をし、分割期限未到来額については、引き続き債権管理簿に記載し、又は記録しておき、期限が到来した後、一応、納入の告知をした上で徴収停止の整理をすることは差し支えないか。

徴収停止とは、その債権についての積極的な管理を放棄する措置である。その一部分を徴収停止にし、残りの部分を管理することは認められない。債権全部の履行期限が到来するまで徴収停止の整理を待つべきである。

(2)　次のような債権は、法二一条一項三号の規定により徴収停止の整理をすることができるか。

(イ)　債権金額が二、〇〇〇円の債権で数次の文書督促をしても効果がなく、徴収職員を派遣して臨戸督促をしなければ収納できないと認められるもの（徴収職員の出張旅費五、〇〇〇円、一人の職員の一回の出張による収納実績平均五件約五〇、〇〇〇円）

徴収停止は認められない（一件当りの臨戸督促コストが一、〇〇〇円であるから、費用倒れとはならない。）。

(ロ)　債権金額が五〇円であるが、債務者の住所の付近に他の債務者が居り、その債務者に対する債権とあわせて臨戸督促をすれば取立てることができるものと認められるもの。

他の債務者に対する債権の督促の機会を利用して臨戸督促するから、この場合における取立費用は無視してよいので、徴収停止の整理は認められない。

第六節　債権の消滅

発生した国の債権は、必ず何らかの事由によって消滅する。債権管理の目的は、債権を満足させるような方法においてなるべく早期にその消滅を図ることにある。この点、財産的効用の最大かつ永続的な発揮を目的とする国有財産又は物品の管理とは性質を異にする。

債権の消滅原因をその法律的性質に従って分類すれば、おおむね次のとおりである。

一　債権に特有な消滅原因

(1) 弁済又は代物弁済（民法四七三～四七九、四八一～四九三、四九九～五〇四）
(2) 供託（民法四九四～四九八）
(3) 相殺（民法五〇五～五一二の二）又は充当（労働保険の保険料の徴収等に関する法律一九等）
(4) 更改（民法五一三～五一五、五一八）
(5) 免除（民法五一九）
(6) 混同（民法五二〇）

注　弁済のための供託は、弁済者が弁済の目的物を供託して債務を免れる制度である。供託をしたときは、供託者は遅滞なく債権者に供託の通知をすることを要する（民法四九五Ⅲ）。この供託があったときは、債務者はこれによって履行遅滞の責任を免れることになるが、これをもって直ちに国の権利が消滅したものとすることはできない。国が弁済の受領を拒否するのは、通常、債権金額なり履行条件等について債務者と異なる見解を有するからであり、その後、債務者との折衝を経て両者間に合意が成立し、国の収納機関が現実に供託所から供託物件を受理したときにおいて、債権の弁済が完了したものとして消滅の処理をすべきである（この場合において、供託日以降の遅延利息は、請求できないことはいうまでもない。）。

二　権利の一般的消滅原因

(1) 消滅時効の完成（民法一六六～一六九、会計法三〇等）

(2) 終期の到来

三　債権の発生に関する法律関係の消滅

(1) 解除条件の成就

(2) 契約の解除又は法律行為の取消し

四　国の債権管理の手続上、債権の消滅に準じて取り扱っている事由

(1) 債権の譲渡

(2) 債権不存在の確定判決

(3) 債権の「みなし消滅」……権利の行使が法律上、不可能又は著しく困難であると認められる場合において、その債権を消滅したものとみなして債権管理簿から除去する処理をいう（則三〇……第四款〔一九四頁〕参照）。

(4) 利息又は貸付料債権金額の年度中途における減額変更

利息、貸付料、使用料又は授業料に係る債権については、令八条一号の規定により毎年度の開始時にあらかじめその年度内に支払われるべき債権金額を債権管理簿に記載又は記録することとしているので、年度中途において利率又は貸付料単価の引下げがあったときは、記載又は記録済みの債権金額の減額変更の整理を行う必要がある。手続的には、債権金額の一部消滅に準じた処理をするわけである。

第一款　相殺又は充当

一　相殺と充当の相違

(1) 相殺

相殺とは、双方が互に対立した同種の債権をもっている場合において、現実の弁済に代えて相互の債権を対当額だけ消滅させることをいい、双方の債権が相殺適状にあることを要する（双方の債権が弁済期にあるか、少なくとも相殺しようとする者の有する債権〔自働債権〕が弁済期にあることが必要である。相殺しようとする者の債務〔すなわち、相手方の債権＝受働債権〕の履行期限が到来していなくても、期限の利益を放棄して相殺することができる。）。相殺は、相手方に対する一方的な意思表示によって行うことができる。相殺した場合は、双方の債権は相殺適状時にさかのぼって消滅する（したがって、そのとき以降の期間分の利息又は延滞金は付されないことになる。)。なお、当事者間に相殺禁止の特約がある場合、受働債権が差押禁止債権（労働基準法二四、船員法五一等）又は悪意による不法行為に基づく損害賠償金債権及び人の生命又は身体の侵害による損害賠償債権（民法五〇九）である場合には相殺することができない。

⑵　**充当**

法律の規定に基づき、特定の公課の過誤納還付金をその支払に代えて、未納の、又は将来一定期間内に納付されるべき当該公課の金額に充当することをいう。特別の法律により認められる制度であって、公課の徴収主体である国又は公共団体のみが充当権を有し、納付義務者には充当権が認められない。また、履行期の到来していない債権に対しても充当することができる点に特色があるが、充当の効果は、民法の規定による相殺と異ならない。

二　相殺又は充当をする国の会計機関

国の債権及び債務の処理に関しては、歳入徴収官等、支出負担行為担当官、支出官、資金前渡官吏等多種類の会計機関が関与しているのであるが、このうち、国を代表していずれの会計機関が相手方に対して相殺又は充当の意思表示を行うかの問題がある。相殺及び充当は、国の債権及び債務の双方を消滅させる効果をもつものではあるが、通常、債務者の立場においてその債務を消滅させる目的をもって行われる意思表示であるといえるので、債権管理法においては、相殺又は充当は、国の債務の消滅に関する事務として考え、債務を履行する支払事務担当職員（支出官、資金前渡官吏、特別調達資金会計官等）が行うことを前提として所要の手続きを定めている。

三　相殺又は充当の手続

そこで歳入徴収官等は、法令の規定により国の債権と相殺又は充当することができる国の債務があることを知ったときには、直ちに、その債務に係る支払事務担当職員に対して相殺又は充当をすべきことを請求しなければならないこととしている（法二二Ⅰ）。

支払事務担当職員は、この歳入徴収官等からの相殺又は充当の請求があったとき、その他その所掌に属する支払金にかかる債務と相殺又は充当することができる国の債権があることを知ったときは、政令で定める場合（相殺又は充当をすることが公の事務又は事業の遂行を阻害する等公益上著しい支障を及ぼすこととなるおそれがあるものとして各省各庁の長が定める場合（令二一））を除き、遅滞なく相殺又は充当をするとともにその旨を歳入徴収官等に通知しなければならない（法二二Ⅱ）。

逆に、相手方が国の債権と債務について相殺を行った場合における相殺の通知は、徴収事務担当職員である歳入徴収官等が受理することとしている。この場合、歳入徴収官等は、直ちに国の債務が相殺によって消滅したことを当該債務に係る支払事務担当職員に通知しなければならない（法二二Ⅲ）。

注　相殺は、債権の迅速、的確な処理を図る重要な役割を有する。長期にわたって取立てが難航している債権であっても相殺によって即時にその消滅を図ることができる。また、相殺は一方的な意思表示でできるから、債権についてクレームを申し立てて、履行を拒否している債務者でも一旦相殺が行われてしまうと、それ以上、訴訟を提起してまで争うようなことはしないのが通例である。この意味において相殺は当事者間における紛争解決のためにも有効な手段であるといえる。

しかし、法二二条一項は、あらゆる手段を講じて債権と相殺又は充当することができる国の債務の存否を調査することを歳入徴収官等に義務付けているものではない。歳入徴収官等の所属部局において支払う債務であれば、格別の調査をしなくても相殺適状債務の存否を知りうるが、他の部局又は他の省庁所掌の債務の存否についての調査は、債権の取立ての難易に応じて、債権者の業務の種類、その取引状況から予想される官庁との取引関係等を勘案しながら、調査の方法及び範囲を判断すべきであろう。

〔運用上の問題・解釈〕

(1)　法務大臣が訴訟又は会社更生手続等において国の債権と国の債務との相殺を申し出ることがあるが、支払事務担当職員でない者が相殺の申出をすることはできるのか。

国の利害に関係のある訴訟についての法務大臣の権限等に関する法律により、国の利害に関係のある訴訟又は非訟事件については、すべて法務大臣が国を代表することになっており、その限りにおいて債権の管理に関する事務の範囲から除外されているから（法二Ⅱ①）、当該債権について法務大臣が国の利益のため必要と認めるときは、各省各庁の債権及び債務について相殺することができる。

(2)　国の債権・債務の相殺手続については、支出官事務規程、出納官吏事務規程、歳入徴収官事務規程、債権管理事務取扱規則など多数の省令が入り組んでいる。これらの省令相互の結び付きを説明願いたい。

相殺の処理は、法二二条の規定により行われるところであるので、これらの省令は、相殺が行われた後における会計機関相互間の通知及び歳入・歳出金等の整理の手続を定めている。

(3)　債権が消滅する原因としては、民法に規定されている弁済、代物弁済、供託、相殺、更改、免除、混同の七種があげられると思うが、このうち相殺と混同の意味と差異はどのようなものか。

「相殺」とは、当事者間に同種の債権債務が対立して存在する場合において、双方の債権を対当額について消滅させる債務者としての意思表示をいう。相殺が行われたときは、双方の債権は相殺適状の時にさかのぼって対当額について消滅する。例えば、国が物品の払下げ代金についての債権を有する相手方たる債権者が、逆に国に対しても物品納入代金の債権を有している場合などに相殺が行われる。これに対して、「混同」とは、ある債権とその債権に係る債務が同一人に帰属することによって消滅することをいう。例えば、国に対して損害賠償金債権を有する者が死亡したが、一定の期間内に相続人である権利を主張する者がいなかったため、民法九五九条の規定によりその者に係る相続財産が国庫に帰属することになり、その結果、当該損害賠償金債権が債務者である国に帰属することにより消滅する場合などがある。

相殺と混同とは、相殺が両当事者間に存する別々の債権をそれぞれ別個に請求して取り立てる不便と不公平を除くことにその目的があるのに対し、混同は一つの債権について法令又は契約上の原因に基づき、その債務者が債権を取得し、あるいは、債権者がその債務を承継することによって消滅することとなるところに本質的な相違がある。

(1)　会計機関相互間の通知の手続

(イ)　支払事務担当職員（官署支出官又は出納官吏）が相殺をした場合

(a)　官署支出官又は出納官吏から歳入徴収官等に対する相殺済みの通知（支出官事務規程八又は出納官吏事務規程四一の二Ⅰ）

(b)　特定分任歳入徴収官等から歳入徴収官に対する相殺済みの通知（則三九の六Ⅱ）

(ロ)　国の債権に係る債務者が相殺をした場合

(a)　特定分任歳入徴収官等の分掌する歳入金債権について歳入徴収官から特定分任歳入徴収官等に対する相殺済みの通知（歳入徴収官事務規程五四の三Ⅳ）

(b)　歳入徴収官等から支払事務担当職員に対する相殺済みの通知（則三二Ⅲ）

(2)　相殺に伴う歳入・歳出金等の整理

(イ)　歳出金

相殺が行われた場合には、国内部の会計処理手続として、歳入歳出混こうとならないようにしなければならない。

(a)　相殺残額の支払

官署支出官は、相殺に係る国の債務について支出の決定を行うが、国の債務の金額が相殺に係る金額を超えるときは、当該債務の金額を相殺額とその他（相殺残額）に区分してしなければならない（支出官事務規程七Ⅳ、Ⅴ）。なお、国の債権金額が国の債務金額よりも多いときは支払うべき相殺残額はないので、本条の支払手続は行われない。

(b)　相殺相当額の手続

官署支出官は、(a)の手続と同時に相殺額については、国庫内移換のための支出の決定をしなければならないため、その相殺をした国の債権に係る納入告知書又は納付書を相手方から提出させなければならない（支出官事務規程七Ⅰ）。

この支出の決定をしたときは、

（i）歳入金債権との相殺の場合は、（振替先）歳入取扱庁名（受入科目）歳入年度、主管〔特別会計にあっては所管〕、会計名及び勘定名（その他）納入告知書又は納付書に記載された番号及び相殺額である旨

（ii）歳出に戻入する返納金債権との相殺の場合は、（振替先）センター支出官名（受入科目）歳出年度、所管、会計名、部局等及び項（その他）日本銀行本店、納入告知書又は納付書に記載された番号、関係の官署支出官の所属庁名、相殺額及び返納金戻入れである旨

（iii）出納官吏の預託金に戻し入れる返納金債権との相殺の場合は、（振替先）払込みを受ける出納官吏名（受入科目）預託金（その他）出納官吏の預託金を取り扱う日本銀行、納入告知書又は納付書に記載された番号及び相殺額である旨

を明らかにしなければならない（支出官事務規程九Ⅰ㉖、一一Ⅵ㉖）。なお、提出された納入告知書又は納付書に「電信れい入」の記載があるときは、電信による国庫内の移換のための支出の決定をしなければならない（支出官事務規程九Ⅱ）。

官署支出官から支出の決定の通知を受けたセンター支出官は、国庫内移換のための支払をするため、国庫金振替書を作成し、これを日本銀行本店に交付し、又は送信しなければならない（支出官事務規程三九Ⅰ）。その際、国庫金振替書には、官署支出官が支出の決定をした際に明らかにした事項を記載し、又は記録しなければならない（支出官事務規程三九Ⅱ、Ⅲ）。なお、電信による国庫内移換を要するときは、その旨を記載し、又は記録しなければならない（支出官事務規程三九Ⅱ）。

注　債務者に納入告知書又は納付書を提出させることが困難である場合には、歳入徴収官等に対して納付書の交付を請求

して、その提出を受けることとしている（支出官事務規程七Ⅱ、歳入徴収官事務規程一五の二Ⅱ、則一七Ⅱ）。

(ロ)　資金前渡官吏の支払金

(a)　相殺残額の支払（出納官吏事務規程四一）

(b)　相殺金額の払込み

（ⅰ）　所属庁の歳入への払込み（出納官吏事務規程五五Ⅰ）

資金前渡官吏所属庁の歳入徴収官の所掌に属する歳入金債権と相殺した場合には、相殺金額に相当する現金に相殺額表を添えて、歳入徴収官の指定した収入官吏に払い込む（日本銀行に預託金を有する資金前渡官吏は、相殺金額に相当する国庫金振替書を発行して取引店に交付し、振替払込みの手続をさせる（出納官吏事務規程三一②、三五）とともに相殺額表をその歳入徴収官に送付する（出納官吏事務規程三二Ⅲ））。

（ⅱ）　所属庁以外の官庁の歳入への払込み（出納官吏事務規程五五Ⅱ、歳入徴収官事務規程一五の二Ⅱ）

他の官庁所属の歳入徴収官の所掌する歳入金債権と相殺した場合は、その歳入徴収官から納入告知書（その歳入が既に調査決定済みであるときは、納付書）の交付を受け、これに現金を添えて日本銀行その他の収納機関に払い込む（日本銀行に預託金を有する資金前渡官吏は、国庫金振替書に納入告知書又は納付書を添えて振替払込みをすることは（ⅰ）と同様である。）。

（ⅲ）　歳出その他の支払金に戻入する返納金の払込み（出納官吏事務規程五五Ⅲ）

①　その資金前渡官吏の支払金に戻入する場合（出納官吏事務規程五五Ⅲただし書）

内部的な現金出納簿の受払計算だけで足りるから、特別の払込み手続を要しない。

② 他の支払事務担当職員（支出官又は他の資金前渡官吏）の歳出その他の支払金に戻入れする場合（出納官吏事務規程五五Ⅲ本文、則一七）

その返納金債権を管理する歳入徴収官から納付書の交付を受け、これに現金を添えて日本銀行又は当該返済を受ける資金前渡官吏に払い込む（日本銀行に預託金を有する資金前渡官吏が支出官の歳出金又は日本銀行に預託金を有する他の資金前渡官吏の預託金に戻入する場合は、(i)と同様国庫金振替書に納付書を添えて振替払込みをする。）。

第二款　債権の消滅の通知

債権の消滅に関する事実を知りうる特定の職員は、職務上、債権が消滅したことを知ったときは、遅滞なくその旨を歳入徴収官等に対して通知しなければならないこととし、これにより歳入徴収官等以外の機関の事務にかかわる債権の消滅に関する事実を歳入徴収官等が確認することができる。

通知を要する職員及び通知をする時期は、次のように定められている（法二三、令二二Ⅱ）。

通知を要する職員	通告をする時期
(1) 現金出納職員及び日本銀行	歳入金債権以外の債権について弁済の受領をしたとき。
(2) 法令の規定に基づき金銭（代用納付証券〔証券ヲ以テスル歳入納付ニ関スル法律により金銭に代えて納付される小切手等の支払証券〕を含む。）以外の財産の出納を行う者	金銭以外の財産をもって代物弁済の受領をしたとき。

(3) 債権の発生又は帰属の原因となる契約その他の行為をする者（法一二条一号に規定する債権の発生又は帰属の通知義務者）
(4) 特定分任歳入徴収官等の分掌する債権に係る歳入の徴収事務を行う歳入徴収官又は分任歳入徴収官（令一一Ⅰ）

その契約その他の行為の解除又は取消があったとき。

(イ) 歳入金債権についての弁済を受領した者（日本銀行、出納官吏等の収納機関）からその歳入金の領収済みの報告を受けたとき。
(ロ) 債務者から歳入金債権及び国の支払金債務についての相殺の意思表示を受けたとき。

歳入外債権について現金出納職員又は日本銀行が行う債権の消滅の通知は、一定書式の領収済みの報告書類による（出納官吏事務規程五二の五、日本銀行国庫金取扱規程二五等）。その他の通知義務者にあっては、債務者の住所及び氏名又は名称、消滅の日付、消滅金額、消滅の事由その他必要な事項を記載した書面を歳入徴収官等に送付することにより消滅の通知を行うこととしている（則三二）。

第三款　歳入徴収官等から関係の機関に対する通知

一　歳入徴収官に対する歳入組入債権の通知

歳入外債権の管理に関する事務を行う歳入徴収官等は、その所掌に属する債権が法令の規定により歳入金債権として整理されることとなったとき（例えば、歳出の返納金が戻入期限内に返納されなかったことにより歳入に組み入れられたとき）は、その旨を関係の歳入徴収官又は分任歳入徴収官に通知しなければならない（則三一）。

二　歳出等の返納金債権の領収済通知があった場合における支払事務担当職員に対する通知

歳入徴収官等は、令二二条二項の規定に基づき日本銀行から歳出の金額又は預託金の金額に戻入する返納金に係る債権の領収済みの通知があったときは、直ちにその通知を受けた事項を明らかにした書面を作成して関係の支払事務担当職員（支出官又は出納官吏）に送付しなければならない（則三二Ⅳ）。

第四款　債権のみなし消滅の整理

歳入徴収官等の管理する債権が法律的にはまだ消滅したものとはいえないが、その債権について特別な事由が生じているため請求権の行使が著しく困難となっている等、実質的にはその債権としての経済価値が完全に消滅していると認められる場合においては、事の経過を明らかにした書類を作成し、当該債権の全部又は一部が消滅したものとみなして、債権の消滅と同様の処理をすることが認められている。これを債権の「みなし消滅」の整理という。

債権のみなし消滅の整理をすることができる事由は次のとおりである（則三〇各号）。

一　債権の消滅時効が完成し、かつ、債務者が時効の援用をする見込みがあること

時効による消滅につき債務者の援用を要する債権にあっては、債務者が実際に時効による利益を援用したときにおいて債権の消滅の整理をすることとしているので、時効の完成した債権で債務者の所在が不明なものは、いつま

で経っても債権の消滅の整理ができないことになる。しかし、債務者の時効の援用の意思の有無を確認することができない債権であっても時効完成前における債務者の弁済の誠意又は資力の状況等から判断すれば、履行が遅滞している債権の大部分の債務者は、時効の完成後は、たとえ国が履行の請求をしても、当然時効を援用しその履行に応じないものと考えられる。かかる推測に基づいて、時効が完成した債権については、債権の消滅に準じて取り扱うことが適当であると考えられるので、消滅したものとみなして処理することができることとされた。

徴収停止をした債権については、取立ての可能性及び管理の費用を比較衡量して徴収停止の整理をするに至った事由を勘案し、債務者の所在が判明している場合であっても、消滅時効の完成後の処理として、このみなし消滅の整理をすることとしている。

二　債務者である法人の清算が結了したこと（その法人の債務について弁済の責任を負う者があり、その者についてみなし消滅の整理をすることができる事由がない場合を除く。）

法人の清算が結了すれば法人格は消滅する。法人格が消滅した以上、その責任（債務）も消滅する。したがって、国は、その法人を債務者とする債権の行使をすることはできないことになるから、みなし消滅の整理をすることとしたものである。しかし、合名会社又は合資会社である法人に対する債権であるときは、その社員又は無限責任社員に対して履行の請求をすることができ、また法人の債務について役員、親会社等が保証しているときは、これらの保証人に対して保証債務の履行を請求することができるから、法人の債務について弁済の責に任ずるこれらの者にみなし消滅の整理をすることができる事由がない限りみなし消滅の処理をすることは認められない。

三　債務者が死亡し、相続人が限定承認をした場合において相続財産の価額が強制執行をした場合の費用及び優先債権等の金額の合計額を超えないと見込まれること

限定承認は、単純承認と異なり、相続人が相続によって取得した財産の限度においてのみ被相続人の債務を弁済すべきことを留保して承認するものである（民法九二二）。この場合において、相続財産の換価、配当のために要すると見込まれる費用と優先債権等の金額の合計額が相続財産の評価額を超えるときは、国の債権について相続財産から弁済を受ける見込みはないものといわなければならない。かかる状態にある債権については、相続財産の換価、配当の結果を待つまでもなく、みなし消滅の処理をすることができることとした。

四　破産法二五三条、会社更生法二〇四条その他の法令の規定により債務者が債権につきその責任を免れたこと

免責による債務の消滅は、直ちに債権の消滅を意味するものではないが、二の事由と同様に権利行使の実効性がないから、みなし消滅の整理をすることができることとしたものである。

五　債権の存在について法律上の争いがある場合において、法務大臣が勝訴の見込みがないものと決定したこと

債権の存在について法律上の争いがある場合において、最終判決によってその不存在が確定したときは、初めからその債権がなかったものとして、債権金額を債権管理簿から除去するだけである。しかし、法務大臣が証拠書類その他の関係資料を検討し、国側に勝訴の見込みがないものと判断した場合は、訴訟を提起することもなく、また状況によっては訴訟を取り下げることもあろう。このような場合は、債権の存否が最終的には確定しないまま、放置されることになる。これを歳入徴収官等の一方的な判断で債権不存在として処理するわけにはいかないし、さりとてこれ以上、相手方に対し強力な手段に訴えることもできない。結局、擬制的な処理ではあるが、国の内部において、その債権が消滅したものとみなして、債権管理簿から除去することとしたものである。

第四章　債権の内容の変更、免除等

本章は、財政法八条の規定に基づく特別の法的措置として、国の債権について、その内容の変更、免除等に関する措置を定めるものである。

本章に定める措置としては、次のものがある。

(1) 債権の履行期限を延長する特約又は処分（法二四〜二八）
(2) 利率引下げの特約（法二九）
(3) 更生計画案等に対する同意（法三〇）
(4) 和解又は調停による譲歩（法三一）
(5) 債権の免除（法三二）
(6) 延滞金相当額の債権の免除等（法三三）

財政法八条は「国の債権の全部若しくは一部を免除し又はその効力を変更するには、法律に基くことを要する」と規定して、国の財産である債権が会計機関の判断のみによって不利益に処分されることを禁止している。このような関係から、国の債権について行う減免又は内容の変更に関する措置は、国会の定める法律に基づかなければならないところであって、そのための立法例は多い。

〔例〕

①　旧軍関係債権の処理に関する法律三条（住所不明債務者に対する旧軍関係の債権の免除）

②　自衛隊法九八条四項（一定の学術を専攻する学生で修学後一定年数以上自衛隊に勤務する者等に対する学資貸与金の返還の免除）

③　補助金等に係る予算の執行の適正化に関する法律一八条三項（補助金等の返還期限の延長又は返還命令の取消し）

④　独立行政法人日本学生支援機構法二二条二項（独立行政法人日本学生支援機構が一定の要件に該当する者に対する貸与金の返還を免除した場合における国の同機構に対する貸付金債権の免除）

これらの法律は、いずれも特定の債権についての内容変更、免除等を定める個別的立法措置であって、全般の国の債権を対象とするものではない。国の債権一般を通ずる内容の変更、免除に関する法律としては、かつては、序論の三(3)で述べたように「租税債権及び貸付金債権以外の国の債権の整理に関する法律」があったが、その適用の要件が厳しく、対象は特殊な事例に限られていたところである（同法は、債権管理法の附則三項により廃止された。）。法第四章においては、国の債権の管理の現状に鑑み、各省各庁を通じて一般に必要かつ適当であると認められる程度の債権の減免及び内容変更に関する基準を定めることとしたものであって、いわば本章は国の債権の内容変更及び免除に関する一般的事項を規定したものであるといえる。

なお、一般的事項とはいっても、債権管理法の適用が除外される債権（法三）については適用がないことはいうまでもない。本法の適用を受ける債権で他の法律において特別な内容の変更又は減免に関する措置が定められているものにあっては、当該他の法律の規定によって措置することができるほか、債権管理法の一般法としての性格上、本章の規定によっても措置することができる。

注　債権の内容を国に不利に変更する場合はともかく、有利に変更する場合においても、なお法律に基づくことを要するかという疑問が存する。この点については、次のように法律の定めによることを要しない旨の解釈が確定している。

財政法第八条の解釈について（抄）（昭和二五、一一、二七　法務府法制意見第一局長発、大蔵省理財局長あて）

財政法第八条は、国の債権の内容を国に有利に変更する場合をもその規律の対象としているものであろうか。おもうに、本条において国の債権の効力の変更と並べて掲げられている国の債権の免除が、その性質上一般に国の不利益となる行為であることと対比して考えるならば、本条の趣旨は、国の財源たるべき債権が行政機関の専断によって公益に反して減損せしめられることを防止しようとするところにあるものと解すべく、従ってその国の債権の効力の変更をおさえようとする規定もかような趣旨において理解されなければならないであろう。すなわち、本条がかような趣旨に基くことから考えても、また契約によって定まった債権の内容を相手方との合意によって国に有利に変更するになお法律を要するとすべき実質的な理由を見出すことが困難であることから考えても、本条にいう国の債権の効力の変更とは、債権の内容を国に有利に変更する場合を含まないものというべきである……。

第一節　履行延期の特約又は処分

歳入徴収官等は、その所掌に属する債権（国税徴収又は国税滞納処分の例によって徴収する債権その他政令で定める債権を除く。）について、他の法律に基づく場合のほか、法二四条に定める一定の事由に該当する場合には、政令で定めるところによりその履行期限を延長する特約又は処分をすることができる。

履行延期の特約又は処分とは、国の金銭債権について法令又は契約により定められている履行期限を延長することを内容とする特約又は処分をいうものである。

「他の法律に基づく場合のほか、……」とは、他の法律において履行延期に関する定めのある場合には、その法律の規定に基づいて履行延期をすることができるほか、さらに債権管理法に定めるところによっても履行延期をすることができることとする趣旨である。

つまり、この場合には、他の法律及び本法のいずれの法律の規定によっても履行延期をすることができ、他の法律により履行延期した債権をさらに本法によって履行延期することも、本法により履行延期をした債権をさらに他の法律によって履行延期することも可能であるということになる。

注⑴　国有財産又は物品の売払代金の延納（国有財産法三一条一項ただし書、国有財産特別措置法一一条、国の所有に属する物品の売払代金の納付に関する法律一条の二、二条）との相違

この売払代金の延納特約とは、同時履行を原則とする売払代金債権について、本来の履行期限である売払対象財産又

は物品の引渡しのときよりも後の月を履行期限として定めることができることとする特約、つまり売払代金の後納を認めることとする契約である。これに対し、債権の履行延期の特約は、法令又は契約（延納の特約を含む。）によってすでに設定されている履行期限をその設定後、延長することとする特約である。つまり、前者は債権発生前の段階における契約担当官の行う契約であるのに対し、履行延期の特約は債権発生後の段階における歳入徴収官等の行う契約である点に特色がある。

(2)　履行延期の処分

行政処分によって確定する債権その他当事者の合意による契約によって、履行期限を延長することがその性質に適しないと認められる一部の公法債権についての期限延長は、この履行延期の処分によることとしている。しかし、履行延期の特約といい、又は処分といっても、履行延期をすることができる事由、延長する期間その他履行延期に関する本章の適用基準は全く同一であり、手続の面においても両者とも債務者からの履行延期の申請に対して歳入徴収官等が承認するという方法をとっている。そして、履行延期の特約の場合は、この申請及び承認が契約の申込み及びこれに対する承諾ということになり、処分の場合は、申請に対する承認としての処分が行われることになるので、歳入徴収官等としては、どの債権が特約によるものであり、どの債権が処分によるものであるかを一々顧慮する必要はないように配慮している。

このような次第であるので、履行延期の特約又は処分を「履行延期の特約等」と総称している。

(3)　他の法律に基づく履行延期の特約の例

(イ)　旧軍関係債権の処理に関する法律一条一項

(ロ)　公衆衛生修学資金貸与法一〇条一項

第一款　履行延期の特約等をすることができる場合

一　債務者が無資力又はこれに近い状態にあるとき（法二四Ⅰ①）

「無資力状態」とは、債務者がその生計を維持するに足る資力を有しない程度の生活状態にあることをいう。端的にいえば、債務者が生活保護法による扶助を受けているか、又はこれに準ずる程度の生活状態にある場合をいうものと考えてよい。次に「無資力に近い状態」というのは、用語の感覚からすれば、無資力にきわめて近い状態をいうもののように、厳しく解釈され易いが、債権の履行延期の要否を決定するにあたっては、債権金額の大きさに対する債務者の弁済能力の相対的な関係を無視するわけにはいかないので、「無資力に近い状態」という基準は実際問題としては、相当、弾力的に運用されている。いずれにしても、債務者の生計を圧迫することが社会通念上苛酷であり、かつ、債権を取り立てる上においても、既定の期限によることがかえって取立ての効率を阻害すると認められる場合において行われるものであって、その意味において法二四条一項一号は特に対象を限定してはいないが、主として個人債務者を対象とするものであり、法人である債務者は一般には含まれないものと解してよい（債務者である法人が法二一条の徴収停止事由に該当し、個人である保証人からの弁済によるほかはない場合は、その保証人の資力状態によっては本号を適用して履行延期をすることも考えられる。）。

二　債務者がその債務の全部を一時に履行することが困難であり、かつ、その現に有する資産の状況により履行期限を延長することが徴収上有利であると認められるとき（法二四Ⅰ②）

法二四条一項二号は、主として法人である債務者又は収益事業を営む個人債務者を対象とする規定であるといえる。

債務者の事業経営上、多額の欠損が生じたため著しい債務超過となっている場合、若しくは取引先の倒産その他特別の事由により売掛金等の回収が滞っているため、国等に対する債務の履行がきわめて困難となっている場合、又はこのような状態にまで至ってないにしても、債務者の事業資産の大部分が取引銀行等に対する担保に充てられているような場合には、あえて国が強制執行をしても債権金額の一部しか徴収できず、その結果、その後における債務者の事業経営を困難にしてしまい、残存債権の取立てを断念しなければならないことも予想される。このような場合には、適当と認める程度の履行延期をし、事業の経営を確保することが、結局は、債権全額の満足を得ることができ、債権の徴収上、有利であると認められることがある。

この有利性はかなり客観的に確実と見込まれることが必要であるが、履行延期当時には有利であると見込まれていたものがその後の予測し難い事情の変化により結果的にかえって不利となることがある。このような場合であっても履行延期当時の歳入徴収官等の判断に重大な誤認がない限りは、その履行延期をしたことに対する責任を追及する必要はないと考える。滞納債権の管理にあたっての最大のマイナスは、即時に取り立てる方が国の不利益が少ないと認めて、強力に取立てを実施するのでもなく、かといって履行延期を有利と認めて債務者と的確な履行延期の特約を行おうとするのでもなく、債務者に対する国の態度をはっきりさせないまま、その処理を将来に引き延ばすことである。これによって債務者の国に対する弁済の責任感が薄れ、国が債権の取立てを放棄したかのような誤った期待を抱き、債権の取立てを一層、困難にしてしまうおそれがある。

三　債務者について災害、盗難その他の事故が生じたことにより、債務者がその債務の全部を一時に履行することが困難であるため、履行期限を延長することがやむを得ないと認められるとき（法二四Ⅰ③）

債務者に災害その他不測の事故が生じたことによりその財産に重大な損害を受け、弁済能力が急激に低下していたり、又はその損害を回復するために多額の出費を必要とするときは、その取引先の債権者などにあっては債務者に対する債権について履行延期を認め、その復旧に協力することが一般に行われているところである。国の場合においても債務者について生じた偶発的な事情をしんしゃくし、債務者に誠意のある限り社会通念上、相当と認められる程度の履行延期に応ずることはやむを得ないと認められる。

四　契約に基づく債権について、債務者がその債務の全部を一時に履行することが困難であり、かつ、所定の履行期限によることが公益上著しい支障を及ぼすこととなるおそれがあるとき（法二四Ⅰ④）

債務者が地方公共団体、事業団等で、国に対する債務を一時に履行することが困難である場合において、その履行を強制するときは、その法人の事業活動が大幅に制約されてしまい、公益上、著しく支障を生ずるおそれがあることも予想されるので、必要限度の公益を確保するために行われる履行延期である。

法二四条一項四号の適用を契約に基づく私債権に限ったのは、国の公権力に基づく公法上の債権は、それぞれの法令に従って適正に履行させることが、より高度の公益上の要請に合致すると認められるからである。

なお、地方公共団体等においては、その財政規模からみて債権の履行は困難であるとは認められないが、一時的な予算不足のため債権の全部を一時に履行することが困難な場合がある。このような場合には、本号の適用は認められない。早急な機会において予算措置が講ぜられるまでの間、事実上の履行遅滞として取扱うほかはないものと考える。

五　損害賠償金又は不当利得による返還金に係る債権について、債務者がその債務の全部を一時に履行することが困難であり、かつ、弁済につき特に誠意を有すると認められるとき（法二四Ⅰ⑤）

船舶の運行又は自動車の運転の過失等により、公共の施設又は公務中の公務員に対して被害を与えた場合における損害賠償金債権、恩給の裁定の取消し又は変更に伴い既支給額の全部又は一部の返還を求める場合における不当利得返還金債権などに見受けられる事例であるが、これらの債権は、債務者の賠償義務又は返還義務が偶発的な事実によって、債務者の弁済能力とは無関係に発生するという特殊事情があるために、民間では当事者の示談により債務者の資力状態を勘案して損害賠償額、履行期限等の履行条件を取り決めることが多い。国の場合においてもこういった債権発生の特殊事情を考慮して債務者に弁済の誠意のある限り、相当程度の履行延期を認めることとしたものである。

注⑴　民間における自動車事故の場合における示談にあっては、加害者の資力状況によっては賠償額を減じ、実損額以下の賠償でいわゆる泣寝入りすることがある。国の場合は、財政法八条の建前からいって、国側の主張する損害金額が適正である限り債権金額の減免の要求に応ずることはできない。なお、加害者が無資力に近い状態にあると認められる場合は、法二四条一項五号よりも同項一号による履行延期（無利子の履行延期ができる〔法二六Ⅰただし書〕。）が行われることが考えられる。

(2)　国の損害賠償金債権についても、国の主張する金額を加害者との交渉の過程において、若干引き下げることがある。これは交渉中において債務者の主張する事実などを審査した結果、損害金額の算定方法を修正する必要を認めたことによるものであると推察される。このような処理が財政法八条の規定に違反しないかという疑問があるが、要は、善良な管理者としての歳入徴収官等の判断の如何にかかっているわけである。その判断が客観的な事実に即して公正確実に行われている限りは、賠償金額の引下げが必ずしも債権金額の減免には当たらないといえる。

六　貸付金に係る債権について、債務者が当該貸付金の使途に従って第三者に貸付けを行った場合において、当該第三者に対する貸付金に関し、一から四までのいずれかに該当する理由があることその他特別の事情により、その第三者に対する貸付金の回収が著しく困難であるため、当該債務者がその債務の全部を一時に履行することが困難であるとき（法二四Ⅰ⑥）

国が特定の政策目的をもって私人に融資をする場合において、直接、融資対象者に対して貸付けを行わず、その施策目的に合致する融資事業を行う団体に必要な資金を貸し付け、当該団体から個々の融資対象に貸付けを行わせるという間接融資方式がとられることがある。この場合、国の債務者となる団体は、その本来の業務として具体的な第三者に対する貸付業務を行うものであるが、それと同時にその貸付業務を通じて国の行政目的を達成するための協力機関としての機能も果たしている。このような実態を考えるならば、国の行政目的を達成するための手段ともなる貸付金の財源となる特定機関への貸付金債権について、最終貸付先の第三者からの回収が著しく困難なため、国の債務者たる特定機関が国に対し債務の全部の一時履行が困難となった場合においても、その所定の完全履行を求めるのは酷にすぎる嫌いがある。しかし、特定機関の責任に係る事由により第三者からの回収が著しく困難となった場合においてまで、国が面倒をみる必要性はない。そこで、法二四条一項六号は、国の債務者たる特定の機関が第三者に貸し付けた貸付金に関し、同項一号から四号までに掲げた事由の一に該当する事由があることその他特別の事情がある場合に限り、履行延期の特約ができることを認めたものである。

第二款　履行延期の特約等の対象から除外される債権

債権管理法の適用を受ける債権のうち、国税徴収又は国税滞納処分の例によって徴収する債権その他政令で定める債権は、法二四条の規定による履行延期の特約等の対象から除外されている（法二四Ｉ前段かっこ書）。

一　国税徴収又は国税滞納処分の例によって徴収する債権

これらの債権は、その迅速確実な徴収を確保するために特別の自力執行権が与えられているものであり、徴収上、必要と認めた限度において納税の猶予、換価の猶予及び滞納処分の停止の措置が講ぜられているところであるので、公課の賦課徴収の目的に即した債権の管理を図るために法二四条の適用を除外することが適当である。

二　政令で定める債権（令二四）

⑴　法令の規定により地方債をもって納付させることができる債権

地方債証券をもって代物弁済することができる債権については、例えば、特別の法律の規定により、施設の譲渡代金を、譲り受ける地方公共団体が発行する地方債証券をもって納付することができる場合等が考えられる。その際に、法律上は代物弁済の方法によって譲渡代金が施設の譲渡時期までに完納される形式がとられるような場合は、実質的には地方公共団体の支払能力を勘案した長期の履行延期が行われているものといえる。

この地方債証券による代物弁済の方法によって決済することとする趣旨は、国と地方公共団体との間における長期間にわたる債権債務関係を証券化することによって的確に管理するところにあると考えられるので、同法の趣旨に則り地方債証券をもって納付することができる債権は、債権管理法の履行延期の特約の対象から除外することが適当であると認めたものである。

⑵　法令の規定に基づき国に納付する事業上の利益金、剰余金又は収入金の全部又は一部に相当する金額に係る債権

〔例〕

⑴　日本銀行納付金（毎事業年度の剰余金から法定準備金、出資者配当額等を控除した金額をその事業年度終了後二月以内に国庫に納付する〔日本銀行法五三〕。）

⑵　日本中央競馬会納付金（毎事業年度の剰余金の二分の一相当額を国庫に納付する〔日本中央競馬会法二

七」。)

(3) 株式会社日本政策金融公庫納付金（毎事業年度の剰余金から準備金として積み立てるべき一定の金額を控除した金額を当該事業年度終了後三月以内に国庫に納付する〔株式会社日本政策金融公庫法四七Ⅰ〕。）

これらの債権は、現実に発生した利益、剰余又は収入金に対して納付義務を課するものである。そして、納期限はそれぞれの法令によって特定されており、かつ、その大部分は毎年度の国の歳入予算に計上されて、各年度の歳入財源として期待するものであること等からみて、履行延期の処分の対象から除外することが適当であると考えられる。

(3) 恩給法五九条（他の法律において準用する場合を含む。）の規定による納付金にかかる債権

恩給法納金は、国の恩給経済を維持する財源である。しかして、毎月、俸給額に対する一定額の納付義務が発生し、俸給支払機関が毎月支払う俸給額から控除して源泉徴収することになっているものであるので、公務員の個人的な事情によってその徴収を延期することは許されるべきものではないと考える。

なお、公務員で恩給法納金を納付すべき事例は、現在はほとんどなくなっている。

(4) 次に掲げる地方交付税法又は地方財政法の規定による地方交付税の返還金にかかる債権

① 地方交付税法一六条三項の規定による還付金債権（毎年度分の交付税の確定額を超える交付済額に対する還付金債権）

② 地方交付税法一九条二項又は三項の規定による返還金債権（交付税の算定資料に錯誤があったこと及び市町村の廃置分合又は境界変更により生じた交付超過額の返還金債権）

③　地方交付税法二〇条の二第四項の規定による返還金債権（地方公共団体が法律又はこれに基づく命令により義務付けられた規模と内容を備えることを怠り、地方行政水準を低下させていると認めて関係行政機関が勧告をしたにもかかわらず、これに従わなかった場合において総務大臣が返還を命ずる交付税の返還金債権）

④　地方財政法二六条一項の規定による返還金債権（地方公共団体が法令に違反して多額の経費を支出し、又は確保すべき収入の徴収等を怠っている場合において総務大臣が返還を命ずる交付税の返還金債権）

これらの返還金債権は、返還の事由が地方公共団体の責に帰すべきものであるか否かを問わず、地方交付税制度の公平な運営という厳正かつ中立的な立場から履行延期の処分をすることは適当ではないと認められる。

(5)　旧公共企業体職員等共済組合法附則三六条の規定による恩給負担金にかかる債権

旧公共企業体職員等共済組合法施行前に給付事由の生じた旧日本専売公社、旧日本国有鉄道及び旧日本電信電話公社の役職員であった者に対する恩給の支払財源に充てるため、これらの旧三公社の承継法人から負担金として国庫に納付させるものである。この負担金債権も国の恩給経済を維持するための財源であるから、その性質上、履行延期の処分をすることは適当ではないと認められる。

第三款　履行延期の特約をする時期及び分割弁済債権の取扱い

一　履行延期の特約等をする時期及び既発生の延滞金の処理

履行延期の特約等は、履行期限到来前にあらかじめ行われることが理想的である。しかし、現実の事態としては、債務者が履行期限を経過しても弁済しないため、債務者に対する督促請求を重ね、取立て交渉を繰り返したあげく、結局、国側が債務者の履行延期の申立てを受け入れて履行延期の特約等に応ずる場合が多い。そこで、履行期限後においても履行延期の特約等をすることができることとしているのであるが、この場合には既に延滞金債権が発生している。履行延期の特約等に伴って、遡って履行期限が延長されることにより、一旦存在した履行遅滞に対し発生した延滞金債権が消滅することとなることは適当ではないので、既発生の延滞金債権は特別の約定等を行ってこれを徴収しなければならないものとしている。徴収する方法としては、履行延期の特約前に、全額一時に納付させてもよく、また、履行延期の特約等において元本債権とともに履行延期をしてもよい。

二　分割して弁済することとなっている債権で期限未到来債権金額の履行延期の方法

分割して弁済することとなっている債権については、当面、履行を必要とする金額（すなわち、履行期限が到来する部分の債権金額）について履行延期をしさえすれば、これによって債務者の経済的負担は緩和されるのであるが、その際、履行期限未到来の部分の債権金額についてもあわせて履行延期を行い、将来の期間にわたる債権金額全体についての弁済計画をあらかじめ立てておいた方が債務者にとって今後の資金繰りあるいは事業運営の目処がつき、円滑かつ計画的に債務を履行する上において効率的であると考えられるので、分割して弁済させることとなっている債権について履行期限を延長する特約等をする場合において特に必要があると認めるときは、その履行期限後に弁済することとなっている金額に係る履行期限をもあわせて延長することができることが認められている（法二四Ⅲ）。延長の方法としては、最後に弁済すべき金額にかかる履行期限の延長は、原則として、履行延期後最初に弁済すべき金額に係る履行期限の延長期間を超えないものとする（令二六本文）。例えば、一〇年年賦の貸付金債権について、その第一回分の年賦金額を三年間延長するものとすれば、最終回の第一〇回分の年賦金額の履行期限は三年を超えて延長することができないことになる。しかして、第二回分から第一〇回分までの年賦金額は、特に規定されていないから、最終の第一〇回分年賦金額の履行期限を超えない日までの間において適宜の履行期限を定めてよいことになる。ただし、債権の徴収上有利と認められるときは最後に弁済すべき金額にかかる履行期限は、法二五条に規定する履行延長期間の限度（五年又は一〇年）一杯まで延長してもよいこととしている（令二六ただし書）。

第四款　履行期限を延長することができる期間

履行延期の特約等により履行期限を延長することができる期間は、履行期限から（履行期限後に履行延期の特約等をする場合は、履行延期の特約等をする日から）五年以内とする。ただし、法二四条一項一号（債務者が無資力又はこれに近い状態にある場合）又は同項六号（第三者に転貸する目的をもって行われた貸付金に係る債権について特別の事情によりその第三者からの貸付金の回収が著しく困難である場合）に該当するときは、一〇年以内とすることができる。それから、履行延期の特約等は一回限りではなく、前述の期間の範囲内で、何回でも反復して行うことができる（法二五）。

第五款　履行延期の特約等の条件

一　延納担保の提供

歳入徴収官等は、履行延期の特約等をする債権についてすでに担保が付されている場合を除き、原則として担保を提供させなければならない（法二六Ⅰ本文）。この場合において提供を求める担保の種類、担保価値の算定（評価）及び担保の提供の手続は、三章四節二款（担保提供の請求（法一八Ⅰ、一九））による。ただし、政令で定める場合は、担保の提供を免除することができることとされており（法二六Ⅰただし書）、政令においては、次のように定められている（令二八）。

⑴　債務者から担保を提供させることが公の事務又は事業の遂行を阻害する等公益上著しい支障を及ぼすこととなるおそれがある場合

⑵　同一債務者に対する債権金額の合計額が一〇万円未満である場合

⑶　履行延期の特約等をする債権が債務者の故意又は重大な過失によらない不当利得による返還金に係るものである場合（国側の過失又は契約書類の不備に起因する双方の誤認などによる不当利得返還金であることが多いので、一方的に担保の提供を要求することが公平を欠くと認められる場合もあるからである。）

⑷　担保として提供すべき適当な物件がなく、かつ、保証人となるべき者がない場合（生活用動産以外にはさしたる資産がなく、また債務の弁済について援助する身寄りもない給与所得者などがこれに該当する。）

歳入徴収官等は、前記により担保の提供を免除した場合でも「債務者の資力の状況その他の事情の変更により必要があると認めるときは、担保を提供させることができる。」旨の条件を付しておくものとする（令三一）。

なお、履行延期の特約等をする債権に既に担保が付されている場合であってもその担保価値が十分であるとは認められないときは、履行延期の特約等をする機会を利用して増担保の提供、保証人の変更その他担保の変更をさせることとしている（令二七Ⅱ）。

二　延納利息の徴収

歳入徴収官等は、履行延期の特約等をする債権については、原則として延納利息を付さなければならない（法二六Ⅰ本文）。その率は、原則として財務大臣が一般金融市場の金利を勘案して定める（令二九Ⅰ本文）こととされ、昭和三二年一月一〇日大蔵省告示八号により年三パーセントと定められている（令和二年三月の当該告示の改正により、利率が年三パーセントに改定された。）。ただし、履行延期の特約等をするに至った事情を参酌すれば、この率によることが不当に又は著しく債務者の負担を増加させることとなって著しく妥当を欠くと認められる場合には、この率を下回る率によることができる（令二九Ⅰただし書）。

延納利息についても政令で定める場合は、付さないことができることとしている（法二六Ⅰただし書）。政令では、次の場合を定めている（令三〇）。

⑴　法二四条一項一号（債務者が無資力又はこれに近い状態にある場合）に規定する債権に該当する場合

⑵　法三三条三項に規定する債権に該当する場合

法三三条三項に規定する債権としては、国が設置する教育施設の授業料債権、国が設置する病院、療養所等の医療施設における療養費債権、身体障害者に対する補装具売払代債権などがある。これらは、社会的にみて特殊な地位又は状態にある債務者に対する債権としてその履行が遅滞した場合においても、事情に応じ延滞金債権の全部又は一部を免除することがあることとされている債権である（第六節三参照）。同様の理由により、歳入徴収官等が相当と認めた場合においては、延納利息を付さないことができることとしたものである。

(3)　既に利息を付することとなっている債権である場合

貸付金債権又は国有財産の延納売払代債権のような利息の付されている債権について、その履行期限を延長するときは、別段の定めをしない限り既定利率による利息が付されることになる。この利息のほかに、さらに延納利息を付することは一般には適当ではないので、延納利息を付さないことができることとした。

注　履行延期の特約をする機会を利用して既定の低い利率による利息に代えて、債権管理法による延納利息を付することができないわけではないが、その債権について延納利息の率よりも低い特別の利率の利息が付されている趣旨を考慮すると、延納利息に切り替えることを履行延期の条件とすることは妥当ではないと考える。

しかし、一部特定の滞納債務者だけについて著しく低利な約定金利による履行延期を認めることがかえって公平を失するとされるような特殊な事情がある場合もないではない。そういう場合は、これを是正するために、適当と認められる利幅の延納利息を徴することが考えられる。

(4)　利息、延滞金又は一定の期間に応じて付する加算金に係る債権である場合

履行延期の特約等をする債権が、これらの利息又は利息に類する延滞金若しくは加算金債権であるときは、元加(その債権金額を元本に組み入れること)しない限り延納利息は付さないこととする趣旨である。民法においても重利を認めていないところであって(民法四〇五)、国の債権についても一般には、利息に利息は付さないこととする取扱いが妥当であると認められる。

注　会計制度上、元本収入は国の資金に、利息収入は国の歳入に組み入れられることとなっている場合、その他国庫金の

出納上、元本収入金額と利息収入金額とを明確に区分する必要がある場合は、元加に代わるものとして、特約に基づいて履行が遅滞している利息に対して、遅延利息を付する旨を定めているものがある。

なお、国の債権の管理上、利息債権の元加による遅延利息の複利計算は、格別、奨励していない。

(5) 履行延期の特約等をする債権の金額が千円未満である場合（法三三条一項参照）

(6) 延納利息を付することとして計算した場合において、各利払期日における延納利息の額の合計額が百円未満となる場合（法三三条二項参照）。

歳入徴収官等は、前記により延納利息を付さないこととした場合において、「債務者の資力の状況その他の事情の変更により必要があると認めるときは延納利息を付することができる」旨の条件を付しておくものとする（令三一）。前記のうち(1)又は(2)の場合においては現実にその必要が生ずることが考えられる。その他の場合はそういう事態はほとんど発生しないものと思われるが、念のため、係る条件を付しておくものである。

三　債務名義の取得

債務名義のない債権について、履行延期の特約等をする場合には、政令で定める場合を除き、当該債権について債務名義を取得しなければならないとされている（法二六Ⅱ）。

この場合の債務名義は、当事者間の合意に基づく特約等に関連して取得するものであるから、執行許諾の文言のある公正証書（民執法二二⑤）の作成に限られることとなる。

債務名義の取得を要しないものとして政令で定める場合は、次の場合である（令三二）。

(1)　履行延期の特約等をする債権に確実な担保が付されている場合
(2)　同一債務者に対する債権金額の合計額が一〇万円未満である場合（令二八②）又は履行延期の特約等をする債権が債務者の故意若しくは重大な過失によらない不当利得による返還金に係るものである場合（令二八③）
(3)　強制執行をすることが公の事務又は事業の執行を阻害する等公益上著しい支障を及ぼすこととなるおそれがある場合
(4)　債務者が無資力であることにより債務名義を取得するために要する費用を支弁することができないと認める場合（この場合は、債務者がその費用及び債権金額をあわせて支払うことができることとなるときまで債務名義の取得を猶予する趣旨である。）

なお、債務名義の取得を要しないこととされた場合においては、既に債務者からの債務証書その他債権の存在を証明する書類がある場合を除き、提出期限を指定して債務者から一定様式の債務証書を提出させることとしている（則三六Ⅱ）。

四　履行延期の特約等に付する条件

履行延期の特約等においては、債権の保全上の必要に基づいて、次のような条件を付するものとしている（法二七）。

(1)　債権の保全上必要があるときは、債務者又は保証人に対し、その業務又は資産の状況に関して質問し、帳簿書類その他の物件を調査し、又は参考となるべき報告若しくは資料の提出を求めること

(2)　次の場合には、債権の全部又は一部について履行期限を繰り上げることができること

①　債務者が国に不利益にその財産を隠し、損ない、若しくは処分したとき、若しくはこれらのおそれがあると認められるとき、又は虚偽に債務を負担する行為をしたとき

②　債権金額を分割して履行延期した場合において、債務者が分割金額についての履行を怠ったとき

③　債務者について法一七条（債権の申出）に掲げる理由が生じたとき

④　債務者が(1)の条件その他履行延期の特約等に付された条件に従わないとき

⑤　その他債務者の資力の状況その他の事情の変化により延長された履行期限によることが不適当となったと認められるとき

第六款　履行延期の特約等に代わる和解

履行延期の特約等により履行期限を延長することについて、当事者の間に合意が成立する機会において、民訴法二七五条による即決和解（訴え提起前の和解）を行うこととし、既判力のある債務名義（和解調書）を取得しておいた方が、今後の債権の取立てを円滑にし、又は当事者間の紛争を解決できるなど、債権の保全上適切であると認められる事例がある。このような場合には、歳入徴収官等は法務大臣に対して即決和解の手続をとることを求めることができる（法二八）。

この場合における和解は履行延期の特約等に代わるものであるから、履行期限を延長する期間、延納担保の種類、延納利息の率その他の条件は、履行延期の特約等について債権管理法が認める基準を超えるものではない。

注「既判力」とは、権利関係に関する終局的な判断でその判断内容が当事者間の権利関係を律し、その後、同一の事項について当事者はこれに反する主張をすることができず、また後訴裁判所はこれと矛盾する裁判をなしえないとする訴訟法上の効果をいう。確定した終局判決、訴訟費用等に関する裁判所の決定、仮執行宣言の付された支払命令又は破産債権表への記載などがあるが、このほか、和解調書又は調停調書についても確定判決と同一の効力を有するものと定められている。

〔運用上の問題・解釈〕

(1)　債務者である法人は法二一条の徴収停止事由に該当するが、法人の旧役員が保証人となっているため、法人に対する債権について徴収停止の整理をすることができない。しかし、保証人は高齢で弁済資力がきわめて乏しい。こういう債権については、法二四条一項一号によりその法人に対する債権について履行延期の特約をすることができるか。

法人に対する債権ではあるが、実質的には個人である保証人の資力に着目して債権の管理をせざるを得ないので、保証人の資力が法二四条一項一号の基準に該当するならば、同号の規定によりその法人との間に履行延期の特約を結ぶことが考えられる（できれば、法人のほか、その保証人も履行延期の特約に署名させることが適当である。）。

(2)　債務者が自己の居住する若干の宅地家屋と農地をもっていて、国はこれらの上に担保権を設定している。債務者の年間収入はきわめて少ないため、一時に履行することが困難である。担保を処分すれば債権を完全に徴収することができるが、債務者のその後の生計に重大な影響を与えることになる。このような場合、担保を処分しないで、法二四条一項一号の無資力債務者とみなして履行延期をすることが許されるか。

自己の生活及び農業経営のために必要最小限度の手段と認められる程度の農地、家屋等であれば、これに抵当権を設定して他の債権者の介入を排除しておく必要はあるが、生活手段である財産を直ちに処分して債権の満足を得ることは、情況にもよるが、まず、一般には見合せてよいと考える。その債務者に弁済の誠意がある限り、無資力とはいえないにしても、無資力に近い状態にある者として同号の履行延期の特約に応じてもよいと考える。

(3)　債権金額が三〇〇万円ある。しかし、弁済能力からみて毎月五千円ずつ返済するのが精一杯であると認められる債務者については、将来の再延長を予定して次のような履行延期の特約をしてよいか。

第一年の一月から第一〇年の一一月まで　毎月五千円ずつ計五九五千円

第一〇年の一二月末（残額全部）　二、四〇五千円

合　計　三、〇〇〇千円

差し支えない、というよりはやむを得ない措置として認められてよいと考える。

(4)　債権の履行延期の特約をするに際して債権の担保として債務者の営む事業の共同経営者である親族の債務引受け（重畳的引受け）を求めたところ、既発生の延滞金を除外した元本債権だけの引受けならよいとの回答があった。このような部分的な債権引受けを認めてよいか。

その者に強いて既発生の延滞金債務を引受けさせるだけの道義的な理由がなければ、やむを得ないと考える（もともと、その者に債務引受けをさせるだけの十分な道義的理由があっても、引受けを強制することはできないからである。）。

第二節　利率引下げの特約

長期貸付金、国有財産の長期延納売払金債権など契約に基づいて発生する国の債権に係る利息（延滞金を含む。）で、その利率（延滞金の計算の基準となっている割合を含む。）が一般金融市場の金利に即して定められているものについては、債権の発生後履行の完了までの間における金融情勢の変化により、市中金利が大幅に低下し、契約当時において一般市中金利により利息を付する目的で定められた約定利率を維持することが不適当となる場合がある。このような場合は、歳入徴収官等はこれを是正するために必要な限度において、その約定利率を引き下げる特約をすることができる（法二九）。

利率引下げの特約は、債務者からの書面による申請に基づいて行う（令三三）。歳入徴収官等が利率引下げの特約をする場合には、引下げ後の利率及びその利率による利息の起算日を明らかにして行わなければならない。この場合に、利率引下げの起算日をさかのぼって指定することによりすでに経過した期間分の利息までも引き下げることは適当でないので（既発生の利息債権を免除することになる。）、起算日は利率引下げ特約をする日以後の日を指定しなければならないこととしている（則三八Ⅱ）。

注(イ)　「一般金融市場の金利」といっても多種多様の市場金利が存在するから、そのうちのどの利率を一般市場金利とみるべきかの問題がある。要は、その債権の発生の原因となる契約の性質、履行延期の長短に応じてこれと略々同程度の金融上の債権について適用されている金利のうち、標準的なものを基準として判断するべきであろう。

(ロ)　「一般金融市場の金利に即して……」とは、契約当事者が予め契約締結時においてそのように意識して一般市中金利並みの利率の利息を付することを意味するものと考えられる。契約締結後、単に市場金利が低下したことのみによって約定金利が結果として市中金利と一致し、及びこれをこえることとなった場合については含まれないと考える。

第三節　更生計画案等に対する同意

国の債権に係る債務者について、民事再生法による民事再生手続において再生計画案等が債権者集会の決議に付されたとき等、または会社更生法若しくは金融機関等の更生手続の特例等に関する法律による会社更生手続において更生計画案等が関係人集会の決議に付されたときは、その条件又は計画案等がこれらの法律の規定に違反しないものであり、かつ、その内容が債務者が遂行することができる範囲内において国の不利益を最小限度にするように定められていると認められる場合に限り、法務大臣はこれに対して同意することができる（法三〇）。

注(イ)　民事再生法による再生手続

民事再生法による再生手続は、経済的に窮境にある債務者について、当該債務者とその債権者の間の民事上の権利関係を適切に調整し、当該債務者の事業または経済生活の再生を図ることを目的として行われる。その手続は会社更生手続に近いが、原則として債務者も業務の執行を継続できること、株式会社以外の法人や個人も利用できること、簡素・迅速な手続であること等の特徴がある。平成一二年四月に従来の和議法を廃止して施行された。

(ロ)　会社更生法による更生手続

会社更生法による更生手続は、窮境にある株式会社について、債権者、株主その他の利害関係人の利害を調整し、当該株式会社の事業の維持更生を図ることを目的として行われる。

更生手続が開始されたときは、裁判所の選任した管財人は更生計画案を作成して裁判所に提出しなければならない

（会社更生法一八四Ⅰ）。更生計画案は、管財人のほか、更生会社、債権者、株主等がこれを作成して提出することもできる（同一八四Ⅱ）。提出された更生計画案（提出者が裁判所の許可を得て変更した場合は、変更計画案（同一八六））は、裁判所の招集する関係人集会の審理に付され、法定割合以上の多数の関係人の同意を得て計画案が可決（同一九六）された後は、裁判所の認可決定を経て更生計画としての効力が与えられる（同一九九）。

民事再生法による再生の手続及び会社更生法による更生の手続は非訟事件手続であるから、法務大臣が国を代表してこれらの手続に参加することになる。

債権管理法施行前は、債権を国に不利に変更し、又は消滅させることを内容とするこのような申出に対して同意することは、財政法八条の建前からできないものとされていた。しかし、その債務者に対する総体の債権に占める国の債権金額の比重が大きい場合は、このために再生計画若しくは更生計画の遂行が不可能となる。反対に、国の債権金額の比重が小さいときは、国の同意がなくても多数決をもって可決されてしまう可能性がある。このようなことから、国の債権の積極的な取立てを図るためには、法務大臣又はその指定する職員は、国の債権額の大小いずれを問わず、債権者集会又は関係人集会において積極的に債権の猶予、減免等に関する交渉に参加し、債務者の実行可能な限度において国の受ける不利益を最小限度に止めるよう、再生計画案、更生計画案の修正等に努めることが国のために、ひいては、債権者全体のための利益となり、同時に、債務者にとっても債務の処理を促進することになって、民事再生法、会社更生法等の趣旨にも合致すると認められるので、法三〇条において前記のような規定が設けられたのである。

〔運用上の問題・解釈〕

国が債権を持つ株式会社が債務超過で解散した後、会社法五一〇条以下に基づく特別清算を行う場合において、弁済計画等を記載した協定書案に対し、国が債権者集会において同意を行い、当該協定書に基づいて弁済を受けることは認められるか。

債権管理法三〇条における、更生計画案等について同意を行う対象に、特別清算が列挙されていないことから、同法においては特別清算に関する同意を許容していないものと解される。

特別清算は、債務超過の株式会社の清算につき、債務者に管財人の選定や協定案の作成等についての主導権を発揮させ、債権者の同意のもとに財産の清算・分配を行うものである。この協定案は、清算に向けた債務者と債権者との合意であるため、債権者たる国の歳入徴収官等に法の許容しない裁量権が生じうる。これは、個別の担当者の技量・裁量により取扱いが異なることのないよう、各種の事務処理について規定・規制している法の趣旨にもとると言わざるを得ない。

なお、協定案の作成に際しては、破産手続よりも有利な配当案が提示される場合もあり得るが、それを協定手続前に把握することは一般的に困難であり、また、特別清算が裁判手続ではなく、当事者主導で行われることに鑑みても、債権者としての国による恣意的な債権減免を避ける観点から、特別清算に同意することは認められないとすることが妥当と考えられる。

第四節　和解又は調停による譲歩

債権管理法及び他の法令において債権の履行延期その他内容の変更又は減免に関する定めがある場合においては、これらの法令に定められている範囲内において、法務大臣が裁判上の和解又は民事調停法による調停に応ずることは可能である。しかし、国の債権について法律上の争いが生じ、訴訟の提起又は調停の申立てがあった場合において紛争の内容のいかんによっては法令の許容する範囲内では解決しえず、紛争をいささかでも国に有利に解決するためには、これらの法令により認められた範囲を超えて譲歩をせざるを得ないような事態が生ずることがある。例えば、当事者の主張その他裁判所における審理の状況からみて終局判決にまで持ちこむことが必ずしも国にとって有利とは認められない場合において、裁判官の試みる和解勧告案の内容が相手方にも相当と認める程度の譲歩を求めるものであり、判決の見通しと和解案の内容とを比較衡量すればこれに応ずることが適当であると考えられる場合がある。

民事調停にあっては、当事者間に合意が成立することが調停の成立の要件であるから訴訟とは事情が異なるが、調停事件についても和解による解決が行われる訴訟事件と同様の事由がある場合は、法務大臣がその調停に応ずることができることとし、もって国の債権に関する紛争を可及的有利に解決し、債権の早期、確実な取立てを図ることが必要である。

このような考え方により、法三一条では、法務大臣は、国の債権について本法その他の法令により認められた内容によるほか、法律上の争いがある場合においてその紛争を解決するためやむを得ず、かつ、国にとってその債権の徴収上有利と認められる範囲内において裁判上の和解をし、民事調停法等による調停に応じ、又は異議申立てをしないことができる旨の規定が設けられたものである。

注(イ)「裁判上の和解」には、訴え提起前の和解（即決和解…民訴法二七五）及び訴訟上の和解（狭義の裁判上の和解…民訴法八九）の双方を含む。

民訴法二七五条の「訴え提起前の和解又は即決和解」と呼ばれるものは、民事上の争いについて当事者が訴え提起前に請求の趣旨及び原因並びに争いの実情を表示して、相手方の普通裁判籍所在地の簡易裁判所に和解の申立てをすることにより行われる。和解不調の場合は、和解期日に出頭した当事者双方の申立てがあれば直ちに訴訟に転移し、和解の申立てをした者は、その和解の申立てをしたときにおいて訴訟を提起したものとみなされる。双方が訴訟の申立てをせず、又は当事者の一方若しくは双方が和解期日に出頭しないために和解が不調となったときにおいて、訴訟を提起する必要があれば別途、その手続をしなければならない。

民訴法八九条の「和解」については、受訴裁判所は、訴訟のいかなる段階においても裁判上の和解を試み、又は受命裁判官若しくは受託裁判官をして和解を試みさせることができることとしているものである。

いずれの場合においても和解が成立し、これを和解調書に記載すれば確定判決と同一の効力を有し（民訴法二六七）、その内容について既判力、執行力を有する。

(ロ)「民事調停法による調停」とは、民事上の紛争について訴訟によらず、第三者たる司法機関が仲介して、当事者相互の譲歩により条理にかない実情に即した和解を図る制度である。調停は、当事者の一方の申立てにより裁判所が原則として調停委員会で行う。

調停において当事者間に合意が成立し、裁判所がこれを調停調書に記載したときは、調停が成立したものとされ確定判決と同一の効力（既判力・執行力）を有する（民事調停法一六）。

(ハ)「法律上争いがある場合」とは、おおむね次の場合をいうものとしている。

(a)事実関係の在否につき国が債務者と異なる見解を有するが、関係資料を総合して国の主張が全面的には立証されないと認められるとき
(b)法令の解釈に争いがあり、判例通説が必ずしも国の主張を支持するとは認められないとき

第五節　債権の免除

一　無資力債務者に対する履行延期債権の免除（法三二Ⅰ）

債務者が無資力又はこれに近い状態にあるため履行延期の特約等をし、又は和解、調停若しくは労働審判によって、履行期限を延長した債権について当初の履行期限（その履行期限後にこれらの特約等又は和解、調停若しくは労働審判が行われたときは、その特約等又は和解、調停若しくは労働審判が行われた日）から一〇年を経過した後において、なお、債務者が無資力又はこれに近い状態にあり、かつ将来、弁済することができることとなる見込みがないと認められる場合には、その者に対する元本債権並びに延滞金及び利息を免除することができる。法三二条一項は、国の債権の全額の免除を認める債権管理法上、唯一の規定である。債権管理法においては、国の債権の管理にあたって債務者が無資力であるという理由で直ちに免除することなく、少なくとも履行期限後、一〇年以上の期間の経過を待ってそのときにおける債務者の資力状態を勘案し、将来その者から弁済を受ける可能性がないと判断したときにおいて、初めて債権の免除の措置を考慮することとしている。一〇年という期間は、特定の債務者についてみれば、あるいは長いようにも感じられる場合があるであろうが、本条が各省各庁を通ずる国の全般の債権

について適用される免除の基準であり、国の財産を保全するためには、この程度の期間的余裕は必要であるとしなければなるまい。

この規定による債権の免除は、次の要件に該当するものに限られることになる。

⑴　履行期限の延長が債務者の無資力又はこれに近い状態であることを理由として行われたものであることこれを理由とするものである限り期限の延長が履行延期の特約若しくは処分、和解又は調停のいずれによるものであっても差し支えない。これ以外の事由による履行延期、例えば、当事者間の紛争を解決するため無資力債務者でない者との間に行われた和解、調停又は履行延期をすることが徴収上有利であると認めて行われる履行延期の特約等の場合は、たとえ履行延期後一〇年を経過したときにおいて債務者が無資力となっている場合であっても法三二条一項は適用されない。無資力又はこれに近い状態にあることを理由として再度、履行延期をすることが必要である。

⑵　当初の履行期限又は最初に履行期限の延長にかかる措置（履行延期の特約等又は和解、調停若しくは労働審判）をした日のいずれか遅い日から一〇年を経過した後において、なお債務者が無資力又はこれに近い状態にあり、かつ、将来も弁済できる見込みがないと認められること

最初の履行期限の延長が一〇年未満である場合には、さらに延長の措置を繰り返し、一〇年以上の期間が経過していることが必要である。無資力債務者である場合はともかく、無資力に近い状態にある債務者については、将来弁済できる見込みがないと認定することは、一般には困難である。債務者の資力の程度、年齢、家族構成、扶養又は被扶養の状況、非経常的経費（療養費、債務償還費等）の程度を勘案して、一部の高齢者、身体障害者などいわ

ゆる気の毒な状況にある債務者について、その老後の生活の安堵を図り、又は身体障害者である債務者の再起を不可能にしないために、相当額の免除を考慮するといった特殊な場合に止まるものと思われる。

なお、法人である債務者については、法三二条一項の適用の余地は、まずないといってよいであろう。法人が一〇年以上、無資力のまま存続するというような事態は、経営者が事業の経営を放棄するか、又は清算中の場合に限られる。こういう場合には、破産法その他の法令による債権の処理を待つか、法二一条による徴収停止の措置を行うことになろう。こういう場合にはわざわざ国の債権を免除する理由が認められない。

二　第三者に転貸するための貸付金債権でその第三者が無資力又はこれに近い状態にある場合における免除（法三二Ⅱ）

国の貸付金債権にかかる債務者が貸付金の使途に従って第三者に貸付けを行った場合において、その第三者が無資力又はこれに近い状態にあることにより、履行延期の措置をした後、一〇年を経過してもなお、その第三者が無資力又はこれに近い状態にあり、将来弁済できる見込みがないと認めるときにおいても、実質的には中間融資機関である債務者の資力の状況にかかわりなく、最終借受人である第三者の資力状態に着目して貸付金債権並びにその利息及び延滞金を免除することができるものとしている。ただし、この場合の免除は、中間融資機関である債務者がその第三者に対する貸付金関係の債権を免除することを条件としなければならない。

国が特定の機関に、第三者に貸付目的に従った貸付をすべきことを条件に、その財源を貸し付ける貸付金債権の例としては、母子父子寡婦福祉資金貸付金債権（都道府県が配偶者のない者で現に児童を扶養している者及び寡婦に対し貸し付ける母子福祉資金、父子福祉資金及び寡婦福祉資金の財源の一部を貸し付けたもの——母子及び父子並びに寡婦福祉法一三条、三一条の六、三二条及び三七条)、独立行政法人日本学生支援機構貸付金債権(独立行政法人日本学生支援機構が経済的理由により修学困難な学徒に貸与する学資金の財源を貸し付けたもの——独立行政法人日本学生支援機構法一四条Ⅱ及び二二条Ⅰ。ただし、本債権については、独立行政法人日本学生支援機構が同法の規定により貸与金の返還を免除したときは、国は独立行政法人日本学生支援機構に対しその免除した金額相当額の貸付金の償還を免除することができる旨の特例規定がある。——前述)等がある。

なお、国が貸付金の原資となる財源の貸付けを行った中間融資機関が、さらに別の機関を通じて最終借受人である第三者に貸付けを行った場合(所謂「又々貸し」の場合)においても、法三二条二項は、中間融資機関である債務者の資力状況に関わりなく、最終借受人である第三者の資力状況に着目して債権を免除することができることとしたものであり、その趣旨に照らせば、同項を適用して債権を免除することは可能であると解される。

三　延納利息債権相当額の免除(法三二Ⅲ)

履行延期の特約等をした債権に付される延納利息については、債務者がその延長された履行期限内に元本相当額の弁済をした場合において債務者の資力の状況によりやむを得ない事情があると認めるときは、その延納利息相当額の債権の全部又は一部を免除することができる。この場合、一般債権の弁済の充当の順序は、原則として利息が元本に優先して充当されるから(民法四八九)、残存する利息相当額の元本の全部又は一部が免除される。逆に、元本が利息に優先して充当される特殊な債権にあっては、残存する利息の全部又は一部が免除されることになる。

以上一～三に述べた法三二条各項の規定による債権の免除は債務者からの書面による申請をまって、これに基づいて行うものとされている（令三三）。

第六節　延滞金相当額の債権の免除等

債権管理法において、「延滞金」とは金銭債権の履行の遅滞に係る損害賠償金その他の徴収金をいう（法二四Ⅱかっこ書）。延滞金は、法令又は契約の定めるところにより、履行期限の翌日から元本完納の日までの期間に応じ未納元本額に対する一定の割合により付されるものであって、遅延利息、違約金、損害金、延滞金など種々の名称をもって呼ばれている。

延滞金債権については、それが主として債権の履行遅滞に対する損害賠償の目的をもつものであることに鑑み、履行遅滞に伴い国に生ずる経済的実損の程度に応じてその全部又は一部を免除する等他の債権とは異なる特則が設けられている。ただし、この免除等の特則は、利息を付することとなっている債権及び特別の法律において延滞金に関する定めのある債権については適用されない（法三三Ⅰかっこ書）。

注　(イ)　利息を付することになっている債権

利付債権について履行期限後に付される延滞金は、履行期間中における利息に代わるべきものといえる。利息債権の免除をしない以上、延滞金のみを免除する理由がないからである。

(ロ)　特別の法律において延滞金の定めのある債権

延滞金についての減免その他の処理は、その特別の法律に定めるところによるべきであり、一般の債権と同一に取り扱うことは適当でないと認められる。

一　履行期限内に弁済されなかった元本債権の金額が千円未満である場合には、延滞金を付さない（法三三Ⅰ）

国の会計事務簡素化のため千円未満の未納元本金額については、延滞金を付さないこととする。この場合は、延滞金を付さないこととするものであって、一旦、発生した延滞金を免除するものではない。

法三三条一項の特則は、履行期限が経過したときにおける未納元本金額が千円未満であることが要件である。履行期限前には、元本金額が千円以上であっても期限内に相当額を納付し、期限経過時において千円未満の未納となっていれば、差し支えない。

履行期限経過時には千円以上であったが、履行期限後、直ちに未納元本の大部分を納付した結果、その金額が千円未満となった場合には、本項の適用はない。

二　元本債権及びこれに係る延滞金として弁済された金額の合計額が元本債権金額の全額に達することとなった場合において、そのときまでに付される延滞金の額が百円未満であるときは、その延滞金額に相当する債権金額を免除することができる（法三三Ⅱ）

履行遅滞の期間が短いため、又は滞納元本金額が少額であるために、延滞金の額が百円未満の僅少額に止まると

第六節　延滞金相当額の債権の免除等

（例）

区	分	債権金額	弁済充当額	未納額〔免除対象額〕
延滞金優先充当の場合	元本	10,000円	②　9,901円	99円
	延滞金	99	①　99	0
	計	10,099	10,000	99
元本優先充当の場合	元本	10,000円	①　10,000円	0円
	延滞金	99	②　0	99
	計	10,099	10,000	99

きは、損害額の求償よりも国の事務簡素化の面を重視して、元本相当額の納付があったときは、残存する延滞金相当額の債権を免除することができることとした。

この場合において、債務者の弁済した金額を弁済充当の順序に従い、まず延滞金に優先的に充てる場合は、その弁済した金額が元本相当額に達したときには、延滞金額は充当済みとなっているはずであるから、結局、延滞金額と同額の元本債権が残存することになるからこの場合には延滞金相当額の未納元本債権を免除することになる。

逆に、債務者の弁済した金額を優先的に元本債権に充当することとなっている場合は、元本債権が完納され、未納の延滞金債権が免除の対象となる。

注　百円未満の少額の延滞金を免除するために、一々、債務者に対して文書を作成して、免除の通知をすることは効率的ではない。又、免除する予定の延滞金額を元本よりも優先して充当するため複雑な計算をすることも事務能率の面からみて感心しない。そこで、歳入徴収官が発行する納入告知書に「延滞金額が百円未満である場合は、延滞金を納付しなくてもよい」という文言を記載し、あらかじめ、百円未満の延滞金については、免除する旨の意思表示をしておくことができることとしている（歳入徴収官事務規程別紙四号書式備考11）。延滞金額が百円未満の場合は、債務者は元本金額のみを納付すればよいことになるから、国は延滞金の弁済充当に関する計算をすることなく、元本金額の収納手続をすれば足りることになり、また延滞金額について債務者に対し特に免除の通知をする必要もなくなる。

三　国が設置する教育施設の授業料債権その他政令で定める債権については、その元本債権又はこれに係る延滞金に充てるため、弁済された金額の合計額が元本債権金額の全額に達することとなった場合には、そのときまでに付される延滞金額に相当する債権金額の全部又は一部を免除することができる（法三三Ⅲ）

政令で定める債権としては、次のものがある（令三四Ⅰ）。

(1)　国が設置する教育施設の寄宿料に係る債権

(2)　国が設置する病院、診療所、療養所その他の医療施設における療養費に係る債権

(3)　身体障害者用補装具の売渡代又は修理費に係る債権

(4)　未帰還者留守家族援護法による療養費の一部負担金に係る債権

(5)　債務者の故意又は重大な過失によらない不当利得返還金に係る債権

これらの債権は、(5)の不当利得返還金にかかる債権を除けば、債務者が国が設置する教育施設の学生又は身体障害者、未帰還者留守家族若しくは国が設置する病院等の入院患者であるといった具合に特別の関係に基づいて国に

対する債務が発生するものである。この国の債権の発生原因及び債務者の置かれている社会的な地位又は環境を考慮するときは、債務の履行の請求にあたって延滞金を厳しく取り立てることは、社会通念上、穏当を欠くと認められることが多いからである。⑸は、国の過誤払が発生した事由によっては、その履行が遅滞した場合における延滞金の請求を見合わせることが道義的な見地からみて適当であると認められる場合もあるので、特に令三四条一項の免除の対象に加えられたものと考える。

しかし、これらの債権であっても、本来履行期限内に履行されるべきものであることはいうまでもないところであって、債務者の資力の状況とか履行遅滞の事由、遅滞の程度などからみて延滞金を免除することがかえって公平を欠くと認められるような特異なケースもあると思われる。そこで、延滞金の免除は各省各庁の長が別に定める金額の範囲に限るものとしているが（令三四Ⅱ）、さらに歳入徴収官等としても、各省各庁の長の定める金額の範囲内において画一的に処理することなく、情況に応じて適切な処理の実効を挙げることを忘れてはならない。

注　法三三条三項の適用を受ける債権は、同項に規定するごとく履行遅滞に対する損害の安全なてん補を要求していないのであるから、弁済の充当にあたっても一般の債権並みに延滞金を元本よりも優先して徴収することとする積極的な意義が認められない。弁済充当に関する複雑な計算の手数を労するだけであるから、会計事務簡素化の趣旨を考慮して、弁済充当の順序について、特に元本債権への優先充当の特例が認められている（則一三Ⅱ）。

〔運用上の問題・解釈〕

分割して弁済することとなっている債権について法三三条一項の履行期限内に弁済されなかった債権の金額が千円未満というのは、その債権の全体を通ずる期限内未履行金額の総額が千円未満である場合をいうのか、それとも分割履行期限ごとに納付する個々の債権金額が千円未満であれば、その分割履行期限分の債権金額については同項の規定により延滞金を付さないこととする趣旨であるか。

後者の趣旨である（前者の趣旨であるとするとその債権について、法三三条一項の適用があるか否か〔すなわち、その債権に延滞金が付されることになるか否か〕は、債権全体の履行が終らなければ確定しないことになり、その間における債権の管理ができないことになる。）。

なお、法三三条二項の延滞金が百円未満……という場合も同様に、各分割履行期限ごとの債権金額について個々に計算することとしてよい。

（参考）

国の有する債権の免除等を行うことを内容として制定された「特別の法律」に関する近年の事案について、以下の三つの法律を参考として記載する。

㈠　オウム真理教に係る破産手続における国の債権に関する特例に関する法律（平成一〇年法律第四五号）（議員立法）

オウム真理教に対する破産申立事件において、損害賠償に関する債権を届け出た被害者の救済を図ることの緊要性に鑑み、国の債権に関する特例を定め、国の有する損害賠償請求権等が、国以外の者が届け出た債権のうち生命又は身体を害されたことによる損害賠償請求権に劣後することとしたもの。（破産財団の資産状況をみれば、当該措置により国の債権が弁済を受ける可能性は殆ど無くなることから、実質的には債権の免除に相当するものと考えられる。）

㈡　カネミ油症事件関係仮払金返還債権の免除についての特例に関する法律（平成一九年法律第八一号）（議員立法）

カネミ油症事件を巡る損害賠償請求訴訟に係る判決の仮執行の宣言に基づき、国が支払った仮払金の返還に係る債権の債務者について、多くが高齢になっていること及びこれまでの被害状況を踏まえて早期の救済を図る観点から、債権管理法三二条一項の規定にかかわらず、債務者が収入及び資産に関する一定の基準に該当する場合には、カネミ油症事件関係仮払金返還債権に関する元本債権並びに延滞金及び利息を免除することができることとしたもの。

㈢　外国政府に対して有する米穀の売渡しに係る債権の免除に関する特別措置法（平成二五年法律第一四号）

国際的協調の下で対外債務の負担の軽減を図ることとされている国（重債務貧困国）の負担の軽減を図るため、マダガスカル、マリ、モザンビーク、シエラレオネ又はタンザニアの国の政府に対して我が国が有する米穀の売渡しに係る債権について、これらの各国政府から要請があったときに、当該債権の全部を免除することができることとしたもの。

第五章　債権に関する契約等の内容

債権管理の効率化、適正化を期すためには、債権の発生の原因となる契約その他の行為を行う段階においてその行為に基づいて発生する債権のその発生後における円滑な管理ができるよう、あらかじめ契約等の内容として所要の事項を定めておくことが必要となってくる。本章は、この債権管理上の要請に基づき、契約等の事務を担当する職員に対してその行う契約等の内容について、規制しようとするものである。

第一節　債権に関する契約条項等の基準

一　履行延期及び減免に関する事項の定めの禁止

法令の規定に基づき国のために債権の発生に関する契約その他の行為をする者（契約等担当職員と略称）は、その債権の内容を定めようとするときは、法律又は法律に基づく命令で定められた事項を除くほか、債権の減免なり、履行期限の延長に関する事項についての定めをしてはならない（法三四）。

財政法八条においては、債権の効力を変更し、又は債権を減免するには特別の法律に基づくことを要すると定めて、法律によらないで国の機関が任意に債権の履行期限を延長し、又は減免することを禁じている。しかし、債権の発生に関する契約そのものに履行期限の延長なり減免を認める条項が定められていた場合には、そういった内容の契約に基づいて債権の効力が確定するものであるから、その場合の履行延期又は減免は財政法八条には違反しないとする見解を抱く向きも見受けられる。しかし、このような処理は同条の趣旨に反し、認められるところではないが、その趣旨を事務処理の面からも確保するために設けられた規定である。

二　債権の発生の原因となる契約に定めるべき事項

債権の管理に関する事務を円滑かつ有利に遂行しうる態勢を確保するためには、契約その他債権の発生に関する行為をする契約等担当職員の契約等の行為そのものを規制する必要がある。法三五条は、この債権管理上の要請に応え、契約等担当職員に対し次のような事項の定めをすることを義務づけている。しかし、契約書の作成を省略することができる場合（予決令一〇〇の二）は本条の規定による定めをすることが困難であり、また双務契約に基づく国の債権であってその履行期限が国の債務の履行期限以前とされている場合は、その必要性が乏しいので、本条の規定を適用しないこととしている（法三五、令三五）。

(1)　債務者は、履行期限までに債務を履行しないときは、延滞金として一定の基準により計算した金額を国に納付しなければならないこと（この基準は、令三六条により令二九条本文に規定する率を下ってはならないこととされている。）。契約書の作成を省略したときは民法四〇四条の規定によって法定利率による延滞金が付されることになる。

(2)　分割して弁済させることとなっている債権について、債務者が分割された弁済金額についての履行を怠ったと

きは、当該債権の全部又は一部について、履行期限を繰り上げることができること

⑶　担保の付されている債権について、担保の価額が減少し、又は保証人を不適当とする事情が生じたときは、債務者は、国の請求に応じ、増担保の提供又は保証人の変更その他担保の変更をしなければならないこと

⑷　当該債権の保全上必要があるときは、債務者又は保証人に対し、その業務又は資産の状況に関して、質問し、帳簿書類その他の物件を調査し、又は参考となるべき報告若しくは資料の提出を求めること

⑸　債務者が⑷に掲げる事項についての定めに従わないときは、当該債権の全部又は一部について、履行期限を繰り上げることができること

〔運用上の問題・解釈〕

⑴　約定延滞金の率については、令三六条の規定により年三パーセント（昭和三二年大蔵省告示第八号）を下ってはならないと定められている。ところが、同じく国の債権で年三パーセントを超える率のものがあるが同一の率でよいのではないか。

令三六条の規定により契約等担当職員が売払い、貸付けその他債権の発生の原因となる契約をする場合において定める延滞金の割合は、令二九条本文の率（財務大臣が一般市場金利を勘案して定める率……すなわち、年三パーセント）以上でなければならないことになっている。令三六条によれば延滞金の率はこの率が最下限であって、質問のようにこの率によるべきこととしているわけではない。現に国有財産の売払代金、貸付料等の遅延利息は当事者間の契約によって年三パーセントを超える率を定めている例がある。

⑵　弁済充当の順序が元本優先となっている債権に延滞金が付された場合には、その付された延滞金の納入告知書に

は、直ちに納付すべき旨を記載しなければならない（歳入徴収官事務規程別紙第四号書式備考12）とあるが「直ちに納付すべき」とは延滞金には延滞金が付されないものと解してよいか。

元本へ優先して充当することとされている債権について、元本の全部が充当済みとなった結果、残存する延滞金のみを独自に徴収する場合において発行する納入告知書には、納付期限の指定に代えて「直ちに納付すべき旨を記載しなければならない」ことになっているが、この意味は延滞金には延滞金が付されないことによるものである。

金銭債権の履行遅滞による延滞金は、利息債権ではなく、損害賠償金債権の性質をもつものではあるが、一定の履行遅滞期間に応じ法定利率又はこれより高い約定利率といった一定の割合によって徴収される、いわゆる遅延利息債権と呼ばれるものであって、法律上、通常の利息債権に準じた取扱いがなされるべきものである。そうして、利息債権については、民法四〇五条において、その利息が一年以上延滞し、債権者から督促しても支払わないときは、債権者はこれを元本に組み入れることができることと定められている。このことは、利息には利息（遅延利息）が付されないとする民法原則を表明したものであるといえる（利息に対し更に利息が付されるものであるならば、民法四〇五条のような特別の規定は必要としない。）。延滞金は、前述のように通常の利息に準じて取り扱われるべきものであるから、民法四八九条（元本、利息及び費用の弁済の充当の順序）の規定の適用にあたっては、通常の利息に準じて元本よりも優先して充当を受けることとしているのであるが、延滞金の履行の遅滞というようなことがあっても、その法律的性質に従い、これを元本加算しない限り更に遅延利息が付されないものと解すべきである。

もちろん、この民法の原則に対して、契約事務担当職員が、債権の発生の原因となる契約をするにあたって、遅延利息に対し更に遅延利息を付するような特約（例えば、何日以上延滞したら別に年何パーセントの利息を徴する等）をすることは双方の合意による以上自由にできることであるし、又、歳入徴収官が民法四〇五条に基づいて遅延利息を元本に組み入れることも法令上可能であるが、国の債権管理にあたっては、これらの処理を強制はしていない。

したがって、元本へ優先して充当するような特殊な債権について元本全部の充当が完了すると残存する延滞金だけを独立して徴収しなければならなくなるが、この場合において延滞金を徴収するため発行する納入告知書の一般的様式としては、その延滞金の支払が遅滞したとしても更に遅延利息を付することは一般にはあり得ないところであるので、納入告知書の「納付期限」の欄には、延滞金の計算期間……すなわち、何月何日から何月何日までの延滞金額であるかを明示し、その延滞金の支払義務は既に発生しているのであるから「直ちに納付すべき」旨を記載することとしているのである。

第二節　国の貸付金に係る事業の適正な執行を確保するための貸付契約条項の基準

国が地方公共団体その他特定の団体の行う事業に対して融資をする場合においては、その融資に係る政策目的を確保するために貸付の対象となる事業の執行に関して一定の義務を課し、及び国が必要な監督を行いうるようにするために貸付金債権の発生の原因となる貸付契約において所要の定めをする必要がある。かかる行政上の必要に基づいて債権管理法の適用を受ける債権が国の貸付金に係るものであるときは、第一節に述べた事項のほか、次に掲げる事項の定めをしなければならないこととしている（法三六）。しかし、貸付金の使途が特定しないもの（例えば、生活資金、学資金などに充てる貸付金）については、本条による規制が不適当とされる場合が多いから、適用を除外することとしている。

㈠　債務者は、当該貸付金を他の使途に使用してはならないこと、又は当該貸付金を他の使途に使用する場合には、各省各庁の長（その委任を受けた者を含む。以下本節において同じ。）の承認を受けなければならないこと
㈡　債務者は、貸付金の対象である事務又は事業（以下「貸付事業等」という。）に要する経費の配分その他貸付事業等の内容で、当該契約で特に定めるもの（以下単に「貸付事業等の内容」という。）の変更をする場合には、各省各庁の長の承認を受けなければならないこと
㈢　債務者は、貸付事業等を中止し、又は廃止する場合には、各省各庁の長の承認を受けなければならないこと
㈣　債務者は、貸付事業等が予定の期間内に完了しない場合又は貸付事業等の遂行が困難となった場合には、すみやかに各省各庁の長に報告して、その指示に従わなければならないこと
㈤　債務者は、貸付事業等により取得し、又は効用の増加した財産で、当該貸付の契約で定めるものを、当該契約で定める期間内に、貸付の目的に反して使用し、処分し、又は担保に供する場合（債務者がその債務の全部を履行した場合を除く。）には、各省各庁の長の承認を受けなければならないこと
㈥　債務者は、当該貸付の契約で定めるところにより、貸付事業等の遂行の状況に関し、各省各庁の長に報告しなければならないこと
㈦　債務者は、貸付事業等が完了した場合（貸付事業等の廃止の承認を受けた場合を含む。）には、当該貸付の契約で定めるところにより、貸付事業等の成果を記載した実績報告を各省各庁の長に提出しなければならないこと
㈧　債務者は、各省各庁の長により㈦の実績報告にかかる貸付事業等の成果が当該貸付金の貸付の目的及び貸付事業等の内容に適合していないと認められた場合には、その指示に従わなければならないこと

㈨　㈣又は㈧の指示による場合のほか、次に掲げる場合には、当該債権の全部又は一部について、履行期限を繰り上げることができること

(1)　債務者が㈠～㈧に掲げる事項についての定めに従わないとき

(2)　債務者が当該貸付の契約で定める期間内に貸付金を貸付の目的に従って使用しないとき

(3)　その他債務者が当該貸付の契約の定めに従って誠実に貸付事業等を遂行しないとき

㈩　債務者は、㈣若しくは㈧の指示により、または㈨により履行期限を繰り上げられたときは、政令で定める金額の範囲内で、一定の基準により計算した金額（加算金）を国に納付しなければならないこと

(十一)　債務者は、国の貸付金をその財源の全部又は一部とし、かつ、当該貸付金の貸付の使途に従って第三者に貸付金（使途の特定しないものを除く。）の貸付を行う場合には、当該貸付の契約において、㈠から㈨までに掲げる事項に準ずる定めをしなければならないこと

注(1)　加算金の基準（令三七）

貸付事業が予定期間内に完了しない場合、又は貸付事業の遂行が困難な場合（法三六④）、貸付事業の成果が貸付の目的及び貸付事業の内容に適合しないと認められる場合（同⑧）、債務者が国の定める条項に従わない場合、貸付金を所定の期間内に貸付目的に使用しない場合、その他債務者が契約の定めに従って貸付事業を誠実に遂行しない場合（同⑨）において、繰上償還の指示をしたときに付される加算金（同⑩）は、財務大臣が一般金融市場の金利を勘案して定める率（年三パーセント）とその貸付金の利率との差に相当する率によるものとされており、繰上償還をする債務者は繰上償還を命ぜられた貸付金の金額に対し、その貸付日の翌日から償還完了の日までの日数に応じて計算した加算金を付

して支払うこととしている。ただし、歳入徴収官等が各省各庁の長の承認を受けた場合は、この率を下る率によることができることとされている。各省各庁の長は、この特別な加算金の率によることについての承認をする場合には、あらかじめ財務大臣に協議しなければならない。

(2)　歳入徴収官等の行う債権の管理に関する事務を規制する訓令規定を債権の管理に関する法規と呼ぶならば、第五章の規定は、契約等に関する法規である。

本法の題名が、「国の債権の管理等に関する法律」とされているのは、本法が、債権の管理に関する規定のほか、第五章の契約等に関する規定を含むからにほかならない。

第六章　雑　則

第一節　履行延期、免除等の措置についての財務大臣への協議等

一　債権の徴収停止又は内容変更等に関する承認及び協議

(1)　歳入徴収官等の行う債権の徴収停止、内容変更等に対する各省各庁の長の承認

各省各庁の内部における債権の処理を統一し、調整するために、歳入徴収官等が次の措置をしようとするときは、あらかじめ各省各庁の長の承認を受けなければならない（法三八Ⅰ本文）。

①　法二一条の規定による徴収停止の措置をとる場合
②　法二四条の規定による履行延期の特約又は処分をする場合
③　法二九条の規定による利率引下げの特約をする場合
④　法三二条の規定による免除をする場合

(2)　包括的基準による承認の省略

しかし、歳入徴収官等が前記の措置をするごとに、一件一件、各省各庁の長の承認を求めることは、非効率であ

るので、各省各庁の定める一定の基準に該当する場合は、承認を受ける必要がないこととしている（法三八Ⅰただし書）。各省各庁の長がその基準を定めるにあたっては、あらかじめ財務大臣に協議することを要する。

⑶　各省各庁の長の行う承認についての財務大臣への協議

各省各庁の長が歳入徴収官等の行う債権の徴収停止、内容変更等について承認し、又は各省各庁の長が自ら歳入徴収官としてこれらの措置をしようとするときは、あらかじめ財務大臣に協議しなければならない（法三八Ⅱ）。これは各省各庁を通ずる国全体の債権の処理を統一し、各省各庁間の事務処理のバランスを確保するために必要な調整として行われるものである。ただし、この協議についても、あらかじめ財務大臣と協議して定めた一定の基準に該当するときは一件ごとの協議は要しないこととされている。

二　法務大臣の行う更生計画案等に対する同意、和解又は調停による債権の内容変更等に関する財務大臣との意見調整

法務大臣が、次の措置をとろうとする場合には、債権の総括管理機関である財務大臣の意見を聴かなければならない（法三八Ⅲ）。この場合においてもあらかじめ財務大臣と協議して定めた一定の基準により行うときは、一件ごとの意見聴取は要しないこととされている。

⑴　法三〇条の規定による再生計画案又は更生計画案等に対する同意をするとき

⑵　法三一条の規定により和解し、調停に応じ、又は労働審判法二一条一項の規定による異議の申立てをしないとき

(3) 和解、調停又は労働審判により法二四条の規定による履行延期、法二九条の規定による利率の引下げ又は法三二条の規定による免除をするとき

第二節　債権現在額の報告

債権は、国の財産の一部であり、その額も多額に上るものであるから、その状態を調査し、国民にもこれを報告することを目的として、毎年度末における債権の現在額について国会への報告の制度が定められている。

一　報告の手続

(1) 分任歳入徴収官等

分任歳入徴収官等は、各省各庁の長の定める期限までに債権現在額通知書（則別紙九号書式）を主任歳入徴収官等に送付する（則四〇Ⅰ）。

(2) 主任歳入徴収官等

自ら管理する債権及び分任歳入徴収官等の管理する債権について、債権現在額通知書を作成して、各省各庁の長の定める期限までに債権管理総括機関に送付する（則四〇Ⅱ）。

注　同一の官署に二人以上の分任歳入徴収官等又は二人以上の主任歳入徴収官等がいる場合における債権現在額通知書又は債権現在額報告書の作成及び送付にあたっては、関係の分任歳入徴収官等又は主任歳入徴収官等がそれぞれの所掌区

分を明らかにして、一の書面をもって行うことができることになっている（則四〇Ⅲ）。

(3) 各省各庁の長

各省各庁の長は、歳入徴収官等から送付された債権現在額通知書（債権管理法のうち現在額の報告に関する規定（法三九及び四〇）のみ適用を受ける債権〔第一章第一節二(2)（一八頁）参照〕にあっては、各省各庁の長の指定する者からの報告）に基づいて、当該各省各庁の債権の毎年度末における現在額報告書（則別紙一一号書式）を作成して、翌年度の七月三一日までに財務大臣に送付する（法三九、令三八、則四二）。

(4) 財務大臣

財務大臣は、各省各庁の長から提出された債権現在額報告書に基づいて、債権現在額総計算書（則別紙一二号書式）を作成する（法四〇Ⅰ、則四二）。

(5) 内　閣

1　債権現在額総計算書を、各省各庁の長から提出された債権現在額報告書とともに、翌年度の一一月三〇日までに、会計検査院に送付する（法四〇Ⅱ）。

2　次いで、同院に送付した債権現在額総計算書に基づいて、毎年度末における国の債権の現在額を当該年度の歳入歳出決算の提出とともに国会に報告する（法四〇Ⅲ）。

(6) 電磁的記録による作成・提出

債権管理法令の規定により作成することとされている報告書等（報告書、債権現在額総計算書等）について、報告書等に記載すべき事項を記録した電磁的記録の作成をもって報告書等に代えることができる（法四〇の三）。また、提出すべき報告書等が電磁的記録により作成されている場合には、電磁的方法（オンライン等）により報告書等を提出できることとなっており（法四〇の四Ⅰ）、電磁的方法により提出されたときは、報告書等が、提出を受けるべき者の電子計算機のファイルに記録されたときをもって、到達したものとみなされる（法四〇の四Ⅱ）。

二　債権現在額報告書及び債権現在額総計算書の内容

(1)　債権現在額報告書及び債権現在額総計算書に計上する債権金額

①　歳入金、歳出又は前渡資金の返納金に係る債権については、毎年度末における現在額のうち、当該年度所属の歳入金又は歳出の金額への戻入金として翌年度の四月三〇日まで（いわゆる出納整理期間中）に収納されたものを除く金額

②　右のもの以外は、毎年度の三月末における現在額

(2)　種類の区分

一般の債権は、債権管理簿に記載し、又は記録することとなっている債権の種類の区分による（三章二節三款―二、八九頁参照）。

現在額の報告についてのみ適用がある債権の種類の区分は、則別表第三第二号を参照のこと。

〔運用上の問題・解釈〕

歳入金債権で、出納整理期間中に欠損的事由が生じたことにより消滅（歳入の不納欠損）の整理をしたものは、その年度の債権現在額報告書から除外してよいか。

除外することになる。法三九条では出納整理期間中に消滅した額を除いて、債権現在額を計算することになっている。この出納整理期間中の消滅額には、弁済又は相殺若しくは充当により消滅した額だけでなく、債権の免除・時効の完成等により消滅した額も含まれる。これらの消滅額は、その年度の歳入決算に計上する歳入の徴収決定額からも除外されている。

付　録

（関係法令及び通達）

○国の債権の管理等に関する法律

（昭和三十一年五月二十二日 法律第百十四号）

最終改正 令和元年五月三一日法律第一六号

目次

第一章 総則

（趣旨）

第一条 この法律は、国の債権の管理の適正を期するため、その管理に関する事務の処理について必要な機関及び手続を整えるとともに、国の債権の内容

○国の債権の管理等に関する法律施行令

（昭和三十一年十一月十日 政令第三百三十七号）

最終改正 平成三〇年三月二二日政令第五四号

目次

第一章 総則

○債権管理事務取扱規則

（昭和三十一年十二月二十九日 大蔵省令第八十六号）

最終改正 令和二年四月一日財務省令第三四号

目次

第一章 総則

（通則）

第一条 国の債権の管理等に関する法律（昭和三十一年法律第百十四号。以下「法」という。）第二条第四項に規定する歳入徴収官等（以下「歳入徴収官

の変更、免除等に関する一般的基準を設け、あわせて国の債権の発生の原因となる契約に関し、その内容とすべき基本的事項を定めるものとする。

（定義）

第二条 この法律において「国の債権」とは、金銭の給付を目的とする国の権利をいう。

2 この法律において「債権の管理に関する事務」とは、国の債権について、債権者として行うべき保全、取立、内容の変更及び消滅に関する事務のうち次に掲げるもの以外のものをいう。

一 国の利害に関係のある訴訟についての法務大臣の権限等に関する法律（昭和二十二年法律第百九十四号）により法務大臣の権限に属する事項に関する事務

二 法令の規定により滞納処分を執行する者が行うべき事務

三 弁済の受領に関する事務

四 金銭又は物品管理法（昭和三十一年法律第百十三号）第三十五条の規定により同法の規定を準用する動産の保管に関する事務

（定義）

第一条 この政令において「国の債権」、「債権の管理に関する事務」、「各省各庁」、「各省各庁の長」、「歳入徴収官等」、「現金出納職員」、「支払事務担当職員」、「履行延期の特約等」、「延滞金」、「延納利息」若しくは「契約等担当職員」、「分任歳入徴収官」、「歳入徴収官」若しくは「官署支出官」、「歳入徴収官代理」、「分任歳入徴収官代理」若しくは「支出官代理」とは、国の債権の管理等に関する法律（以下「法」という。）第二条、第三条第一項第三号、第二十二条第一項、第二十四条第二項、第三十二条第三項若しくは第三十四条、会計法（昭和二十二年法律第三十五号）第四条の二又は予算決算及び会計令（昭和二十二年勅令第百六十五号）第一条第二号若しくは第百三十九条の二第三項に規定する国の債権若しくは債権、

等」という。）の事務取扱その他国の債権の管理に関する事務の取扱については、他の法令に定めるもののほか、この省令の定めるところによる。

（定義）

第二条 この省令において「国の債権」、「債権の管理に関する事務」、「各省各庁」、「各省各庁の長」、「現金出納職員」、「支払事務担当職員」、「履行延期の特約等」、「延滞金」、「延納利息」又は「債権管理簿」とは、法第二条、第三条第一項第三号、第二十二条第一項、第二十四条第二項又は第三十二条第三項に規定する国の債権若しくは債権、債権の管理に関する事務、各省各庁、各省各庁の長、現金出納職員、支払事務担当職員、履行延期の特約等、延滞金、延納利息又は国の債権の管理等に関する法律施行令（昭和三十一年政令第三百三十七号。以下「令」という。）第九条第一項に規定する債権管理簿をいう。

2 この省令において、次の各号に掲げる用語の意義は、当該各号に定めるところによる。

○国の債権の管理等に関する法律

3　この法律において「各省各庁」とは、財政法（昭和二十二年法律第三十四号）第二十一条に規定する各省各庁をいい、「各省各庁の長」とは、同法第二十条第二項に規定する各省各庁の長をいう。

4　この法律において「歳入徴収官等」とは、各省各庁の長、各省各庁の長以外の国の機関で他の法令の規定により債権の管理に関する事務を行なうべきこととされているもの又は第五条第一項若しくは第二項の規定により債権の管理に関する事務を行なう者をいう。

○国の債権の管理等に関する法律施行令

債権の管理に関する事務、各省各庁、各省各庁の長、歳入徴収官等、現金出納職員、支払事務担当職員、履行延期の特約等、延滞金、延納利息若しくは契約等担当職員、歳入徴収官若しくは分任歳入徴収官又は官署支出官、歳入徴収官代理、分任歳入徴収官代理若しくは支出官代理をいう。

○債権管理事務取扱規則

一　主任歳入徴収官等　令第五条第一項若しくは第四項又は令第六条の規定により債権の管理に関する事務の委任を受けた又は当該事務を行うこととなつた歳入徴収官等をいう。

二　分任歳入徴収官等　令第五条第二項の規定により債権の管理に関する事務を分掌する歳入徴収官等又は令第六条の規定により債権の管理に関する事務を行うこととなつた都道府県の知事若しくは知事の指定する職員が行う当該事務の一部を分掌する歳入徴収官等をいう。

三　歳入徴収官等代理　令第五条第三項若しくは第四項の規定により債権の管理に関する事務を代理する歳入徴収官等又は令第六条の規定により債権の管理に関する事務を行うこととなつた都道府県の知事若しくは当該知事の指定する職員若しくは知事の指定する職員から当該事務の一部を分掌する職員に事故がある場合においてこれらの事務を

（適用除外）

第三条　この法律は、次に掲げる債権については、適用しない。ただし、当該債権のうち政令で定めるものについては、第三十九条及び第四十条の規定を適用する。

一　罰金、科料、刑事追徴金、過料及び刑事訴訟費用並びにこれらに類する徴収金で政令で定めるものに係る債権

二　証券に化体されている債権（社債、株式等の振替に関する法律（平成十三年法律第七十五号）の規定により振替口座簿に記載され、又は記録されたものを含む。）

三　日本銀行に対する国の預金に係る債権その他会計法（昭和二十二年法律第三十五号）第三十八条から第四十条の二まで又は第四十八条の規定に基き金銭の出納保管の事務を行う者（以下「現金出納職員」という。）がその保管に係る金銭を預託した場合の預託金に係る債権

（報告に関する規定に限り適用がある債権）

第二条　法第三条第一項ただし書に規定する政令で定める債権は、次に掲げる債権とする。

一　法第三条第一項第六号に掲げる債権

二　法第三条第一項第七号に掲げる債権（同項第二号に掲げる債権及び特別会計に関する法律（平成十九年法律第二十三号）第七十六条第二項の規定により預入した外国為替等又は現金に係る債権を除く。）

（罰金等に類する適用除外の徴収金）

第三条　法第三条第一項第一号に規定する政令で定める徴収金は、次に掲げる徴収金とする。

一　民事訴訟法（平成八年法律第百九号）第三百三条第一項の規定による裁判により納付を命じた金銭

二　国税通則法（昭和三十七年法律第六十六号）第百五十七条第一項又は関税法（昭和二十九年法律第六十一号）第百四十六条第一項（とん税法

代理する歳入徴収官等をいう。

○国の債権の管理等に関する法律

四　保管金となるべき金銭の給付を目的とする債権

五　寄附金に係る債権

六　国税収納金整理資金に属する債権

七　法律の規定により国が保有する資金（積立金を含む。）の運用により生ずる債権

八　電子記録債権法（平成十九年法律第百二号）第二条第一項に規定する電子記録債権

2　外国を債務者とする債権その他政令で定める債権については、政令で定めるところにより、この法律の一部を適用しないことができる。

○国の債権の管理等に関する法律施行令

（昭和三十二年法律第三十七号）第十四条及び特別とん税法（昭和三十二年法律第三十八号）第十二条において準用する場合を含む。）の規定による通告処分に基づき納付する金額に係る徴収金

三　刑事訴訟法（昭和二十三年法律第百三十一号）第三百四十八条の仮納付の裁判により納付を命じた罰金、科料若しくは追徴に相当する金額又は交通事件即決裁判手続法（昭和二十九年法律第百十三号）第十五条の仮納付の裁判により納付を命じた罰金若しくは科料に相当する金額に係る徴収金

四　刑事訴訟法第九十六条第二項若しくは第三項又は出入国管理及び難民認定法（昭和二十六年政令第三百十九号）第五十五条第三項の規定による没取金

五　刑事訴訟法第百三十三条若しくは第百三十七条（同法第二百二十二条において準用する場合を含む。）、第

○債権管理事務取扱規則

百五十条若しくは第百六十条（これらの規定を同法第百七十一条（同法第百七十八条において準用する場合を含む。）において準用する場合を含む。）又は第二百六十九条の規定により命じた費用の賠償に係る徴収金

六　少年法（昭和二十三年法律第百六十八号）第三十一条第一項又は心神喪失等の状態で重大な他害行為を行った者の医療及び観察等に関する法律（平成十五年法律第百十号）第七十八条第一項の規定により徴収する費用に係る徴収金

七　金融商品取引法（昭和二十三年法律第二十五号）第百八十五条の七第一項、第二項、第四項から第八項まで及び第十項から第十七項までの決定（同法第百八十五条の八第六項又は第七項の規定による変更後のものを含む。）により納付を命じた課徴金及び同法第百八十五条の十四第二項の規定により徴収する延滞金

八　公認会計士法（昭和二十三年法律第百三号）第三十四条の五十三第一

○国の債権の管理等に関する法律

○国の債権の管理等に関する法律施行令

項から第五項までの決定により納付を命じた課徴金及び同法第三十四条の五十九第二項の規定により徴収する延滞金

九　犯罪被害者等の権利利益の保護を図るための刑事手続に付随する措置に関する法律（平成十二年法律第七十五号）第十七条第一項の規定により徴収する旅費、日当、宿泊料及び報酬に係る徴収金

十　不当景品類及び不当表示防止法（昭和三十七年法律第百三十四号）第八条第一項の規定により納付を命じた課徴金及び同法第十八条第二項の規定により徴収する延滞金

（法の一部適用除外の範囲）

第四条　法第三条第二項に規定する政令で定める債権は、次に掲げる債権とする。

一　本邦に住所又は居所を有しない者（その者に対する債権につき強制執行（国税徴収又は国税滞納処分の例による場合の滞納処分を含む。以下

○債権管理事務取扱規則

（他の法令との関係）

第四条　債権の管理に関する事務の処理については、他の法律又はこれに基く

同じ。）をすることができる本邦内にある財産の価額が強制執行をした場合の費用並びに他の優先して弁済を受ける債権及び国以外の者の権利（以下第十八条及び第二十条において「優先債権等」という。）の金額の合計額をこえると見込まれる者を除く。）を債務者とする債権

二　外国の大使、公使その他の外交官又はこれらに準ずる者で財務大臣の指定するものを債務者とする債権

2　外国を債務者とする債権については、法第十五条、法第十八条（第五項を除く。）、法第三十五条及び法第三十六条の規定並びに当該債権のうち財務大臣の指定するものにあつては法第十三条、法第二十五条、法第二十六条（延納利息に係る部分を除く。）又は法第二十七条の規定を、前項各号に掲げる債権については、法第十五条及び法第十八条（第一項及び第五項を除く。）の規定をそれぞれ適用しない。

○国の債権の管理等に関する法律

命令に特別の定がある場合を除くほか、この法律の定めるところによる。

第二章　債権の管理の機関

○国の債権の管理等に関する法律施行令

第二章　債権の管理の機関

（各省各庁に所属する職員に対する債

○債権管理事務取扱規則

（債権管理事務取扱の特例）

第三条　歳入徴収官等の事務取扱その他国の債権の管理に関する事務の取扱で特別の事情によりこの省令により難いものについては、別に財務大臣の定めるところによる。

第二章　債権の管理の機関

（債権管理総括機関）

第四条　各省各庁の長は、当該各省各庁の所掌事務に係る債権の管理に関する事務を総括させるための職員（以下「債権管理総括機関」という。）を指定するものとする。

2　債権管理総括機関は、各省各庁の長の定めるところにより、債権現在額報告書の作成に関する事務の取扱、当該各省各庁の所掌事務に係る債権の管理に関する事務の処理手続の整備及び当該事務の処理について必要な調整をするものとする。

（管理事務の実施）
第五条　各省各庁の長は、政令で定めるところにより、会計法第四条の二に規定する歳入徴収官、同法第二十四条に規定する支出官その他の職員で当該各省各庁又は他の各省各庁に所属するものに、当該各省各庁の所掌事務に係る債権の管理に関する事務（他の法令の規定により各省各庁の長以外の国の機関が行うべきこととされているものを除く。）を行わせることができる。

2　国は、政令で定めるところにより、都道府県の知事又は知事の指定する職員が前項の事務を行うこととすることができる。

3　各省各庁の長は、必要があるときは、政令で定めるところにより、当該各省各庁の所掌事務に係る債権の管理に関する事務で自ら行なうもの又は第一項の規定により当該各省各庁若しくは他の各省各庁に所属する職員が行なうものの一部をこれらの各省各庁に所属する他の職員に処理させることができる。

4　前項の規定は、第二項の場合及び他

権管理事務の委任等）
第五条　各省各庁の長は、法第五条第一項の規定により当該各省各庁の所掌事務に係る債権の管理に関する事務を当該各省各庁又は他の各省各庁に所属する職員に行わせる場合には、次の各号に掲げる区分に応じ、当該各号に掲げる職員にその事務を委任するものとする。

一　歳入金に係る債権の管理に関する事務　歳入徴収官

二　歳出の金額に戻し入れる返納金に係る債権の管理に関する事務　官署支出官

三　前二号に規定する債権以外の債権の管理に関する事務　内閣府設置法（平成十一年法律第八十九号）第十七条若しくは第五十三条の官房、局若しくは部の長、同法第三十九条若しくは第五十五条の施設等機関の長、同法第四十条若しくは第五十六条の特別の機関の長、同法第四十三条若しくは第五十七条（宮内庁法（昭和二十二年法律第七十号）第十八条第一項において準用する場合を

（代理をさせる場合）
第五条　各省各庁の長は、法第五条第二項及び第四項の規定により債権の管理に関する事務を都道府県の知事又は知事の指定する職員が行うこととなる事務として定める場合を除き、歳入徴収官等代理が主任歳入徴収官等又は分任歳入徴収官等の事務を代理する場合を定めて置くものとする。ただし、やむを得ない事情がある場合には、代理させるつど定めることを妨げない。

2　歳入徴収官等代理は、前項の規定により各省各庁の長の定める場合において、主任歳入徴収官等又は分任歳入徴収官等の事務を代理するものとする。

3　主任歳入徴収官等又は分任歳入徴収官等及び歳入徴収官等代理は、歳入徴収官等代理が主任歳入徴収官等又は分任歳入徴収官等の事務を代理するときは、代理開始及び終止の年月日並びに歳入徴収官等代理が取り扱つた債権の管理に関する事務の範囲を適宜の書面において明らかにしておかなければならない。

4　前項の規定は、歳入徴収官等代理が

〇国の債権の管理等に関する法律

の法令の規定により各省各庁の長以外の国の機関が債権の管理に関する事務を行なう場合について準用する。

5　第二項の規定により都道府県が行うこととされる事務は、地方自治法（昭和二十二年法律第六十七号）第二条第九項第一号に規定する第一号法定受託事務とする。

〇国の債権の管理等に関する法律施行令

含む。）の地方支分部局の長、内閣府設置法第五十二条の委員会の事務局若しくは事務総局の長、宮内庁法第三条第一項の長官官房、侍従職等若しくは部の長、同法第十六条第二項の機関の長、同法第十七条第一項の地方支分部局の長、国家行政組織法（昭和二十三年法律第百二十号）第七条の官房、局、部若しくは委員会の事務局若しくは事務総局の長、同法第八条の二の施設等機関の長、同法第八条の三の特別の機関の長、同法第九条の地方支分部局の長又はこれらに準ずる職員（各省各庁の長が必要があると認めるときは、これらの職員以外の職員）

2　各省各庁の長は、前項の場合において、必要があるときは、同項第一号又は第三号の規定により委任を受けた職員の事務の一部を分任歳入徴収官その他の職員に分掌させることができる。

3　各省各庁の長は、前二項の規定により債権の管理に関する事務を委任した

〇債権管理事務取扱規則

主任歳入徴収官等又は分任歳入徴収官等の事務を代理している間に当該歳入徴収官等代理に異動があつたときについて準用する。

（交替の手続）

第六条　主任歳入徴収官等又は分任歳入徴収官等が交替するときは、前任の主任歳入徴収官等又は分任歳入徴収官等（歳入徴収官等代理がこれらの事務を代理しているときは、これらの歳入徴収官等代理。以下この条において同じ。）は、引き渡すべき債権管理簿及びその関係書類の名称及び件数並びに法第二十条第一項に規定する担保物及びもつぱら債権又は債権の担保に係る事項の立証に供すべき書類その他の物件の名称及び件数並びに引渡の日付その他必要な事項を記載した引継書を交替の日の前日をもつて作成し、後任の主任歳入徴収官等又は分任歳入徴収官等とともに記名して印をおし、当該引継書を債権管理簿に添附して、債権管理簿、関係書類、担保物及び物件を後

職員又は当該職員の事務の一部を分掌させた職員に事故がある場合（これらの職員が会計法第四条の二第四項（同法第二十四条第三項において準用する場合を含む。）の規定又は第五項の規定により指定された官職にある者である場合には、その官職にある者が欠けたときを含む。）において、必要があるときは、次の各号に掲げる区分に応じ、当該各号に掲げる職員にその事務を代理させることができる。

一　第一項第一号に掲げる事務　歳入徴収官代理又は分任歳入徴収官代理若しくは当該事務を分掌させた職員以外の職員

二　第一項第二号に掲げる事務　支出官代理（官署支出官の事務を代理する職員に限る。第五項において同じ。）

三　第一項第三号に掲げる事務　当該事務を委任し、又は分掌させた職員以外の職員

4　各省各庁の長は、第一項第二号に掲げる事務を同項又は前項の規定により委任し、又は代理させる場合においい

任の主任歳入徴収官等又は分任歳入徴収官等に引き渡すものとする。ただし、前任の主任歳入徴収官等又は分任歳入徴収官等が交替の手続をすることができない事由があるときは、後任の主任歳入徴収官等又は分任歳入徴収官等が引継書を作成し、これに記名して印をおせば足りる。

○国の債権の管理等に関する法律

○国の債権の管理等に関する法律施行令

て、財務省令で定める特別の事情があるときは、同号又は同項第二号に掲げる職員以外の職員にその事務を委任し、又は代理させることができる。

5　各省各庁の長は、前各項の規定により歳入徴収官、分任歳入徴収官、歳入徴収官代理、分任歳入徴収官代理、官署支出官及び支出官代理以外の職員に債権の管理に関する事務を委任し、分掌させ、又は代理させる場合において、当該各省各庁又は他の各省各庁に置かれた官職を指定することにより、その官職にある者に当該事務を委任し、分掌させ、又は代理させることができる。

6　各省各庁の長は、前項に規定する場合において、他の各省各庁に所属する職員に当該事務を委任し、分掌させ、又は代理させるときは、当該職員及びその官職並びに行なわせようとする事務の範囲について、あらかじめ、当該他の各省各庁の長の同意を得なければならない。ただし、その委任、分掌又

○債権管理事務取扱規則

は代理が同項の規定に基づいて官職の指定により行なわれる場合には、その同意は、その指定しようとする官職及び行なわせようとする事務の範囲についてあれば足りる。

第五条の二　各省各庁の長は、法第五条第三項の規定により当該各省各庁又は他の各省各庁に所属する職員に同項に規定する債権の管理に関する事務の一部を処理させる場合には、その処理させる事務の範囲を明らかにしなければならない。

2　各省各庁の長は、法第五条第三項の規定により当該各省各庁に所属する職員に同項に規定する債権の管理に関する事務の一部を処理させる場合において、必要があるときは、同項の権限を、内閣府設置法第五十条の委員長若しくは長官、同法第四十三条若しくは第五十七条（宮内庁法第十八条第一項において準用する場合を含む。）の地方支分部局の長、宮内庁長官、宮内庁法第十七条第一項の地方支分部局の長、国家行政組織法第六条の委員長若しくは長官、同法第九条の地方支分部

○国の債権の管理等に関する法律

○国の債権の管理等に関する法律施行令

局の長又はこれらに準ずる職員に委任することができる。この場合において、各省各庁の長は、同項の規定により当該事務を処理させる職員（当該各省各庁に置かれた官職を指定することによりその官職にある者に当該事務を処理させる場合には、その官職）の範囲及びその処理させる事務の範囲を定めるものとする。

3　前条第五項及び第六項の規定は、各省各庁の長が法第五条第三項の規定により当該各省各庁又は他の各省各庁に所属する職員に同項に規定する債権の管理に関する事務の一部を処理させる場合について準用する。

4　法第五条第三項の規定により同項に規定する債権の管理に関する事務の一部を処理する職員（次項において「代行機関」という。）は、当該債権の管理に関する事務を行なう歳入徴収官等に所属して、かつ、当該歳入徴収官等の名において、その事務を処理するものとする。

○債権管理事務取扱規則

第六条から第八条まで　削除

5　代行機関は、第一項又は第二項に規定する範囲内の事務であつても、その所属する歳入徴収官等において処理することが適当である旨の申出をし、かつ、当該歳入徴収官等がこれを相当と認めた事務及び歳入徴収官等が自ら処理する特別の必要があるものとして指定した事務については、その処理をしないものとする。

（都道府県が行う管理事務）

第六条　各省各庁の長は、法第五条第二項又は第四項の規定により債権の管理に関する事務を都道府県の知事又は知事の指定する職員が行うこととなる事務として定める場合には、当該知事又は知事の指定する職員が行うこととなる事務の範囲を明らかにして、当該知事又は知事の指定する職員が債権の管理に関する事務を行うこととなることについて、あらかじめ当該知事の同意を求めなければならない。

2　都道府県の知事は、各省各庁の長から前項の規定により同意を求められた場合には、その内容について同意をするかどうかを決定し、同意をするとき

○国の債権の管理等に関する法律

○国の債権の管理等に関する法律施行令

は、知事が自ら行う場合を除き、事務を行う職員を指定するものとする。この場合において、当該知事は、都道府県に置かれた職を指定することにより、その職にある者に事務を取り扱わせることができる。

3　前項の場合において、都道府県の知事は、同意をする決定をしたときは同意をする旨及び事務を行う者（同項後段の規定により都道府県に置かれた職を指定した場合においてはその職）を、同意をしない決定をしたときは同意をしない旨を各省各庁の長に通知するものとする。

（管理事務の引継ぎ）

第七条　各省各庁の長は、当該各省各庁の所掌事務に係る債権について、債務者の住所の変更その他の事情により必要があると認めるときは、財務省令で定めるところにより、当該債権に係る歳入徴収官等の事務を他の歳入徴収官等に引き継がせるものとする。

○債権管理事務取扱規則

（管理事務の引継の手続）

第七条　各省各庁の長は、令第七条の規定により歳入徴収官等の事務を他の歳入徴収官等に引き継がせる場合には、当該他の歳入徴収官等が当該事務の管理を開始すべき期日を定めて委任し、又は分掌させるとともに、引継ぎをする歳入徴収官等をして、その期日までに、当該事務に係る債権管理簿又はその

（管理事務の総括）
第九条　財務大臣は、債権の管理の適正を期するため、債権の管理に関する制

の引き継ぐべき事項に係る部分の写しその他の関係書類並びに法第二十条第一項に規定する担保物及び物件の当該他の歳入徴収官等に対する引渡しを完了させるものとする。

2　前条の規定は、前項の規定により歳入徴収官等が債権の管理に関する事務を他の歳入徴収官等に引き継ぐため引渡をする場合において準用する。この場合において、同条中「債権管理簿」とあるのは、「債権管理簿又はその引き継ぐべき事項に係る部分の写」と読み替えるものとする。

3　前項の規定による引継が隔地にいる歳入徴収官等に対して行われるものである場合においては、当該引継ぎを受ける歳入徴収官等の引継書への記名及びなつ印は要しないものとし、当該引継ぎを受ける歳入徴収官等は、引継を受けた旨を明らかにした書面を引継ぎをした歳入徴収官等に送付するものとする。

〇国の債権の管理等に関する法律

度を整え、債権の管理に関する事務の処理手続を統一し、及び当該事務の処理について必要な調整をするものとする。

2　財務大臣は、債権の管理の適正を期するため必要があると認めるときは、各省各庁の長に対し、当該各省各庁の所掌事務に係る債権の内容及び当該債権の管理に関する事務の状況に関する報告を求め、又は当該事務について、当該職員をして実地監査を行わせ、若しくは閣議の決定を経て、必要な措置を求めることができる。

第三章　債権の管理の準則

（管理の基準）

第十条　債権の管理に関する事務は、法令の定めるところに従い、債権の発生原因及び内容に応じて、財政上もつとも国の利益に適合するように処理しなければならない。

（帳簿への記載）

第十一条　歳入徴収官等は、その所掌に

〇国の債権の管理等に関する法律施行令

第三章　債権の管理の準則

（帳簿への記載又は記録を行うべき時期の特例）

第八条　法第十一条第一項に規定する政

〇債権管理事務取扱規則

第三章　債権の管理の準則

（帳簿への記載又は記録を行なうべき時期の特例）

第八条　令第八条第一号に規定する財務

属すべき債権が発生し、又は国に帰属したとき（政令で定める債権については、政令で定めるとき）は、政令で定める場合を除き、遅滞なく、債務者の住所及び氏名、債権金額並びに履行期限その他政令で定める事項を調査し、確認の上、これを帳簿に記載し、又は記録しなければならない。当該確認に係る事項について変更があつた場合も、また同様とする。

2　歳入徴収官等は、前項に規定するもののほか、政令で定めるところにより、その所掌に属する債権の管理に関する事務の処理につき必要な事項を帳簿に記載し、又は記録しなければならない。

令で定める債権は、次の各号に掲げる債権とし、同項に規定する政令で定めるときは、当該債権について当該各号に掲げるときとする。

一　利息、国の財産の貸付料若しくは使用料又は国が設置する教育施設の授業料に係る債権　その発生の原因となる契約その他の行為をした日の属する年度に利払期又は履行期限が到来する債権にあつては、その行為をしたとき、当該年度の翌年度以後の各年度に利払期又は履行期限が到来する債権にあつては、当該各年度の開始したとき（当該各年度の四月中に利払期又は履行期限が到来する債権で財務省令で定めるものについては、前年度の三月中において財務省令で定めるとき。）。

二　一定期間内に多数発生することが予想される同一債務者に対する同一種類の債権で、法令又は契約の定めるところによりこれをとりまとめて当該期間経過後に履行させることとなつているもの　当該期間の満了の日の翌日からその履行期限までの間

省令で定める債権は、同号に掲げる債権で納入の告知をしなければならないもののうち、その利払期又は履行期限から起算して二十日前の日が当該利払期又は履行期限の属する年度の前年度の三月中における日に該当するものとし、同号に規定する財務省令で定めるときは、同月中における当該日以前の日とする。

○国の債権の管理等に関する法律

○国の債権の管理等に関する法律施行令

において各省各庁の長が定めるとき。

三　法令の定めるところにより国の行政機関以外の者によつてのみその内容が確定される債権　その者が当該債権の内容を確定したとき。

四　延滞金に係る債権　当該延滞金を附することとなつている債権が履行期限の定のあるものである場合には、当該履行期限が経過したとき、当該債権が損害賠償金又は不当利得による返還金に係るものである場合には、当該賠償又は返還の請求をするとき。

五　補助金等に係る予算の執行の適正化に関する法律（昭和三十年法律第百七十九号）第十九条第一項に規定する加算金で返還すべき補助金等に関し納付すべきもの、法第三十六条第十号に掲げる事項についての契約の定をした貸付金に係る債権につきその定に従つて納付させる金額に係る債権その他法令又は契約の定める

○債権管理事務取扱規則

ところにより一定の期間に応じて附する加算金に係る債権　当該補助金等の返還金の返還を命じ、当該貸付金に係る履行期限を繰り上げる旨の指示又は決定をし、その他法令又は契約の定めるところにより当該加算金を附することとなつたとき。

六　金銭の給付以外の給付を目的とする国の権利についての債務の履行の遅滞に係る損害賠償金その他これに類する徴収金に係る債権で債権金額が一定の期間に応じて算定されることとなつているもの　当該権利の履行期限が経過したとき。

（帳簿への記載又は記録を要しない場合）

第九条　法第十一条第一項に規定する政令で定める場合は、歳入徴収官等が、その所掌に属すべき債権でまだ同項に規定する帳簿（以下「債権管理簿」という。）に記載され、又は記録されていないものについて、その全部が消滅していることを確認した場合とする。

2　前項の場合においては、歳入徴収官等は、財務大臣の定めるところによ

（債権管理簿に記載又は記録できなかつた場合の措置）

第九条　歳入徴収官等は、債権について令第九条第二項本文の規定により債権管理簿に記載し、又は記録することができなかつた理由を明らかにしておくには、適宜の様式による帳簿に債権の概要、記載し、又は記録することができなかつた理由その他必要な事項を記載し、又は記録していなければならない。

○国の債権の管理等に関する法律

○国の債権の管理等に関する法律施行令

り、当該債権について債権管理簿に記載し、又は記録することができなかつた理由を明らかにしておかなければならない。ただし、当該債権が次に掲げる債権に該当する場合は、この限りでない。

一　法令又は契約により債権金額の全部をその発生と同時に納付すべきこととなつている債権

二　健康保険法（大正十一年法律第七十号）第百六十七条第一項若しくは第百六十九条第六項、船員保険法（昭和十四年法律第七十三号）第百三十条、労働保険の保険料の徴収等に関する法律（昭和四十四年法律第八十四号）第三十二条又は厚生年金保険法（昭和二十九年法律第百十五号）第八十四条の規定により国が報酬又は賃金から控除する保険料に係る債権

三　恩給金額分担及国庫納金収入等取扱規則（大正十二年勅令第四百三十九号）第十条第一項の規定により俸

○債権管理事務取扱規則

2　歳入徴収官等は、法第十二条各号に掲げる者からの通知が遅延したことにより債権について債権管理簿に記載し、又は記録することができなかつた場合には、その者に対してその遅延した事由を疎明すべきことを要求しなければならない。

3　前項の規定により要求をされた者は、書面をもつて疎明しなければならない。

4　前三項の規定は、歳入徴収官等がその所掌に属すべき債権で債権管理簿にまだ記載し、又は記録されていないものについて当該債権の一部が消滅していることを確認した場合について準用する。

給又は給料から控除する金額に係る債権及び同規則第十一条第二項ただし書の規定により納付する金額に係る債権

四　予算決算及び会計令第六十二条第一項の規定による納付金及びこれに準ずる返納金で現金出納職員が隔地の債権者又は他の現金出納職員に現金の支払をするため日本銀行に交付した資金に係るものに係る債権

五　ポツダム宣言の受諾に伴い発する命令に関する件に基く大蔵省関係諸命令の措置に関する法律施行令（昭和二十七年政令第百十二号）第一項又は第二項の規定による納付金に係る債権

六　接収貴金属等の処理に関する法律（昭和三十四年法律第百三十五号）第十六条の規定による納付金に係る債権

（調査、確認及び記帳を要する事項）

第十条　法第十一条第一項に規定する政令で定める事項は、次に掲げる事項とする。

一　債権の発生原因

（債権管理簿への記載又は記録の省略）

第九条の二　歳入徴収官等は、その所掌に属する債権に係る令第十条第一項第一号から第五号まで（第二号を除く。）又は第八号に掲げる事項については、

○国の債権の管理等に関する法律

○国の債権の管理等に関する法律施行令

二　債権の発生年度
三　債権の種類
四　利率その他利息に関する事項
五　延滞金に関する事項
六　債務者の資産又は業務の状況に関する事項
七　担保（保証人の保証を含む。以下同じ。）に関する事項
八　解除条件
九　その他各省各庁の長が定める事項

2　歳入徴収官等は、債権の管理上支障がないと認められるときは、財務省令で定めるところにより、前項各号に掲げる事項の記載又は記録を省略することができる。

3　第八条第四号から第六号までに掲げる債権の債権金額は、その支払われるべき金額が確定した場合を除くほか、記載し、又は記録することを要しない。

4　第一項第二号に掲げる債権の発生年度の区分及び同項第三号に掲げる債権の種類は、財務省令で定める。

○債権管理事務取扱規則

その内容が債権管理簿として使用される帳簿においてすでに明らかとなつている場合又は財務大臣がその記載又は記録を要しないものとして特に指定する場合においては、その記載又は記録を省略することができる。

2　歳入徴収官等は、その所掌に属する債権で債権金額の全部を法第十一条第一項前段の規定により調査及び確認をする日の属する年度内に履行させることとされているものについては、当該年度内に限り、令第十条第一項第二号に掲げる事項の記載又は記録を省略することができる。

3　歳入徴収官等は、その所掌に属する次の各号に掲げる債権については、令第十条第一項第六号に掲げる事項の記載又は記録を省略することができる。
一　債権の発生の原因となる契約その他の行為により発生する債権以外の債権
二　地方公共団体、独立行政法人等（独立行政法人等登記令（昭和三十

5　歳入徴収官等は、法第十一条の規定により外国通貨をもつて表示される債権の内容に関する事項を債権管理簿に記載し、又は記録するときは、債権金額を当該外国通貨をもつて表示し、財務大臣が定める外国為替相場でこれを換算した本邦通貨の金額を付記するものとする。

6　歳入徴収官等は、法第二十条第一項に規定する担保物及び債権又はその担保に係る事項の立証に供すべき書類その他の物件の保存に関する事項を債権管理簿に記載し、又は記録しなければならない。

7　歳入徴収官等は、その所掌に属する債権で債権管理簿に記載し、又は記録したものについてその管理に関する事務の処理上必要な措置をとつたとき、当該債権が消滅したことを確認したとき、又はその管理に関係する事実で当該事務の処理上必要なものがあると認めるときは、その都度遅滞なく、これらの内容を債権管理簿に記載し、又は記録しなければならない。

九年政令第二十八号）第一条の独立行政法人等をいう。）又は金融機関（出資の受入れ、預り金及び金利等の取締りに関する法律（昭和二十九年法律第百九十五号）第三条に規定する金融機関をいう。以下同じ。）を債務者とする債権（前号に該当する債権を除く。）

三　法第三条第二項の規定の適用を受ける債権（第一号に該当する債権を除く。）

四　前三号に掲げる債権以外の債権であつて、同一債務者に対する債権金額の合計額が十万円に達しないもの又は債権金額の全部を法第十一条第一項の規定により調査及び確認をしようとする日から起算して二十日以内に履行させることとされているもの

五　その他財務大臣の指定する債権

4　前項の規定により記載又は記録を省略した後、当該債権について法第十五条、法第二十一条第一項若しくは第二項、法第二十四条第一項又は法第二十八条から第三十二条までに規定する措

○国の債権の管理等に関する法律

○国の債権の管理等に関する法律施行令

○債権管理事務取扱規則

置をとる必要があるとき、当該債権に係る債務者の資産又は業務の状況に重大な変更が生じたとき、その他必要があると認めるときは、歳入徴収官等は、遅滞なく、当該事項についての記載又は記録をするものとする。

（債権の調査確認の書類）

第十条　歳入徴収官等は、法第十一条第一項の規定によりその所掌に属する債権について調査確認したときは、その調査確認した事項を明らかにした書類を作成するものとする。

（発生年度の区分及び債権の種類）

第十一条　令第十条第一項第二号に規定する債権の発生年度の区分は、別表第一に定めるところによる。

2　令第十条第一項第三号に規定する債権の種類は、別表第二に定めるところによる。

（債権管理簿の記載又は記録の方法）

第十二条　債権管理簿の記載又は記録の方法に関し必要な事項は、別表第四に定めるところによる。

（発生等に関する通知）

第十二条　次の各号に掲げる者は、当該各号に掲げる場合には、遅滞なく、債権が発生し、又は国に帰属したことを、当該債権に係る歳入徴収官等に通知しなければならない。

一　法令の規定に基き国のために債権が発生し、又は国に帰属する原因となる契約その他の行為をする者　当該行為をしたとき（債権の発生又は帰属につき停止条件又は不確定の始期があるときは、当該行為に基き、条件の成就又は期限の到来により債権が発生し、又は国に帰属したとき。）。

二　法令の規定に基き国のために支出負担行為（財政法第三十四条の二第一項に規定する支出負担行為をいう。以下同じ。）をする者　当該支出負担行為の結果返納金に係る債権が発生したことを知つたとき。

三　法令の規定に基き国のために契約をする者　当該契約に関して債権が発生し、又は国に帰属したことを知

（債権の発生又は帰属の通知）

第十一条　法第十二条各号に掲げる者が同条の規定によりすべき通知は、次に掲げる事項を記載し、又は記録した書面に、債権又はその担保に係る事項の立証に供すべき書類の写その他の関係物件を添えて、これを歳入徴収官等に送付することによりするものとする。

一　債務者の住所及び氏名又は名称

二　債権金額

三　履行期限

四　前条第一項各号に掲げる事項

2　各省各庁の長は、前項各号に掲げる事項のうち通知をする必要がないと認められるものの通知を省略させることができる。

（債権についての異動の通知）

第十二条　法第十二条第一号に掲げる者は、同号の規定により歳入徴収官等に通知した債権について異動を生じたときは、遅滞なく、その旨を歳入徴収官等に通知しなければならない。

（返納金に係る債権の発生に関する通知の手続）

第十二条の二　法第十二条第二号に掲げる者は、同号の規定により支出負担行為の結果返納金に係る債権が発生したことを通知する場合において当該返納金が法令の規定により支出官又は出納官吏の支払つた金額に戻し入れることができるものであるときは、その支払金額に係る歳出の所属年度、所管、会計名、部局等及び項をあわせて通知するものとする。

○国の債権の管理等に関する法律

つたとき（前二号に該当する場合を除く。）。

四　現金出納職員、物品管理法第八条若しくは第十一条の規定に基き物品の管理に関する事務を行う者（同法第十条若しくは第十一条の規定に基き当該物品の供用に関する事務を行う者があるときは、その者）又は国有財産法（昭和二十三年法律第七十三号）第九条第一項若しくは第三項の規定に基き国有財産に関する事務を行う者　その取扱に係る財産に関して債権が発生したことを知つたとき（前各号に該当する場合を除く。）。

（納入の告知及び督促）

第十三条　歳入徴収官等は、その所掌に属する債権（申告納付に係る債権その他の政令で定める債権を除く。）について、履行を請求するため、会計法第六条の規定によるもののほか、政令で定めるところにより、債務者に対して

○国の債権の管理等に関する法律施行令

（納入の告知）

第十三条　第五条第一項第二号又は第三号に掲げる事務を行なう者は、法第十三条第一項の規定により納入の告知をしようとするときは、当該告知に係る債権の内容が法令又は契約に違反していないかどうかを調査しなければなら

○債権管理事務取扱規則

（納入の告知に係る履行期限の設定及び弁済充当の順序）

第十三条　歳入徴収官等は、その所掌に属する債権の履行期限については、法令又は契約に定めがある場合を除き、法第十一条第一項の規定により債務者及び債権金額を確認した日から二十日以内における適宜の履行期限を定める

納入の告知をしなければならない。

2　歳入徴収官等は、その所掌に属する債権について、その全部又は一部が前項に規定する納入の告知で指定された期限（納入の告知を要しない債権については、履行期限）を経過してもなお履行されていない場合には、債務者に対してその履行を督促しなければならない。

ない。

2　前項の納入の告知は、同一債務者に対する債権金額の合計額が履行の請求に要する費用をこえない場合を除くほか、法第十一条第一項の規定により債務者及び債権金額を確認した日（履行期限の定のある債権にあつては、その確認した日と当該履行期限から起算して二十日前の日とのいずれか遅い日）後遅滞なく、しなければならない。

3　予算決算及び会計令第二十九条の規定は、第一項の規定による納入の告知について準用する。

（納入の告知に係る手続をしない債権）

第十四条　法第十三条第一項に規定する政令で定める債権は、次に掲げる債権とする。

一　第九条第二項第一号、第二号又は第四号に掲げる債権

二　職員に対して支給する給与の返納金に係る債権で債権金額の全部に相当する金額をその支払つた日の属する年度内において当該職員に対して支払うべき給与の金額から一時に控除して徴収することができるもの

ものとする。

2　歳入徴収官等は、次に掲げる債権について納入の告知をする場合に、納付された金額が当該債権の金額及び利息、延滞金又は一定の期間に応じて附する加算金（以下この項及び第二十条の二において「延滞金等」という。）の金額の合計額に足りないときは、その納付された金額を先ず当該債権に充当し、次いで延滞金等に充当する旨を明らかにすることができる。

一　法第三十三条第三項に規定する債権

二　歳入金に属する返納金以外の返納金に係る債権

（歳入徴収官等の行う納入の告知の手続）

第十四条　歳入徴収官等は、法第十三条第一項の規定により、債務者に対して納入の告知をする場合には、同一債務者に対する債権金額の合計額が履行の請求に要する費用をこえない場合を除くほか、法第十一条第一項の規定により債務者及び債権金額を確認した日（履行期限の定のある債権にあつては、

○国の債権の管理等に関する法律

○国の債権の管理等に関する法律施行令

（特定の歳入金に係る債権についての納入の告知等）

第十四条の二　分任歳入徴収官以外の者で第五条第二項の規定により歳入金に係る債権の管理に関する事務を分掌するものは、その債権について納入の告知、履行の督促又は保証人に対する履行の請求を必要とするときは、当該債権に係る歳入の徴収に関する事務を取り扱う歳入徴収官又は分任歳入徴収官に対してこれらの措置をとるべきことを請求するものとする。ただし、必要に応じ、みずから履行の督促をすることを妨げない。

○債権管理事務取扱規則

その確認した日と当該履行期限から起算して二十日前の日とのいずれか遅い日）後遅滞なく、債務者の住所及び氏名又は名称、納付すべき金額、期限及び場所、弁済の充当の順序その他納付に関し必要な事項を明らかにした書類を作成しなければならない。

2　歳入徴収官等は、前項の書類を作成した後遅滞なく、次の各号に掲げる場合の区分に応じ、債務者の住所及び氏名又は名称、納付すべき金額、期限及び場所その他納付に関し必要な事項を明らかにした当該各号に掲げる書式の納入告知書を作成して債務者に送付しなければならない。ただし、口頭をもつてする納入の告知により債務者をして即納させる場合は、この限りでない。

一　センター支出官（予算決算及び会計令（昭和二十二年勅令第百六十五号）第一条第三号に規定するセンター支出官をいう。以下同じ。）の小切手（支出官事務規程（昭和二十二年大蔵省令第九十四号）第十一条第二項第一号に規定する小切手をいう。第十六条第一項第一号及び第三十二条第二項において同じ。）の振出し又は支払指図書若しくは国庫金振替書の交付若しくは送信（同令第十条第一項に規定する送信をいう。第十六条第一項第一号及び第三十二条第二項において同じ。）に係る歳出の返納金を返納させる場合　別紙第一号書式

二　前号以外の場合　別紙第二号書式

3　前項の場合において、日本銀行本店が日本銀行国庫金取扱規程（昭和二十二年大蔵省令第九十三号）第三十四条の規定により振込み又は送金を取り消したことに伴い、歳入徴収官等が日本銀行本店に前項第一号に掲げる書式により納入の告知をするときにおける同項の規定の適用については、同項中「作成して債務者」とあるのは、「作成し、センター支出官（第一号に規定するセンター支出官をいう。）を経由して日本銀行本店」とする。

4　歳入徴収官等は、第二項の規定によ

○国の債権の管理等に関する法律	○国の債権の管理等に関する法律施行令	○債権管理事務取扱規則
		り納入告知書を作成する場合において、当該債権が歳入金に属する返納金以外の返納金に係るものであるときは、当該返納金に係る日本銀行本店又は資金前渡官吏の預託先日本銀行以外の日本銀行に払込みをさせるものであつて、至急戻入を要するものであるときは、その納入告知書の表面余白に「要電信れい入」と朱書しなければならない。 5　歳入徴収官等は、第二項の規定により納入告知書を送付した場合において、当該債権が歳入金に属する返納金以外の返納金に係るものであるときは、同項に規定する事項を明らかにした書面を当該返納金に係る支払事務担当職員に送付しなければならない。 6　歳入徴収官等は、口頭をもつてする納入の告知により債務者をして即納させる場合には、その納付を受けるべき現金出納職員に対し、納付すべき金額その他納付に関し必要な事項を通知しなければならない。

（官署支出官等に対する債権金額等の通知）

第十五条　歳入徴収官等は、その所掌に属する債権のうち、令第十四条第二号に掲げるもの、予算決算及び会計令第二十八条の二第五号及び第六号に掲げる歳入に係るもの又は同条第九号に掲げる歳入でその必要があると認めるものに係るものについては、第十条の規定により調査確認した事項を明らかにした書類を作成した日後遅滞なく、債務者の住所及び氏名又は名称、履行すべき金額、履行期限、弁済の充当の順序その他履行に関し必要な事項を関係の官署支出官（同令第一条第二号に規定する官署支出官をいう。以下同じ。）又は現金出納職員に通知するものとする。

（相殺超過額の納付書の送付）

第十六条　歳入徴収官等は、第十四条第二項の規定によりその所掌に属する債権について債務者に対して納入告知書を送付した後当該債権が国の債務と相殺された場合において、当該債権の金額が相殺額を超過するときは、次の各

○国の債権の管理等に関する法律

○国の債権の管理等に関する法律施行令

○債権管理事務取扱規則

号に掲げる場合の区分に応じ、債務者の住所及び氏名又は名称、納付すべき金額、期限及び場所その他納付に関し必要な事項を明らかにした当該各号に掲げる書式の納付書（以下「納付書」という。）を作成して債務者に送付しなければならない。この場合において、納付期限は、既に納入の告知をした納付期限と同一の期限とし、当該納付書の表面余白に「相殺超過額」の印を押すものとする。

一　センター支出官の小切手の振出し又は支払指図書若しくは国庫金振替書の交付若しくは送信に係る歳出の返納金を返納させる場合　別紙第一号書式

二　前号以外の場合　別紙第三号書式

2　前項の場合において、納入者が納付すべき金額が納付書の送付に要する費用をこえないときは、歳入徴収官等は、同項の規定にかかわらず納付書を送付しないことができる。

（相殺があつた場合に資金前渡官吏等

に送付する納付書）

第十七条　歳入徴収官等は、出納官吏事務規程（昭和二十二年大蔵省令第九十五号）第五十五条第三項本文又は第五十六条第一項の場合において資金前渡官吏から請求があつたときは、直ちに相殺額に相当する金額について前条の規定に準じて作成した納付書に当該資金前渡官吏の官職及び氏名を附記し、当該納付書の表面余白に「相殺額」の印をおした上、これを当該資金前渡官吏に送付しなければならない。

2　歳入徴収官等は、支出官事務規程第七条第二項の場合において官署支出官から請求があつたときは、直ちに相殺のあつた債権に係る納入告知書又は納付書に記載していた事項を記載した納付書を作成し、これに当該官署支出官の官職及び氏名を付記し、これを当該官署支出官に送付しなければならない。

（納入告知書等を亡失した場合等に債務者に送付する納付書）

第十八条　歳入徴収官等は、債務者から納入告知書又は納付書を亡失し、又は

○国の債権の管理等に関する法律

（納付の委託）

第十四条　歳入徴収官等は、その所掌に属する債権で履行期限を経過してもなおその全部又は一部が履行されていな

○国の債権の管理等に関する法律施行令

（納付の委託）

第十五条　法第十四条第一項の規定により歳入徴収官等が納付の委託に応ずることができる有価証券は、財務省令で

○債権管理事務取扱規則

著しく汚損した旨の申出があつたときは、直ちに当該納入告知書又は納付書に記載された事項を記載した納付書を作成し、これを当該債務者に送付しなければならない。

（電信戻入の準用）

第十九条　第十四条第四項の規定は、前三条の場合について準用する。この場合において、同項中「納入告知書」とあるのは「納付書」と読み替えるものとする。

（督促の手続等）

第二十条　法第十三条第二項の規定により歳入徴収官等が行う履行の督促は、別紙第四号書式の督促状を債務者に送付することにより行うものとする。ただし、必要に応じ、口頭をもつて履行の督促を行なうことができる。

（納付の委託に応ずることができる証券）

第二十条の二　令第十五条第一項の財務省令で定める小切手、約束手形又は為替手形は、次の各号に該当するものと

いものについて、債務者が証券をもつてする歳入納付に関する法律（大正五年法律第十号）により歳入の納付に使用することができる証券以外の有価証券を提供して、その取立て及び取り立てた金銭による当該債権に係る弁済金の納付の委託を申し出た場合には、その証券が最近において確実に取り立てることができるものであり、かつ、その委託に応ずることが徴収上有利であると認められるときに限り、政令で定めるところにより、その委託に応ずることができる。この場合において、その証券の取立てにつき費用を要するときは、その委託をしようとする者から当該費用の額に相当する金額をあわせて提供させなければならない。

2　歳入徴収官等は、前項の委託があつた場合において、必要があるときは、確実と認める金融機関に当該証券の取立て及び納付の再委託をすることができる。

定める小切手、約束手形及び為替手形とする。

2　歳入徴収官等は、法第十四条第一項の規定により納付の委託に応じた場合には、納付受託通知書を当該納付の委託を申し出た者に交付するものとする。

する。

一　券面金額の合計額が法第十四条第一項の規定による取立て及び納付の委託（以下「納付委託」という。）に係る債権の金額（納付の日まで附される延滞金等の金額を含む。）をこえないもの

二　受取人の指定がないもの又は歳入徴収官等をその受取人として指定し、若しくは納付委託をする者がその取立てのために裏書をしたもの

三　法第十四条第二項の規定により再委託をする有価証券にあつては、その再委託を受ける金融機関が加入している手形交換所の加入金融機関を支払場所とするものその他当該再委託を受ける金融機関を通じて取り立てることができるもの

（納付委託に係る証券等の受領）

第二十条の三　歳入徴収官等の所属庁に属する職員は、債務者から納付委託の申出があつた場合において、その委託に応ずることが適当であると認められるときは、債務者の提供に係る有価証券（その証券の取立てにつき費用を要

○国の債権の管理等に関する法律

○国の債権の管理等に関する法律施行令

○債権管理事務取扱規則

するときは、有価証券及び当該費用の額に相当する現金）を受領し、別紙第五号書式の受領証書を当該債務者に交付するものとする。

（納付受託通知書の送付）

第二十条の四　歳入徴収官等は、前条の規定により受領した有価証券について納付委託に応ずることとした場合は、別紙第五号の二書式の納付受託通知書を債務者に交付しなければならない。

（再委託をすることができる金融機関）

第二十条の五　法第十四条第二項の規定による有価証券の取立て及び納付の再委託（以下「再委託」という。）をすることができる金融機関は、日本銀行の代理店又は歳入代理店である金融機関とする。

（納付委託に係る納付書の交付）

第二十条の六　歳入徴収官等は、法第十四条第二項の規定により金融機関に再委託をし、又は所属庁の職員をして納付委託に係る有価証券の取立てにより受領した金銭をもつて債権に係る弁済金の納付をさせるときは、債務者の住所及び氏名又は名称、納付すべき金額、期限及び場所その他納付に関し必要な事項を記載した納付書を作成して当該金融機関又は職員に交付するものとする。

（納付委託の完了に伴う領収証書の送付）

第二十条の七　歳入徴収官等は、前条に規定する金融機関又は職員から納付委託による弁済金の納付に対する領収証書の送付を受けたときは、直ちにこれを債務者に送付しなければならない。

（納付委託に係る有価証券の返付）

第二十条の八　歳入徴収官等は、次の各号に掲げる場合には、遅滞なく、その旨を債務者に通知し、第二十条の三の規定により交付した受領証書と引き換えに、納付委託に係る有価証券（第一号に掲げる場合には、当該有価証券及びその取立てに要する費用に充てるため提供を受けた現金）の返付の手続をとるものとする。

一　第二十条の三の規定により受領した有価証券について納付委託に応じ

○国の債権の管理等に関する法律

（強制履行の請求等）

第十五条　歳入徴収官等は、その所掌に属する債権（国税徴収又は国税滞納処分の例によつて徴収する債権その他政令で定める債権を除く。）で履行期限を経過したものについて、その全部又は一部が第十三条第二項の規定による督促があつた後、相当の期間を経過してもなお履行されない場合には、次に

○国の債権の管理等に関する法律施行令

○債権管理事務取扱規則

ないこととした場合

二　債務者から納付委託の解除の申出があり、やむを得ない事由があると認めてその解除をした場合

三　再委託をした金融機関から納付委託に係る有価証券について、その支払いを受けることができなかつたため、当該証券の返付を受けた場合

四　納付委託に係る有価証券について所属庁の職員が取立てを行なつた場合において、その支払いを受けることができなかつたとき。

五　納付委託の原因となる国の債権が消滅した場合

（強制履行の請求等の手続）

第二十一条　歳入徴収官等は、法第十五条、法第十八条第二項若しくは第四項若しくは法第二十八条の規定により、又は法第十七条（第二号、第六号及び第七号を除く。）若しくは法第十八条第三項若しくは第五項の措置として法務大臣に対しその措置をとることを求める場合には、その措置に関し必要な

掲げる措置をとらなければならない。ただし、第二十一条第一項の措置をとる場合又は第二十四条第一項の規定により履行期限を延長する場合（他の法律の規定に基きこれらに準ずる措置をとる場合を含む。）その他各省各庁の長が財務大臣と協議して定める特別の事情がある場合は、この限りでない。

一　担保の附されている債権（保証人の保証がある債権を含む。以下同じ。）については、当該債権の内容に従い、その担保を処分し、若しくは法務大臣に対して競売その他の担保権の実行の手続をとることを求め、又は保証人に対して履行を請求すること。

二　債務名義のある債権（次号の措置により債務名義を取得したものを含む。）については、法務大臣に対し、強制執行の手続をとることを求めること。

三　前二号に該当しない債権（第一号に該当する債権で同号の措置をとつてなお履行されないものを含む。）については、法務大臣に対し、訴訟

（自力執行の手続）

第十六条　歳入徴収官等は、その所掌に属する債権で国税徴収又は国税滞納処分の例によつて徴収するものの全部又は一部が督促の後相当の期間を経過してもなお履行されない場合には、当該債権について法令の規定により滞納処分を執行することができる者に対し、滞納処分の手続をとることを求めなけ

事項を明らかにした書面を当該事務を所掌する法務大臣（その措置に関する事務が法務局長又は地方法務局長の所掌に属するものであるときは、当該法務局長又は地方法務局長）に送付するものとする。

（保証人に対する履行の請求の手続）

第二十二条　歳入徴収官等は、歳入金に係る債権以外の債権について保証人に対して履行の請求をする場合には、保証人及び債務者の住所及び氏名又は名称、履行すべき金額、当該履行の請求をすべき事由、弁済の充当の順序その他履行の請求に必要な事項を明らかにした納付書を保証人に送付するものとする。

（自力執行を求める手続）

第二十三条　歳入徴収官等は、令第十六条の規定により滞納処分を執行することができる者に対して滞納処分の手続をとることを求める場合には、債務者の住所及び氏名又は名称、履行すべき金額、履行期限、延滞金に関する事項その他滞納処分に必要な事項を明らかにした書面を当該滞納処分を執行する

○国の債権の管理等に関する法律

手続（非訟事件の手続を含む。）により履行を請求することを求めること。

（履行期限の繰上）

第十六条　歳入徴収官等は、その所掌に属する債権について履行期限を繰り上げることができる理由が生じたときは、遅滞なく、第十三条第一項の措置をとらなければならない。ただし、第二十四条第一項各号の一に該当する場合その他特に支障がある場合は、この限りでない。

（債権の申出）

第十七条　歳入徴収官等は、その所掌に属する債権について、次に掲げる理由が生じたことを知つた場合において、法令の規定により国が債権者として配当の要求その他債権の申出をすることができるときは、直ちに、そのための措置をとらなければならない。

一　債務者が強制執行を受けたこと。

二　債務者が租税その他の公課について滞納処分を受けたこと。

○国の債権の管理等に関する法律施行令

ればならない。

○債権管理事務取扱規則

ことができる者に送付するものとする。

（履行期限の繰上の手続）

第二十四条　歳入徴収官等が法第十六条の規定により歳入金に係る債権以外の債権について履行期限を繰り上げて行なう納入の告知は、履行期限を繰り上げる旨及びその理由を明らかにして行わなければならない。

2　歳入徴収官等は、歳入金に係る債権以外の債権について債務者に対して納入の告知をした後において、当該債権について履行期限を繰り上げようとするときは、履行期限を繰り上げる旨及びその理由を明らかにした納付書を債務者に送付しなければならない。

三　債務者の財産について競売の開始があつたこと。
四　債務者が破産手続開始の決定を受けたこと。
五　債務者の財産について企業担保権の実行手続の開始があつたこと。
六　債務者である法人が解散したこと。
七　債務者について相続の開始があつた場合において、相続人が限定承認をしたこと。
八　第四号から前号までに定める場合のほか、債務者の総財産についての清算が開始されたこと。

（その他の保全措置）

第十八条　歳入徴収官等は、その所掌に属する債権を保全するため、法令又は契約の定めるところに従い、債務者に対し、担保の提供若しくは保証人の保証を求め、又は必要に応じ増担保の提供若しくは保証人の変更その他担保の変更を求めなければならない。

2　歳入徴収官等は、その所掌に属する債権を保全するため必要があるときは、法務大臣に対し、仮差押又は仮処

（担保の種類及び提供の手続等）

第十七条　歳入徴収官等は、法第十八条第一項の規定により担保の提供を求める場合において、法令又は契約に別段の定がないときは、次に掲げる担保の提供を求めなければならない。ただし、当該担保の提供ができないことについてやむを得ない事情があると認められる場合においては、他の担保の提供を求めることをもつて足りる。

一　国債及び地方債（港湾法（昭和二

（担保の価値）

第二十五条　令第十七条第一項に規定する担保の価値は、次の各号に掲げる担保について当該各号に掲げるところによる。

一　国債及び地方債（港湾法（昭和二十五年法律第二百十八号）第三十条第一項の規定により港務局が発行する債券を含む。）政府に納むべき保証金其の他の担保に充用する国債の価格に関する件（明治四十一年勅令

○国の債権の管理等に関する法律

分の手続をとることを求めなければならない。

3　歳入徴収官等は、その所掌に属する債権を保全するため必要がある場合において、法令の規定により国が債権者として債務者に属する権利を行うことができるときは、債務者に代位して当該権利を行うため必要な措置をとらなければならない。

4　歳入徴収官等は、その所掌に属する債権について、債務者が国の利益を害する行為をしたことを知つた場合において、法令の規定により国が債権者として当該行為の取消を求めることができるときは、遅滞なく、法務大臣に対し、その取消を裁判所に請求することを求めなければならない。

5　歳入徴収官等は、その所掌に属する債権が時効によつて消滅することとなるおそれがあるときは、時効を更新するため必要な措置をとらなければならない。

○国の債権の管理等に関する法律施行令

十五年法律第二百十八号）第三十条第一項の規定により港務局が発行する債券を含む。以下同じ。）

二　歳入徴収官等が確実と認める社債その他の有価証券

三　土地並びに保険に附した建物、立木、船舶、航空機、自動車及び建設機械

四　鉄道財団、工場財団、鉱業財団、軌道財団、運河財団、漁業財団、港湾運送事業財団及び道路交通事業財団

五　歳入徴収官等が確実と認める金融機関その他の保証人の保証

2　前項の担保の価値及びその提供の手続は、法令又は契約に別段の定がある場合を除くほか、財務省令で定めるところによる。

○債権管理事務取扱規則

第二百八十七号）に規定し、又は同令の例による金額

二　歳入徴収官等が確実と認める社債、特別の法律により法人の発行する債券及び貸付信託の受益証券　額面金額又は登録金額（発行価額が額面金額又は登録金額と異なるときは、発行価額）の八割に相当する金額

三　金融商品取引所に上場されている株券（端株券を含む。）、出資証券及び投資信託の受益証券　時価の八割以内において歳入徴収官等が決定する価額

四　金融機関の引受、保証又は裏書のある手形　手形金額（その手形の満期の日が当該担保を附することとなつている債権の履行期限後であるときは、当該履行期限の翌日から手形の満期の日までの期間に応じ当該手形金額を一般金融市場における手形の割引率により割り引いた金額）

五　令第十七条第一項第三号及び第四

（担保の保全）

第十九条　歳入徴収官等は、その所掌に属する債権について担保が提供されたときは、遅滞なく、担保権の設定について、登記、登録その他の第三者に対抗することができる要件を備えるため必要な措置をとらなければならない。

号に掲げる担保　時価の七割以内において歳入徴収官等が決定する価額

六　歳入徴収官等が確実と認める金融機関その他の保証人の保証　その保証する金額

七　前各号に掲げる担保以外の担保　財務大臣の定めるところにより歳入徴収官等が決定する金額

（担保の提供の手続等）

第二十六条　有価証券を担保として提供しようとする者は、これを供託所に供託し、供託書正本を歳入徴収官等に提出するものとする。ただし、登録国債については、その登録を受け、登録済通知書を提出するものとし、振替株式等（社債、株式等の振替に関する法律（平成十三年法律第七十五号）第二条第一項に掲げる社債等で同条第二項に規定する振替機関が取り扱うものをいう。以下この項において同じ。）を提供しようとする者は、振替株式等の種類に応じ、当該振替株式等に係る振替口座簿の歳入徴収官等の口座の質権欄に増加又は増額の記載又は記録をするために振替の申請をするものとする。

○国の債権の管理等に関する法律

○国の債権の管理等に関する法律施行令

○債権管理事務取扱規則

2　土地、建物その他の抵当権の目的とすることができる財産を担保として提供しようとする者は、当該財産についての抵当権の設定の登記原因又は登録原因を証明する書面及びその登記又は登録についての承諾書を歳入徴収官等に提出するものとする。

3　歳入徴収官等は、前項の書面の提出を受けたときは、遅滞なく、これらの書面を添えて、抵当権の設定の登記又は登録を登記所又は登録機関に嘱託しなければならない。

4　金融機関その他の保証人の保証を担保として提供しようとする者は、その保証人の保証を証明する書面をその担保を求めた歳入徴収官等に提出するものとする。

5　歳入徴収官等は、前項の保証人の保証を証明する書面の提出を受けたときは、遅滞なく、当該保証人との間に保証契約を締結しなければならない。

6　動産で第一項又は第二項に規定するもの以外のものを担保として提供しよ

（担保及び証拠物件等の保存）

第二十条　歳入徴収官等は、その所掌に属する債権について、国が債権者として占有すべき金銭以外の担保物（債務者に属する権利を代位して行うことにより受領する物を含む。以下この条に

うとする者は、これを物品管理法（昭和三十一年法律第百十三号）第三十五条において準用する同法第九条又は第十一条の規定に基き物品の保管に関する事務を行う者で歳入徴収官等が指定するものに引き渡すものとする。

7　債権を担保として提供しようとする者は、民法（明治二十九年法律第八十九号）第三百六十四条第一項の措置をとつた後、その債権の証書及び第三債務者の承諾を証明する書類を歳入徴収官等に交付するものとする。

8　前七項に規定するもの以外のものの担保としての提供の手続及びこれらのうち担保権の設定について登記又は登録によつて第三者に対抗する要件を備えることができるものについてのその登記又は登録の嘱託については、前七項の例による。

○国の債権の管理等に関する法律

おいて同じ。）及びもつぱら債権又は債権の担保に係る事項の立証に供すべき書類その他の物件を、善良な管理者の注意をもつて、整備し、かつ、保存しなければならない。

2　前項の場合において、有価証券の取扱は、会計法及びこれに基く命令の定めるところによる。

3　第一項の場合において、担保物が物品管理法第三十五条の規定により同法の規定を準用する動産であるときは、同法第九条又は第十一条の規定に基き物品の保管に関する事務を行う者がこれを保管するものとし、同法第二十三条の出納命令は、歳入徴収官等が行うものとする。

（徴収停止）

第二十一条　歳入徴収官等は、その所掌に属する債権（国税徴収又は国税滞納処分の例によつて徴収する債権その他政令で定める債権を除く。次項において同じ。）で履行期限（履行期限の定めのない債権にあつては、第十一条第

○国の債権の管理等に関する法律施行令

（徴収停止をしない債権）

第十八条　法第二十一条第一項に規定する政令で定める債権は、担保の附されている債権（当該担保の価額が担保権を実行した場合の費用及び優先債権等の金額の合計額をこえないと見込まれる債権を除く。）とする。

○債権管理事務取扱規則

（徴収停止等の手続）

第二十七条　歳入徴収官等は、その所掌に属する債権について法第二十一条第一項又は第二項に規定する措置をとる場合には、同条第一項又は第二項の規定に該当する理由、その措置をとることが債権の管理上必要であると認める

一項前段の規定による記載又は記録をした日）後相当の期間を経過してもなお完全に履行されていないものについて、次の各号の一に該当し、これを履行させることが著しく困難又は不適当であると認められるときは、政令で定めるところにより、以後当該債権について、保全及び取立に関する事務（前条に規定するものを除く。）をすることを要しないものとして整理することができる。

一　法人である債務者がその事業を休止し、将来その事業を再開する見込が全くなく、かつ、差し押えることができる財産の価額が強制執行の費用をこえないと認められる場合（当該法人の債務につき弁済の責に任ずべき他の者があり、その者について次号に掲げる事情がない場合を除く。）

二　債務者の所在が不明であり、かつ、差し押えることができる財産の価額が強制執行の費用をこえないと認められる場合その他これに類する政令で定める場合

（徴収停止をした債権の区分整理）

第十九条　歳入徴収官等は、法第二十一条第一項及び第二項の措置をとる場合には、その措置をとる債権を債権管理簿において他の債権と区分して整理するものとする。

（徴収停止ができる場合）

第二十条　法第二十一条第一項第二号に規定する政令で定める場合は、次に掲げる場合とする。

一　債務者の所在が不明であり、かつ、差し押えることができる財産の価額が強制執行の費用をこえると認められる場合において、優先債権等がそのこえると認められる額の全部の弁済を受けるべきとき。

二　債務者が死亡した場合において、相続人のあることが明らかでなく、かつ、相続財産の価額が強制執行をした場合の費用及び優先債権等の金額の合計額をこえないと見込まれるとき。

三　歳入徴収官等が債権の履行の請求又は保全の措置をとつた後、債務者が本邦に住所又は居所を有しないこ

理由及び当該理由に応じて債務者の業務又は資産に関する状況、債務者の所在その他必要な事項を記載した書類を各省各庁の長に送付してその承認を受けなければならない。ただし、法第三十八条第一項ただし書の規定に該当する場合は、当該書類を作成して直ちにその措置をとることができる。

第二十八条　削除

第二十九条　削除

（債権を消滅したものとみなして整理する場合）

第三十条　歳入徴収官等は、その所掌に属する債権で債権管理簿に記載し、又は記録したものについて、次の各号に掲げる事由が生じたときは、その事の経過を明らかにした書類を作成し、当該債権の全部又は一部が消滅したものとみなして整理するものとする。

一　当該債権につき消滅時効が完成し、かつ、債務者がその援用をする見込があること。

二　債務者である法人の清算が結了したこと（当該法人の債務につき弁済の責に任ずべき他の者があり、その

○国の債権の管理等に関する法律

三　債権金額が少額で、取立に要する費用に満たないと認められる場合

2　歳入徴収官等は、その所掌に属する債権について、第十一条第一項前段の規定による記載又は記録をした後相当の期間を経過してもなおその債務者が明らかでなく、かつ、将来これを取り立てることができる見込みがないと認められるときは、政令で定めるところにより、前項の措置をとることができる。

3　歳入徴収官等は、前二項の措置をとつた後、事情の変更等によりその措置を維持することが不適当となつたことを知つたときは、直ちに、その措置を取りやめなければならない。

○国の債権の管理等に関する法律施行令

となつた場合において、再び本邦に住所又は居所を有することとなる見込がなく、かつ、差し押えることができる財産の価額が強制執行をした場合の費用及び優先債権等の金額の合計額をこえないと見込まれるとき。

○債権管理事務取扱規則

者について第一号から第四号までに掲げる事由がない場合を除く。）。

三　債務者が死亡し、その債務について限定承認があつた場合において、その相続財産の価額が強制執行をした場合の費用並びに他の優先して弁済を受ける債権及び国以外の者の権利の金額の合計額をこえないと見込まれること。

四　破産法（平成十六年法律第七十五号）第二百五十三条第一項、会社更生法（平成十四年法律第百五十四号）第二百四条第一項その他の法令の規定により債務者が当該債権につきその責任を免かれたこと。

五　当該債権の存在につき法律上の争がある場合において、法務大臣が勝訴の見込がないものと決定したこと。

（歳入徴収官又は分任歳入徴収官に対する歳入金に係る債権の通知）

第三十一条　歳入徴収官等は、その所掌に属する債権が法令の規定により歳入

（相殺等）

第二十二条　歳入徴収官等は、その所掌に属する債権について、法令の規定により当該債権と相殺し、又はこれに充当することができる国の債務があることを知つたときは、直ちに、当該債務に係る支払事務担当職員（会計法第二十四条に規定する支出官その他の法令の規定により国の支払事務を行う者をいう。以下同じ。）に対し、相殺又は充当をすべきことを請求しなければならない。

2　支払事務担当職員は、その所掌に属する支払金に係る債務について、前項の請求があつたときその他法令の規定により当該債務と相殺し、又はこれを充当することができる国の債権があることを知つたときは、政令で定める場合を除き、遅滞なく、相殺又は充当をするとともに、その旨を当該債権に係る歳入徴収官等に通知しなければならない。

（相殺等を要しない場合）

第二十一条　法第二十二条第二項に規定する政令で定める場合は、相殺又は充当をすることが公の事務又は事業の遂行を阻害する等公益上著しい支障を及ぼすこととなるおそれがあるものとして各省各庁の長が定める場合とする。

金に係る債権として整理されることとなつたときは、その旨を関係の歳入徴収官又は分任歳入徴収官に通知しなければならない。

○国の債権の管理等に関する法律

ない。

3　歳入徴収官等は、前項の通知を受けた場合を除き、その所掌に属する債権と国の債務との間に相殺が行われたことを知つたときは、直ちに、その旨を当該債務に係る支払事務担当職員に通知しなければならない。

（消滅に関する通知）

第二十三条　法令の規定に基き国のために弁済の受領をする者、第十二条第一号に掲げる者その他政令で定める者は、会計法第四十七条第二項の規定によるもののほか、政令で定めるところにより、その職務上債権が消滅したことを知つたときは、遅滞なく、その旨を当該債権に係る歳入徴収官等に通知しなければならない。

○国の債権の管理等に関する法律施行令

（消滅に関する通知）

第二十二条　法第二十三条に規定する政令で定める者は、第五条第二項の規定により分任歳入徴収官以外の者が歳入金に係る債権の管理に関する事務を分掌する場合における当該債権に係る歳入の徴収に関する事務を取り扱う歳入徴収官又は分任歳入徴収官とする。

2　法第二十三条の規定による通知は、次の各号に掲げる者が当該各号に掲げるときに行うものとする。

一　現金出納職員及び日本銀行　歳入金に係る債権以外の債権について国のために弁済の受領をしたとき。

二　法令の規定に基き金銭（証券を以てする歳入納付に関する法律（大正

○債権管理事務取扱規則

（消滅に関する通知等の手続）

第三十二条　令第二十二条に規定する債権の消滅に関する通知は、歳入徴収官事務規程（昭和二十七年大蔵省令第百四十一号）第五十四条の三第一項、出納官吏事務規程第五十二条の五、日本銀行国庫金取扱規程第二十五条第三項、第二十五条の三第一項、第三十九条の二第三項若しくは第四項若しくは第三十九条の三第一項若しくは第二項、日本銀行の歳入金等の受入に関する特別取扱手続（昭和二十四年大蔵省令第百号。以下この条において「特別手続」という。）第三条の四第二項又は日本銀行の公庫預託金取扱規程（昭和二十五年大蔵省令第三十一号）第二五年法律第十号）により金銭に代えて納付される証券を含む。）以外の財産の出納保管の事務を行う者　法令の規定により当該財産をもつて国のために弁済の受領をしたとき。

三　法第十二条第一号に掲げる者　同号に規定する契約その他の行為について解除又は取消があつたとき。

四　前項に規定する歳入徴収官又は分任歳入徴収官　歳入金に係る債権について国のために弁済の受領をした者から当該歳入金の領収済みの旨の報告を受けたとき、及び当該債権と国の債務との間における相殺の意思表示を債務者から受けたとき。

十一条の九の規定によるもののほか、債務者の住所及び氏名又は名称、消滅の日付、消滅金額、消滅の事由その他必要な事項を記載した書面を送付することにより行うものとする。

2　前項の場合において、センター支出官の小切手の振出し又は支払指図書若しくは国庫金振替書の交付若しくは送信に係る歳出の返納金に係る債権の消滅に関するものは、センター支出官を経由して通知を行うものとする。

3　歳入徴収官等は、歳入徴収官事務規程第五十四条の三第四項の規定により歳入徴収官から相殺に関する通知を受けたとき、又はその所掌に属する債権と国の債務との間における相殺の意思表示を債務者から受けたときは、直ちに同項に規定する事項を明らかにした書面を作成して当該債務に係る支払事務担当職員に送付しなければならない。

4　歳入徴収官等は、日本銀行から日本銀行国庫金取扱規程第二十五条第三項、第二十五条の三第一項若しくは特別手続第三条の四第二項の規定による

○国の債権の管理等に関する法律

○国の債権の管理等に関する法律施行令

（通知等の省略）

第二十三条　次の各号に掲げる通知又は請求は、当該各号に掲げる場合においては、省略することができる。

一　法第十二条の規定による通知　同条各号に掲げる者が歳入徴収官等を

○債権管理事務取扱規則

返納金領収済通知情報の送信、日本銀行国庫金取扱規程第三十九条の二第三項の規定による領収済通知書若しくは振替済通知書の送付又は日本銀行国庫金取扱規程第三十九条の二第四項、第三十九条の三第一項若しくは第二項若しくは日本銀行の公庫預託金取扱規程第二十一条の九の規定による振替済通知書の送付を受けたときは、直ちに当該通知書に記載された事項を明らかにした書面を作成して当該返納金に係る支払事務担当職員に送付しなければならない。ただし、当該返納金に係る債権が第三十九条の二第三項の規定により出納官吏に対して通知をしたものであるときは、その通知した事項を当該書面に付記しなければならない。

（通知等の省略）

第三十三条　次の各号に掲げる請求又は通知は、当該各号に掲げる場合においては、省略することができる。

一　第十四条第五項の規定による書面の送付　歳入徴収官等が支払事務担

第四章　債権の内容の変更、免除等（履行延期の特約等をすることができる場合）

第二十四条　歳入徴収官等は、その所掌に属する債権（国税徴収又は国税滞納処分の例によつて徴収する債権その他政令で定める債権を除く。）について、他の法律に基く場合のほか、次の各号の一に該当する場合に限り、その定めるところにより、その履行期限を延長する特約又は処分をすることができる。この場合において、当該債権の金

兼ねる場合

二　法第二十二条第一項の規定による請求及び同条第二項又は第三項の規定による通知　歳入徴収官等が支払事務担当職員を兼ねる場合

三　法第二十三条の規定による通知　前条第二項第一号から第三号までに掲げる者が歳入徴収官等を兼ねる場合

四　第十二条の規定による通知　同条に規定する者が歳入徴収官等を兼ねる場合

第四章　債権の内容の変更、免除等（履行延期の特約等をすることができない債権）

第二十四条　法第二十四条第一項に規定する政令で定める債権は、次に掲げる債権とする。

一　法令の規定により地方債をもつて納付させることができる債権

二　法令の規定に基き国に納付する事業上の利益金、剰余金又は収入金の全部又は一部に相当する金額に係る債権

当職員を兼ねる場合

二　第十四条第六項の規定による通知　歳入徴収官等が現金出納職員を兼ねる場合

三　第十五条の規定による通知　歳入徴収官等が官署支出官又は現金出納職員を兼ねる場合

四　第三十一条の規定による通知　歳入徴収官等が歳入徴収官又は分任歳入徴収官を兼ねる場合

五　前条第三項の規定による書面の送付　歳入徴収官等が支払事務担当職員を兼ねる場合

第四章　債権の内容の変更、免除等

○国の債権の管理等に関する法律

額を適宜分割して履行期限を定めることを妨げない。

一　債務者が無資力又はこれに近い状態にあるとき。

二　債務者が当該債務の全部を一時に履行することが困難であり、かつ、その現に有する資産の状況により、履行期限を延長することが徴収上有利であると認められるとき。

三　債務者について災害、盗難その他の事故が生じたことにより、債務者が当該債務の全部を一時に履行することが困難であるため、履行期限を延長することがやむを得ないと認められるとき。

四　契約に基く債権について、債務者が当該債務の全部を一時に履行することが困難であり、かつ、所定の履行期限によることが公益上著しい支障を及ぼすこととなるおそれがあるとき。

五　損害賠償金又は不当利得による返還金に係る債権について、債務者が

○国の債権の管理等に関する法律施行令

三　恩給法（大正十二年法律第四十八号）第五十九条（他の法律において準用する場合を含む。）の規定による納付金に係る債権

四　地方交付税法（昭和二十五年法律第二百十一号）第十六条第三項の規定による還付金に係る債権及び同法第十九条第二項若しくは第二十条の二第四項又は地方財政法（昭和二十三年法律第百九号）第二十六条第一項の規定による返還金に係る債権

五　国家公務員及び公共企業体職員に係る共済組合制度の統合等を図るための国家公務員共済組合法等の一部を改正する法律（昭和五十八年法律第八十二号）附則第三十七条の規定によりなお効力を有することとされる同法附則第二条の規定による廃止前の公共企業体職員等共済組合法（昭和三十一年法律第百三十四号）附則第三十六条の規定による負担金に係る債権

○債権管理事務取扱規則

当該債務の全部を一時に履行することが困難であり、かつ、弁済につき特に誠意を有すると認められるとき。

六　貸付金に係る債権について、債務者が当該貸付金の使途に従つて第三者に貸付を行つた場合において、当該第三者に対する貸付金に関し、第一号から第四号までの一に該当する理由があることその他特別の事情により、当該第三者に対する貸付金の回収が著しく困難であるため、当該債務者がその債務の全部を一時に履行することが困難であるとき。

2　歳入徴収官等は、履行期限後においても、前項の規定により履行期限を延長する特約又は処分（以下「履行延期の特約等」という。）をすることができる。この場合においては、既に発生した延滞金（履行の遅滞に係る損害賠償金その他の徴収金をいう。以下同じ。）に係る債権は、徴収すべきものとする。

3　歳入徴収官等は、その所掌に属する債権で分割して弁済させることとなつ

（履行延期の特約等の手続）

第二十五条　法第二十四条の規定による履行延期の特約等は、債務者からの書面による申請に基づいて行うものとする。ただし、外国を債務者とする債権について履行延期の特約等をする場合には、各省各庁の長が財務大臣と協議して定める手続によることができる。

2　前項の書面は、次に掲げる事項を記載したものでなければならない。

一　債務者の住所及び氏名又は名称

二　債権金額

三　債権の発生原因

四　履行期限の延長を必要とする理由

五　延長に係る履行期限

六　履行期限の延長に伴う担保及び利息に関する事項

七　法第二十七条各号に掲げる趣旨の条件を附すること及び法第三十五条各号に掲げる事項を承諾すること。

八　その他各省各庁の長が定める事項

（分割して弁済させる債権の履行延期の特例）

第二十六条　分割して弁済させることとなつている債権について法第二十四条

（履行延期の特約等の手続）

第三十四条　令第二十五条第一項に規定する書面には、同条第二項各号に掲げる事項及び令第三十一条に規定する条件を附することを承認する旨を記載するものとし、その書式は、別紙第六号書式の履行延期申請書によるものとする。

2　歳入徴収官等は、債務者から前項の履行延期申請書の提出を受けた場合において、その内容を審査し、法第二十四条第一項各号に掲げる場合の一に該当し、かつ、履行延期の特約等をすることが債権の管理上必要であると認めたときは、その該当する理由及び必要であると認める理由を記載した書類に当該申請書又はその写その他の関係書類を添え、各省各庁の長に送付して履行延期の特約等をすることの承認を受けなければならない。ただし、法第三十八条第一項ただし書の規定に該当する場合は、当該書類を作成して直ちにその措置をとることができる。

3　前項の場合において、当該申請書の内容を確認するため必要があるとき

○国の債権の管理等に関する法律

ているものにつき履行延期の特約等をする場合において、特に必要があると認めるときは、政令で定めるところにより、当該履行期限後に弁済することとなつている金額に係る履行期限をもあわせて延長することとすることができる。

（履行期限を延長する期間）

第二十五条　歳入徴収官等は、履行延期の特約等をする場合には、履行期限

○国の債権の管理等に関する法律施行令

第三項の規定により最初に弁済すべき金額の履行期限後に弁済することとなつている金額に係る履行期限をあわせて延長する場合においては、最後に弁済すべき金額に係る履行期限の延長は、最初に弁済すべき金額に係る履行期限の延長期間をこえないものとする。ただし、特に徴収上有利と認められるときは、当該履行期限の延長は、法第二十五条に規定する期間の範囲内において、当該期間をこえることができる。

○債権管理事務取扱規則

は、債務者又は保証人（保証人となるべき者を含む。）に対し、法令又は契約に定がある場合を除きその承諾を得て、その業務又は資産の状況に関して、質問し、帳簿書類その他の物件を調査し、又は参考となるべき報告若しくは資料の提出を求める等必要な調査を行うものとする。

4　歳入徴収官等は、履行延期の特約等をする場合には、直ちに別紙第七号書式の履行延期承認通知書を作成して債務者に送付しなければならない。この場合において、その通知書には、必要に応じ、歳入徴収官等が指定する期限までに担保の提供、第三十六条第一項に規定する債務名義の取得のために必要な行為又は同条第二項に規定する債務証書の提出がなかつたときは、その承認を取り消すことがある旨を附記しなければならない。

（履行期限後に履行延期の特約等をする場合には、当該履行延期の特約等をする日）から五年（前条第一項第一号又は第六号に該当する場合には、十年）以内において、その延長に係る履行期限を定めなければならない。ただし、さらに履行延期の特約等をすることを妨げない。

（履行延期の特約等に係る措置）

第二十六条　歳入徴収官等は、その所掌に属する債権について履行延期の特約等をする場合には、政令で定めるところにより、担保を提供させ、かつ、利息を附するものとする。ただし、第二十四条第一項第一号に該当する場合、当該債権が第三十三条第三項に規定する債権に該当する場合その他政令で定める場合には、政令で定めるところにより、担保の提供を免除し、又は利息を附さないことができる。

2　歳入徴収官等は、その所掌に属する債権（債務名義のあるものを除く。）について履行延期の特約等をする場合には、政令で定める場合を除き、当該債権について債務名義を取得するため

（延納担保の種類、提供の手続等）

第二十七条　第十七条の規定は、法第二十六条第一項の規定により担保を提供させようとする場合について準用する。

2　歳入徴収官等は、その所掌に属する債権で既に担保の附されているものについて履行延期の特約等をする場合において、その担保が当該債権を担保するのに十分であると認められないときは、増担保の提供又は保証人の変更その他担保の変更をさせるものとする。

（延納担保の提供を免除することができる場合）

第二十八条　法第二十六条第一項ただし書の規定により担保の提供を免除することができる場合は、次に掲げる場合

（期限を指定して延納担保を提供させる場合）

第三十五条　歳入徴収官等は、履行延期の特約等をする債権で法第二十六条第一項の規定により担保を提供させることになつているものについて、その履行延期の特約等をするときまでに債務者が担保を提供することが著しく困難であると認めるときは、期限を指定して、その履行延期の特約等をした後においてその提供をさせることができる。

〇国の債権の管理等に関する法律	〇国の債権の管理等に関する法律施行令	〇債権管理事務取扱規則
必要な措置をとらなければならない。	に限る。 一　債務者から担保を提供させることが公の事務又は事業の遂行を阻害する等公益上著しい支障を及ぼすこととなるおそれがある場合 二　同一債務者に対する債権金額の合計額が十万円未満である場合 三　履行延期の特約等をする債権が債務者の故意又は重大な過失によらない不当利得による返還金に係るものである場合 四　担保として提供すべき適当な物件がなく、かつ、保証人となるべき者がない場合 （延納利息の率） **第二十九条**　法第二十六条第一項の規定により付する延納利息の率は、財務大臣が一般金融市場における金利を勘案して定める率（以下この条において「財務大臣の定める率」という。）によるものとする。ただし、履行延期の特約等をする事情を参酌すれば不当に又は著しく負担の増加をもたらすことと	

なり、財務大臣の定める率によることが著しく不適当である場合は、当該財務大臣の定める率を下回る率によることができる。

2　外国を債務者とする債権について履行延期の特約等をする場合における法第二十六条第一項の規定により付する延納利息の率については、当該履行延期の特約等をする事情その他の事情を参酌して財務大臣の定める率により難いと認められるときは、前項の規定にかかわらず、各省各庁の長が財務大臣と協議して定める率によることができる。

（延納利息を附さないことができる場合）

第三十条　法第二十六条第一項ただし書の規定により延納利息を附さないことができる場合は、次に掲げる場合に限る。

一　履行延期の特約等をする債権が法第二十四条第一項第一号に規定する債権に該当する場合

二　履行延期の特約等をする債権が法第三十三条第三項に規定する債権に

○国の債権の管理等に関する法律

○国の債権の管理等に関する法律施行令

該当する場合

三　履行延期の特約等をする債権が貸付金に係る債権その他の債権で既に利息を附することとなつているものである場合

四　履行延期の特約等をする債権が利息、延滞金その他法令又は契約の定めるところにより一定期間に応じて附する加算金に係る債権である場合

五　履行延期の特約等をする債権の金額が千円未満である場合

六　延納利息を附することとして計算した場合において、当該延納利息の額の合計額が百円未満となるとき。

（履行延期の特約等に附する条件）

第三十一条　歳入徴収官等は、法第二十六条第一項ただし書の規定により担保の提供を免除し、又は延納利息を附さないこととした場合においても、債務者の資力の状況その他の事情の変更により必要があると認めるときは、担保を提供させ、又は延納利息を附することとすることができる旨の条件を附す

○債権管理事務取扱規則

（履行延期の特約等に附する条件）
第二十七条　歳入徴収官等は、履行延期

るものとする。

（債務名義を取得することを要しない場合）
第三十二条　法第二十六条第二項に規定する政令で定める場合は、次に掲げる場合とする。
一　履行延期の特約等をする債権に確実な担保が附されている場合
二　第二十八条第二号又は第三号に掲げる場合
三　強制執行をすることが公の事務又は事業の遂行を阻害する等公益上著しい支障を及ぼすこととなるおそれがある場合
2　前項各号に掲げる場合のほか、歳入徴収官等は、債務者が無資力であることにより債務名義を取得するために要する費用を支弁することができないと認める場合においては、その債務者が当該費用及び債権金額をあわせて支払うことができることとなるときまで、債務名義を取得するために必要な措置をとらないことができる。

（債務名義を取得するための措置等）
第三十六条　歳入徴収官等は、法第二十六条第二項の規定により履行延期の特約等をする債権について債務名義を取得する場合には、債務者に対し、債務名義を取得するためなすべき必要な行為及びその期限を指定して通知しなければならない。
2　歳入徴収官等は、令第三十二条の規定に該当するため履行延期の特約等をする債権について債務名義を取得することを要しない場合においては、当該債権につきその存在を証明する書類が存在する場合を除き、期限を指定して債務者をして履行延期の特約等をした後別紙第八号書式の債務証書を提出させなければならない。

（履行延期の特約等の取消の措置）
第三十七条　歳入徴収官等は、履行延期

○国の債権の管理等に関する法律

の特約等をする場合には、次に掲げる趣旨の条件を附するものとする。

一　当該債権の保全上必要があるときは、債務者又は保証人に対し、その業務又は資産の状況に関して、質問し、帳簿書類その他の物件を調査し、又は参考となるべき報告若しくは資料の提出を求めること。

二　次の場合には、当該債権の全部又は一部について、当該延長に係る履行期限を繰り上げることができること。

イ　債務者が国の不利益にその財産を隠し、そこない、若しくは処分したとき、若しくはこれらのおそれがあると認められるとき、又は虚偽に債務を負担する行為をしたとき。

ロ　当該債権の金額を分割して履行期限を延長する場合において、債務者が分割された弁済金額についての履行を怠つたとき。

ハ　第十七条各号の一に掲げる理由

○国の債権の管理等に関する法律施行令

○債権管理事務取扱規則

の特約等をした債権について、債務者の責に帰すべき事由により、第三十五条又は前条に規定する担保の提供、債務名義の取得のために必要な行為又は債務証書の提出がこれらの条に規定する期限までになかつたときは、直ちに履行延期の特約等の解除又は取消を行い、その旨を債務者に通知しなければならない。

が生じたとき。

ニ　債務者が第一号の条件その他の当該履行延期の特約等に附された条件に従わないとき。

ホ　その他債務者の資力の状況その他の事情の変化により当該延長に係る履行期限によることが不適当となつたと認められるとき。

（履行延期の特約等に代わる和解）

第二十八条　歳入徴収官等は、前四条の規定により履行延期の特約等をしようとする場合において、民事訴訟法（平成八年法律第百九号）第二百七十五条の和解によることを相当と認めるときは、法務大臣に対し、その手続をとることを求めるものとする。

（市場金利の低下による利率の引下）

第二十九条　歳入徴収官等は、その所掌に属する貸付金に係る債権その他の契約に基く債権に係る利息（延滞金を含む。）で、その利率（延滞金の計算の基準となつている割合を含む。以下この条において同じ。）が一般金融市場における金利に即して定められたものについて、当該金利が低下したことに

（利率を引き下げる特約等の手続）

第三十三条　法第二十九条の規定による利率を引き下げる特約及び法第三十二条の規定による債権の免除は、債務者からの書面による申請に基いて行うものとする。

（利率を引き下げる特約の手続）

第三十八条　歳入徴収官等は、債務者から令第三十三条の規定により利率の引下の申請書の提出を受けた場合において、その内容を審査し、その申請に正当な理由があると認めたときは、利率引下の理由を明らかにした書類を各省各庁の長に送付して利率を引き下げることの承認を受けなければならない。

○国の債権の管理等に関する法律

より、その利率を維持することが不適当となつたときは、これを是正するため必要な限度において、その利率を引き下げる特約をすることができる。

（更生計画案等についての同意）

第三十条　法務大臣は、国の債権について、民事再生法（平成十一年法律第二百二十五号）の規定により決議に付された若しくは付されるべき再生計画案若しくは変更計画案（同意再生の場合にあつては裁判所に提出された再生計画案）又は会社更生法（平成十四年法律第百五十四号）若しくは金融機関等の更生手続の特例等に関する法律（平成八年法律第九十五号）の規定により決議に付された更生計画案若しくは変

○国の債権の管理等に関する法律施行令

○債権管理事務取扱規則

ただし、法第三十八条第一項ただし書の規定に該当する場合は、当該書類を作成して直ちにその特約をすることができる。

2　歳入徴収官等は、利率を引き下げる特約をする場合には、引き下げられた利率及び当該利率を適用すべき起算日を明らかにした書面を債務者に送付しなければならない。この場合において、起算日は、その送付の日以後の日としなければならない。

更計画案がこれらの法律の規定に違反しないものであり、かつ、その内容が債務者が遂行することができる範囲内において国の不利益を最少限度にするように定められていると認められる場合に限り、これに同意することができる。

（和解等）

第三十一条　法務大臣は、国の債権について、この法律その他の法令の規定により認められた内容によるほか、法律上の争いがある場合においては、その争いを解決するためやむを得ず、かつ、国にとつて当該債権の徴収上有利と認められる範囲内において、裁判上の和解（以下「和解」という。）をし、民事調停法（昭和二十六年法律第二百二十二号）若しくは労働審判法（平成十六年法律第四十五号）による調停（以下「調停」という。）に応じ、又は同法第二十一条第一項の規定による異議の申立てをしないことができる。ただし、債権の性質がこれに適しない場合は、この限りでない。

〇国の債権の管理等に関する法律

（免除）

第三十二条　歳入徴収官等は、債務者が無資力又はこれに近い状態にあるため履行延期の特約等（和解、調停又は労働審判（労働審判法第二十条の規定による労働審判をいう。第三十八条第三項において同じ。）によつてする履行期限の延長で当該履行延期の特約等に準ずるものを含む。以下この条において同じ。）をした債権について、当初の履行期限（当初の履行期限後に履行延期の特約等をした場合は、最初に履行延期の特約等をした日）から十年を経過した後において、なお債務者が無資力又はこれに近い状態にあり、かつ、弁済することができることとなる見込みがないと認められる場合には、当該債権並びにこれに係る延滞金及び利息を免除することができる。

2　前項の規定は、第二十四条第一項第六号に掲げる理由により履行延期の特約等をした貸付金に係る債権で、同号に規定する第三者が無資力又はこれに

〇国の債権の管理等に関する法律施行令

〇債権管理事務取扱規則

（免除の手続）

第三十九条　歳入徴収官等は、債務者から令第三十三条の規定により債権の免除の申請書の提出を受けた場合において、法第三十二条各項の規定の一に該当し、かつ、当該債権を免除することがその管理上やむを得ないと認められるときは、その該当する理由及びやむを得ないと認める理由を記載した書類に当該申請書又はその写その他の関係書類を添え、各省各庁の長に送付して債権を免除することの承認を受けなければならない。ただし、法第三十八条第一項ただし書の規定に該当する場合は、当該書類を作成して直ちにその措置をとることができる。

2　歳入徴収官等は、債権の免除をする場合には、免除する金額、免除の日付及び法第三十二条第二項に規定する債権にあつては、同項後段に規定する条件を明らかにした書面を債務者に送付しなければならない。

近い状態にあることに基いて当該履行延期の特約等をしたものについて準用する。この場合における免除については、債務者が当該第三者に対する貸付金について免除をすることを条件としなければならない。

3　歳入徴収官等は、履行延期の特約等をした債権につき延納利息（第二十六条第一項本文の規定による利息をいう。以下同じ。）を附した場合において、債務者が当該債権の金額の全部に相当する金額をその延長された履行期限内に弁済したときは、当該債権及び延納利息については、債務者の資力の状況によりやむを得ない事情があると認められる場合に限り、当該延納利息の全部又は一部に相当する金額を免除することができる。

（延滞金に関する特則）

第三十三条　国の債権（利息を附することとなつている債権及び特別の法律において延滞金に関する定のある債権を除く。以下この条において同じ。）に係る延滞金は、履行期限内に弁済されなかつた当該債権の金額が千円未満で

（延滞金を免除することができる範囲）

第三十四条　法第三十三条第三項に規定する政令で定める国の債権は、次に掲げる債権とする。

一　国が設置する教育施設において教育を受ける者のために設けられた寄宿舎の使用料に係る債権

○国の債権の管理等に関する法律

ある場合には、附さない。

2 国の債権及びこれに係る延滞金については、弁済金額の合計額が当該債権の金額の全部に相当する金額に達することとなつた場合において、その時までに附される延滞金の額（その時までに徴収した金額を含む。以下この条において同じ。）が百円未満であるときは、当該延滞金の額に相当する金額を免除することができる。

3 国が設置する教育施設の授業料に係る債権その他政令で定める国の債権及びこれらに係る延滞金については、弁済金額の合計額が当該債権の金額の全部に相当する金額に達することとなつた場合には、政令で定めるところにより、その時までに付される延滞金の額に相当する金額の全部又は一部を免除することができる。

第五章 債権に関する契約等の内容

（債権に関する契約等の内容）

第三十四条 法令の規定に基き国のため

○国の債権の管理等に関する法律施行令

二 国が設置する病院、診療所、療養所その他の医療施設における療養費に係る債権

三 障害者の日常生活及び社会生活を総合的に支援するための法律（平成十七年法律第百二十三号）第五条第二十五項に規定する補装具の売渡し、貸付け又は修理に係る債権

四 未帰還者留守家族等援護法（昭和二十八年法律第百六十一号）第二十条第二項に規定する一部負担金に係る債権

五 債務者の故意又は重大な過失によらない不当利得による返還金に係る債権

2 法第三十三条第三項に規定する債権及びこれに係る延滞金について同項の規定により免除することができる金額は、同項に規定する延滞金の額に相当する金額の範囲内において各省各庁の長が定める額をこえないものとする。

第五章 債権に関する契約等の内容

○債権管理事務取扱規則

に契約その他の債権の発生に関する行為をすべき者（以下「契約等担当職員」という。）は、当該債権の内容を定めようとするときは、法律又はこれに基づく命令で定められた事項を除くほか、債権の減免及び履行期限の延長に関する事項についての定をしてはならない。

第三十五条　契約等担当職員は、債権の発生の原因となる契約について、その内容を定めようとする場合には、契約書の作成を省略することができる場合その他政令で定める場合を除き、次に掲げる事項についての定をしなければならない。ただし、当該事項についての他の法令に規定がある場合は、その事項については、この限りでない。

一　債務者は、履行期限までに債務を履行しないときは、延滞金として一定の基準により計算した金額を国に納付しなければならないこと。

二　分割して弁済させることとなつている債権について、債務者が分割さ

（契約の内容について別段の定を要しない場合）

第三十五条　法第三十五条に規定する政令で定める場合は、双務契約に基く国の債権に係る履行期限が国の債務の履行期限以前とされている場合とする。

（延滞金の基準）

第三十六条　契約等担当職員が法第三十五条の規定により同条第一号に規定する事項についての定をする場合においては、同号に規定する一定の基準は、第二十九条本文に規定する率を下つてはならない。

○国の債権の管理等に関する法律	○国の債権の管理等に関する法律施行令	○債権管理事務取扱規則
れた弁済金額についての履行を怠つたときは、当該債権の全部又は一部について、履行期限を繰り上げることができること。 三　担保の附されている債権について、担保の価額が減少し、又は保証人を不適当とする事情が生じたときは、債務者は、国の請求に応じ、増担保の提供又は保証人の変更その他担保の変更をしなければならないこと。 四　当該債権の保全上必要があるときは、債務者又は保証人に対し、その業務又は資産の状況に関して、質問し、帳簿書類その他の物件を調査し、又は参考となるべき報告若しくは資料の提出を求めること。 五　債務者が前号に掲げる事項についての定に従わないときは、当該債権の全部又は一部について、履行期限を繰り上げることができること。	（履行期限を繰り上げた場合に加算して納付させる金額）	

第三十六条　前条の場合において、当該債権が国の貸付金（使途の特定しないものを除く。）に係るものであるときは、契約等担当職員は、同条各号に掲げる事項のほか、次に掲げる事項についての定をするものとする。

一　債務者は、当該貸付金を他の使途に使用してはならないこと、又は当該貸付金を他の使途に使用する場合には、各省各庁の長（その委任を受けた者を含む。以下この条において同じ。）の承認を受けなければならないこと。

二　債務者は、当該貸付金の貸付の対象である事務又は事業（以下「貸付事業等」という。）に要する経費の配分その他貸付事業等の内容で、当該契約で特に定めるもの（以下単に「貸付事業等の内容」という。）の変更をする場合には、各省各庁の長の承認を受けなければならないこと。

三　債務者は、貸付事業等を中止し、又は廃止する場合には、各省各庁の長の承認を受けなければならないこと。

第三十七条　法第三十六条第十号に規定する政令で定める金額は、同号に掲げる事項についての契約の定により履行期限を繰り上げた貸付金の貸付の日の翌日から履行する日までの期間に応じ、当該貸付金の額（債務者がその一部を履行した場合における当該履行の日の翌日以後の期間については、その額から既に履行した額を控除した額）に対し、財務大臣が一般金融市場における金利を勘案して定める率から当該貸付金の利率を控除した率を乗じて得た金額とする。

2　契約等担当職員は、法第三十六条第十号に規定する事項についての契約の定で前項の規定により算出した額を下る金額を納付させることとするものをしようとする場合には、あらかじめ、各省各庁の長の承認を受けなければならない。

3　各省各庁の長は、前項の承認をする場合には、あらかじめ、財務大臣に協議しなければならない。

○国の債権の管理等に関する法律	○国の債権の管理等に関する法律施行令	○債権管理事務取扱規則
四　債務者は、貸付事業等が予定の期間内に完了しない場合又は貸付事業等の遂行が困難となつた場合には、すみやかに各省各庁の長に報告して、その指示に従わなければならないこと。 五　債務者は、貸付事業等により取得し、又は効用の増加した財産で、当該貸付の契約で定めるものを、当該契約で定める期間内に、貸付の目的に反して使用し、処分し、又は担保に供する場合（債務者がその債務の全部を履行した場合を除く。）には、各省各庁の長の承認を受けなければならないこと。 六　債務者は、当該貸付の契約で定めるところにより、貸付事業等の遂行の状況に関し、各省各庁の長に報告しなければならないこと。 七　債務者は、貸付事業等が完了した場合（貸付事業等の廃止の承認を受けた場合を含む。）には、当該貸付の契約で定めるところにより、貸付		

事業等の成果を記載し、又は記録した実績報告を各省各庁の長に提出しなければならないこと。

八　債務者は、各省各庁の長により前号に規定する実績報告に係る貸付事業等の成果が当該貸付金の貸付の目的及び貸付事業等の内容に適合していないと認められた場合には、その指示に従わなければならないこと。

九　第四号又は前号に規定する指示による場合のほか、次に掲げる場合には、当該債権の全部又は一部について、履行期限を繰り上げることができること。

イ　債務者が前各号に掲げる事項についての定に従わないとき。

ロ　債務者が当該貸付の契約で定める期間内に貸付金を貸付の目的に従つて使用しないとき。

ハ　その他債務者が当該貸付の契約の定に従つて誠実に貸付事業等を遂行しないとき。

十　債務者は、第四号若しくは第八号に規定する指示により、又は前号の規定により履行期限を繰り上げられ

○国の債権の管理等に関する法律

たときは、政令で定める金額の範囲内で、一定の基準により計算した金額を国に納付しなければならないこと。

十一　債務者は、国の貸付金をその財源の全部又は一部とし、かつ、当該貸付金の貸付の使途に従つて第三者に貸付金（使途の特定しないものを除く。）の貸付を行う場合には、当該貸付の契約において、第一号から第九号までに掲げる事項に準ずる定をしなければならないこと。

第三十七条　前二条の規定は、契約等担当職員が、これらの規定に定めるもののほか、必要な定をすることを妨げるものではない。

第六章　雑則

（財務大臣への協議等）

第三十八条　歳入徴収官等は、次の各号に掲げる場合には、あらかじめ、各省各庁の長の承認を受けなければならない。ただし、各省各庁の長が財務大臣と協議して定めた基準により当該各号

○国の債権の管理等に関する法律施行令

第六章　雑則

○債権管理事務取扱規則

第五章　雑則

に規定する行為をする場合は、この限りでない。
一 第二十一条第一項又は第二項の措置をとる場合
二 履行延期の特約等をする場合
三 第二十九条の規定により利率を引き下げる特約をする場合
四 第三十二条の規定による免除をする場合
2 各省各庁の長は、前項各号に規定する行為をし、又は同項の承認をするときは、あらかじめ、財務大臣に協議しなければならない。ただし、あらかじめ財務大臣と協議して定めた基準によつて行う場合は、この限りでない。
3 法務大臣は、第三十条の同意をするとき、第三十一条の規定により和解をし、調停に応じ、若しくは労働審判法第二十一条第一項の規定による異議の申立てをしないとき、又は和解、調停若しくは労働審判によつて第一項第二号から第四号までに規定する行為に準ずる行為をするときは、あらかじめ、財務大臣の意見を求めなければならない。ただし、あらかじめ財務大臣と協

○国の債権の管理等に関する法律

議して定めた基準によつて行う場合は、この限りでない。

○国の債権の管理等に関する法律施行令

○債権管理事務取扱規則

（納入告知書又は納付書記載事項の訂正）

第三十九条の二 歳入徴収官等は、支出済となつた歳出の返納金に係る債権（法令の規定により歳入金に係る債権として整理されることとなつたものを除く。）について発した納入告知書又は納付書に記載された年度、所管、会計名、部局等又は項に誤びゆうがあることを発見したときは、当該返納金を受け入れた日本銀行（返納金を受け入れた日本銀行が支出官の取引店以外のものであるときは、当該支出官の取引店）に対し、当該年度所属の歳出金を支払うことができる期限までにその訂正を請求しなければならない。

2　歳入徴収官等は、前項の規定による誤びゆう訂正の請求をした場合において、日本銀行から訂正済の報告を受けたときは、直ちにその旨を当該返納金に係る官署支出官に通知しなければならない。

3　歳入徴収官等は、出納官吏の取り扱つた支払金の返納金に係る債権（法令の規定により歳入金に係る債権として整理されることとなつたものを除く。）について発した納入告知書又は納付書に記載された年度、所管、会計名、部局等又は項に誤びゆうがあることを発見したときは、直ちに当該返納金に係る出納官吏に対してその旨を通知しなければならない。

（特定分任歳入徴収官等の事務取扱手続の特例）

第三十九条の三　歳入徴収官に所属する令第十四条の二に規定する者（以下「特定分任歳入徴収官等」という。）は、法第十一条の規定により歳入金に係る債権について調査確認したとき、又は当該調査確認に係る事項に変更があつたときは、債務者の住所及び氏名又は名称、債権金額並びに履行期限その他債権の調査確認に関する事項並びに当該債権に係る歳入の徴収に必要とされる事項を当該歳入徴収官に通知しなければならない。当該債権について

○国の債権の管理等に関する法律	○国の債権の管理等に関する法律施行令	○債権管理事務取扱規則
		必要な措置をとり、又は当該債権が消滅（収納による消滅を除く。）したときも、同様とする。 2　特定分任歳入徴収官等は、前項の規定により債権の調査確認に関する事項及び当該債権に係る歳入の徴収に必要とされる事項を歳入徴収官に通知する場合には、翌年度以後において調査確認することとなる債権の当該調査確認に必要とされる事項及び当該債権に係る歳入の徴収に必要とされる事項を併せて通知するものとする。 **第三十九条の四**　特定分任歳入徴収官等が令第十四条の二本文の規定により歳入徴収官又は分任歳入徴収官に対して行う納入の告知の請求は、債務者の住所及び氏名又は名称、履行すべき金額、履行期限、弁済の充当の順序その他履行の請求に必要な事項を明らかにした書面を作成し、契約書その他の証拠書類を添え、これを当該歳入徴収官又は分任歳入徴収官に送付することにより行うものとする。

2　前項の場合において、歳入徴収官又は分任歳入徴収官が法令の規定により口頭をもつて納入の告知をすることができるときは、同項の請求は口頭をもつてすることができる。

3　特定分任歳入徴収官等は、第一項の規定により送付した契約書その他の証拠書類で法第二十条第一項の規定により引き続き整備保存すべきものについては、当該歳入徴収官又は分任歳入徴収官が納入の告知をした後、その返付を受けるものとする。

4　特定分任歳入徴収官等は、延滞金又は一定の期間に応じて付する加算金を付することとなつている債権について弁済を受け、又は相殺された金額が法令に定める弁済の充当（相殺の充当を含む。）の順序に従い元本金額の全部に充当された場合において当該延滞金又は加算金の金額の全部又は一部が未納であるときは、当該未納に係る延滞金又は加算金の金額について前三項の規定により歳入徴収官又は分任歳入徴収官に対する納入の告知の請求をするものとする。この場合において、第一

○国の債権の管理等に関する法律

○国の債権の管理等に関する法律施行令

○債権管理事務取扱規則

項中「履行すべき金額、履行期限、弁済の充当の順序」とあるのは、「履行すべき金額」と読み替えるものとする。

5　特定分任歳入徴収官等は、その所掌に属する歳入金に係る債権について第十五条の規定により関係の官署支出官又は現金出納職員に通知するときは、同一の事項を関係の歳入徴収官又は分任歳入徴収官にも通知するものとする。

第三十九条の五　特定分任歳入徴収官等は、債務者に対して履行の督促を必要とするときは、歳入徴収官又は分任歳入徴収官に対しその督促をすべきことを請求するものとする。ただし、緊急の必要があるときその他特別の事由があるときは、口頭又は適宜の書面により自ら履行の督促を行うものとする。

2　特定分任歳入徴収官等は、法第十六条の規定により履行期限を繰り上げて履行の請求をするため令第十四条の二の規定により歳入徴収官又は分任歳入徴収官に対して債務者に対する納入の告知をすべきことを請求するときは、履行期限を繰り上げる旨及びその理由を明らかにして行うものとする。

3　特定分任歳入徴収官等は、保証人に対して履行の請求を必要とするときは、第二十二条に規定する事項を明らかにした書面を歳入徴収官又は分任歳入徴収官に送付し、保証人に対する履行の請求をすべきことを請求するものとする。

第三十九条の六　特定分任歳入徴収官等は、その所掌に属する歳入金に係る債権で納入の告知をしているもの又は第三十九条の四第五項の規定により歳入徴収官又は分任歳入徴収官に対して通知をしたものが次の各号の一に該当することとなつたときは、直ちにその事由を明らかにした書面を作成し、歳入徴収官又は分任歳入徴収官に送付しなければならない。

一　債権が法令の規定に基づいてその履行期限を延長されたこと。

二　債権が法令の規定に基づいて免除されたこと。

○国の債権の管理等に関する法律	○国の債権の管理等に関する法律施行令	○債権管理事務取扱規則
		三　債権につき消滅時効が完成し、かつ、債務者がその援用をしたこと、又は当該債権が法律の規定により債務者の援用をまたないで消滅するものであるときは、その消滅時効が完成したこと。 四　債権で国税徴収又は国税滞納処分の例によつて徴収するものが国税徴収法（昭和三十四年法律第百四十七号）第百五十三条第四項又は第五項の規定により消滅したこと。 五　債権について、第三十条の規定によりその全部又は一部が消滅したものとみなして整理したこと。 六　債権について、令第二十二条第二号又は第三号に掲げる者から第三十二条第一項に規定する消滅の通知を受けたこと。 七　債権でその発生又は国への帰属の原因となる契約その他の行為に解除条件が付されているものについて、当該解除条件が成就したこと。 八　債権が法令の規定に基づき譲渡さ

れ、又は更改若しくは混同により消滅したこと。

九　債権の存在につき法律上の争いがある場合において、裁判所の判決によりその不存在が確定したこと。

2　特定分任歳入徴収官等は、その所掌に属する歳入金に係る債権について、支出官事務規程第八条又は出納官吏事務規程第四十一条の二の規定により官署支出官又は資金前渡官吏から相殺又は充当をした旨の通知を受けたときは、直ちにその事由を明らかにした書面を作成し、歳入徴収官又は分任歳入徴収官に送付しなければならない。

（債権の管理事務の委任に関する特別の事情）

第三十九条の七　令第五条第四項に規定する財務省令で定める特別の事情があるときは、歳出の返納金に係る債権の管理に関する事務について、会計法（昭和二十二年法律第三十五号）第十三条又は第四十八条第一項の規定により当該歳出の支出負担行為に関する事務の委任を受けた者又は当該事務を行うこととなつた者の所属庁と同法第二

○国の債権の管理等に関する法律

○国の債権の管理等に関する法律施行令

○債権管理事務取扱規則

十四条又は第四十八条第一項の規定により当該歳出の支出に関する事務の委任を受けた者又は当該事務を行うこととなつた者の所属庁とが異なつている場合において、各省各庁の長が必要があると認めるときとする。

（歳入徴収官及び官署支出官以外の歳入徴収官等の官職の表示等）

第三十九条の八　令第五条第五項に規定する場合又は令第六条の規定により債権の管理に関する事務を行うこととなつた都道府県の知事若しくは知事の指定する職員若しくは当該事務を分掌若しくは代理する職員が歳入徴収官、分任歳入徴収官、歳入徴収官代理、分任歳入徴収官代理、官署支出官及び支出官代理（官署支出官の事務を代理する職員に限る。）以外である場合における歳入徴収官等が発する文書には、当該歳入徴収官等の官職又は職及び氏名のほか、当該歳入徴収官等が法令の規定によりその所掌に属する債権に係る受入金の徴収に関する事務を取り扱う

（債権現在額報告書）

第三十九条　各省各庁の長は、政令で定めるところにより、当該各省各庁の所掌事務に係る債権の毎年度末における現在額（政令で定める債権については、翌年度の四月三十日までに消滅した額を除く。）の報告書を作成し、翌年度の七月三十一日までに、財務大臣に送付しなければならない。

（国会への報告等）

第四十条　財務大臣は、前条の報告書に基き、債権現在額総計算書を作成しなければならない。

2　内閣は、前項の債権現在額総計算書を前条の報告書とともに、翌年度の十一月三十日までに、会計検査院に送付しなければならない。

3　内閣は、第一項の債権現在額総計算

（債権現在額報告書の内容）

第三十八条　各省各庁の長は、法第三十九条の規定により債権の毎年度末における現在額の報告書を作成する場合には、歳入徴収官等（第二条各号に掲げる債権にあつては、各省各庁の長の指定する者）からの報告に基き、債権の帰属すべき会計の区別に応じ、債権の種類ごとに、前年度以前において発生した債権の金額と当該年度において発生した債権の金額とに区分し、さらに、それぞれの金額を当該年度末までに履行期限が到来した額と履行期限がまだ到来しない額とに細分して、その内訳を明らかにしなければならない。

（出納整理期間中に消滅した額を除いて現在額を計算する債権）

第三十九条　法第三十九条に規定する政

会計機関（国の会計機関の使用する公印に関する規則（昭和三十九年大蔵省令第二十二号）第二条（同令第九条において準用する場合を含む。）に規定する国の会計機関をいう。以下同じ。）であるときは、その会計機関の名称を付記するものとする。

（債権現在額の通知）

第四十条　分任歳入徴収官等（歳入徴収官等代理がその事務を代理しているときは、当該歳入徴収官等代理。以下この条において同じ。）は、その分掌に属する債権の毎年度末における現在額（令第三十九条に規定する債権については、翌年度の四月三十日までに消滅した額を除く。以下この条において同じ。）について、債権管理簿に基き別紙第九号書式の債権現在額通知書（以下「債権現在額通知書」という。）を作成して各省各庁の長の定める期限までに主任歳入徴収官等に送付しなければならない。

2　主任歳入徴収官等は、その所掌に属する債権の毎年度末における現在額について、債権管理簿及び前項の規定に

○国の債権の管理等に関する法律

書に基き、毎年度末における国の債権の現在額について、当該年度の歳入歳出決算の提出とともに、国会に報告しなければならない。

○国の債権の管理等に関する法律施行令

令で定める債権は、歳入金に係る債権又は歳出の返納金に係る債権のうち、これらの債権に基づいて翌年度の四月三十日までに収納された金額が法令の規定により当該年度所属の歳入金、又は歳出の金額への戻入金として整理されるものとする。

（報告書等の様式及び作成方法）

第四十条　法第三十九条の報告書及び法第四十条第一項の債権現在額総計算書の様式及び作成方法は、財務省令で定める。

○債権管理事務取扱規則

より分任歳入徴収官等から送付を受けた債権現在額通知書に基き債権現在額通知書を作成して各省各庁の長の定める期限までに債権管理総括機関に送付しなければならない。

3　同一の官署に二人以上の主任歳入徴収官等がいる場合における前項の規定による通知書の作成及び送付は、当該関係の主任歳入徴収官等がそれぞれの所掌区分を明らかにして、一の書面をもつて行なうことができる。同一の官署に一の主任歳入徴収官等に所属する二人以上の分任歳入徴収官等がいる場合における第一項の規定による通知書の作成及び送付についても同様とする。

（債権現在額報告書に区分して整理すべき債権の種類）

第四十一条　令第三十八条に規定する債権の種類は、第十一条第二項に規定するところによるほか、別表第三に定めるところによる。

（報告書等の様式及び作成の方法）

（電磁的記録による作成）

第四十条の二　この法律又はこの法律に基づく命令の規定により作成することとされている報告書等（報告書、債権現在額総計算書その他文字、図形その他の人の知覚によつて認識することができる情報が記載された紙その他の有体物をいう。次条において同じ。）については、当該報告書等に記載すべき事項を記録した電磁的記録（電子的方式、磁気的方式その他人の知覚によつては認識することができない方式で作られる記録であつて、電子計算機による情報処理の用に供されるものとして財務大臣が定めるものをいう。同条第一項において同じ。）の作成をもつて、当該報告書等の作成に代えることができる。この場合において、当該電磁的

第四十二条　次の各号に掲げる報告書又は計算書の様式及び作成の方法は、当該各号の書式に定めるところによる。

一　法第三十九条の債権現在額報告書　別紙第十一号書式

二　法第四十条第一項の債権現在額総計算書　別紙第十二号書式

○国の債権の管理等に関する法律

記録は、当該報告書等とみなす。

（電磁的方法による提出）

第四十条の三　この法律又はこの法律に基づく命令の規定による報告書等の提出については、当該報告書等が電磁的記録で作成されている場合には、電磁的方法（電子情報処理組織を使用する方法その他の情報通信の技術を利用する方法であつて財務大臣が定めるものをいう。次項において同じ。）をもつて行うことができる。

2　前項の規定により報告書等の提出が電磁的方法によつて行われたときは、当該報告書等の提出を受けるべき者の使用に係る電子計算機に備えられたファイルへの記録がされた時に当該提出を受けるべき者に到達したものとみなす。

○国の債権の管理等に関する法律施行令

○債権管理事務取扱規則

（実地監査）

第四十三条　法第九条第二項の規定による当該職員の実地監査は、別に定める監査要領に従つてしなければならない。

（政令への委任）

第四十一条　この法律に定めるもののほか、この法律の施行に関し必要な事項は、政令で定める。

附　則　抄

1　この法律は、公布の日から起算して八月をこえない範囲内で政令で定める日から施行する。

2　第三十九条及び第四十条の規定は、昭和三十二年度末以後における債権の現在額に関して適用する。

3　次に掲げる法律は、廃止する。

一　政府貸付金処理に関する法律（昭和十年法律第二十五号）

二　租税債権及び貸付金債権以外の国の債権の整理に関する法律（昭和二十六年法律第百九十七号）

4　旧租税債権及び貸付金債権以外の国の債権の整理に関する法律の規定により、この法律の施行の際現に定期貸債権又はすえ置貸債権とされている債権

（省令への委任）

第四十一条　この政令に定めるもののほか、この政令の施行に関し必要な事項は、財務省令で定める。

附　則　抄

1　この政令は、法の施行の日（昭和三十二年一月十日）から施行する。

2　次に掲げる命令は、廃止する。

一　政府貸付金処理に関する法律施行令（昭和十年勅令第二百五十二号）

二　租税債権及び貸付金債権以外の国の債権の整理に関する法律施行令（昭和二十六年政令第百九十四号）

3　法第十二条各号又は第二十二条各号に掲げる者は、大蔵省令で定めるところにより、この政令の施行の際現に存する債権（法第三条第一項各号に掲げる債権を除く。）の確認のために必要な事項を債権管理官に通知しなければならない。

4　各省各庁の長は、この政令の施行前

2　当該職員は、前項の実地監査をする場合には、別紙第十三号書式の監査証票を携帯し、関係者の請求があったときは、呈示しなければならない。

附　則　抄

1　この省令は、法の施行の日（昭和三十二年一月十日）から施行する。

2　定期貸債権及びすえ置貸債権整理取扱規程（昭和二十六年大蔵省令第五十二号）は、廃止する。

3　日本銀行は、返納金に係る債権でこの省令による改正前の支出官事務規程第四十条又は第四十条の二の規定により既に支出官が返納告知書又は納付書を発しているものについて、この省令の施行の後収納をし、又は振替払込を受けたときは、領収済通知書を当該支出官に送付するものとする。

4　支出官は、前項の規定により領収済通知書又は振替済通知書の送付を受け

○国の債権の管理等に関する法律

については、同法第六条の規定は、この法律の施行後も、なおその効力を有する。

5　前項に規定する債権については、旧租税債権及び貸付金債権以外の国の債権の整理に関する法律の規定により定期貸債権又はすえ置貸債権とした日をこの法律の規定により履行延期の特約等をした日とみなして、第三十二条第一項の規定を適用する。

6　第四項に規定する債権その他この法律の施行の際現に各省各庁において管理している債権は、当該各省各庁の所掌事務に係る債権とみなして、この法律を適用する。

7　第十一条第一項の規定は、この法律の施行の際現に存する国の債権で、この法律の施行前に発生し、又は国に帰属したものについて準用する。

8　第三十三条第二項及び第三項の規定は、この法律の施行前に弁済金額の合計額がこれらの規定に定める債権の金額の全部に相当する金額に達すること

○国の債権の管理等に関する法律施行令

に発生し、又は国に帰属した延滞金に係る債権（国税徴収又は国税滞納処分の例によつて徴収する債権を除く。）でこの政令の施行の際現に存するものについて、当該延滞金を付することとなつている債権の徴収上国に生ずべき不利益を最少限度にとどめるためやむを得ないと認められる範囲内において、その一部に相当する金額を免除することができる。この場合において、その免除することができる金額は、当該延滞金の金額から当該延滞金の計算の基準となつている金額に第二十九条の規定に準じ同条に規定する率を乗じて得た金額を控除した金額の範囲内において財務大臣に協議して定める金額とする。

5　歳入徴収官等は、第二十八条各号又は第三十条各号に掲げる場合のほか、石油公団法及び金属鉱業事業団法の廃止等に関する法律（平成十四年法律第九十三号）附則第二条第一項の規定により国が承継する債権について履行延

○債権管理事務取扱規則

たときは、直ちに第三十二条第一項の規定に準じて作成した書面を債権管理官等に送付するものとする。

5　次の各号に掲げる者は、当該各号に掲げる債権について、この省令の施行後遅滞なく、令附則第三項の規定による通知を令第十一条及び令第二十三条の規定に準じて行うものとする。ただし、現に債権の管理のために使用している帳簿があるときは、当該帳簿を債権管理官等に引き継ぐことにより行うことができる。

一　法第十二条各号に掲げる者　当該各号に定めるところにより発生し、又は国に帰属した債権で歳入徴収官又は支出官がまだ納入告知書又は返納告知書を発していないもの

二　歳入徴収官　納入告知書を発した歳入金に係る債権でまだその全部が履行されていないもの

6　支払事務担当職員は、その所掌に属する支払金の返納金に係る債権でまだその全部が履行されていないものがあ

となつた場合にも、適用があるものとする。この場合において、同条第二項中「当該延滞金の額に相当する金額」とあるのは、「延滞金の額の全部に相当する金額」とする。

9　前項の規定は、既に弁済された金額に影響を及ぼすものと解してはならない。

10　この法律の施行前に発生し、又は国に帰属した債権については、政令でこの法律の特例を設けることができる。

期の特約等をする場合には、当該債権が消滅するまでの間は、担保の提供を免除し、又は延納利息を付さないことができる。

るときは、前項の規定に準じて債権管理官等に通知するものとする。

別表第一（第一一条）

債権の発生年度区分

債権の区分	発生年度の区分
1　令第八条各号に掲げる債権	同条各号の規定により債権管理簿に記載し、又は記録すべき日の属する年度。ただし、同条第一号かつこ書に該当する債権にあつては、当該各年度の四月中に到来する利払期又は履行期限の属する年度
2　契約その他の行為により発生する債権（前項に該当する債権を除く。）	当該契約の締結をした日又は当該行為をした日の属する年度（債権の発生につき停止条件又は不確定の始期があるときは、条件の成就又は期限の到来により債権が発生した日の属する年度）
3　不当利得による返還金又は損害賠償金に係る債権	当該請求権の発生の原因となる事実のあつた日の属する年度
4　契約に関して発生した債権（前三項に該当する債権を除く。）	当該契約に関して債権が発生した日の属する年度
5　法令の規定により一定の事由により発生する債権であつて前各項に該当するもの以外のもの	当該法令において定められた履行期間の初日の属する年度

別表第二（第一一条）

第十一条第二項の規定による債権の種類

一　歳入金に係る債権

財政法（昭和二十二年法律第三十四号）第二十三条の規定により毎会計年度の歳入予算について定められた科目の区分に従い、部、款及び項（特別会計の属する債権にあつては、款及び項）に区分し、更に、債権の性質に従い、次に掲げるところによるものの外、各省各庁の長が財務大臣に協議して定めるところにより目に区分する。

1　手数料の類
授業料債権
講習料債権
入学料及び入学検定料債権
免許料及び手数料債権
収容課金債権

2　負担金の類
公共事業費地方負担金債権
公共事業費受益者等負担金債権
独立行政法人等恩給負担金債権
独立行政法人日本スポーツ振興センター保護者負担金債権
日雇拠出金債権
厚生年金拠出金債権

基礎年金拠出金債権
電波利用料債権
労働者災害補償保険通勤災害一部負担金債権
国家公務員通勤災害一部負担金債権
災害等廃棄物処理事業費地方負担金債権
原子力損害賠償負担金債権
諸負担金債権

3 納付金の類

日本銀行納付金債権
日本中央競馬会納付金債権
恩給法納付金債権
職域等費用納付金債権
輸入食糧納付金債権
価格差益及び価格等割増差額納付金債権
保険回収金納付金債権
独立行政法人日本スポーツ振興センター納付金債権
特定アルコール譲渡者納付金債権
独立行政法人造幣局納付金債権
法科大学院設置者納付金債権
独立行政法人地域医療機能推進機構納付金債権
独立行政法人住宅金融支援機構納付金債権
独立行政法人福祉医療機構納付金債権
独立行政法人農畜産業振興機構納付金債権
株式会社日本政策金融公庫納付金債権
国立大学法人納付金債権
株式会社国際協力銀行納付金債権
原子力損害賠償・廃炉等支援機構納付金債権
特定タンカー所有者納付金債権
独立行政法人鉄道建設・運輸施設整備支援機構納付金債権
沖縄振興開発金融公庫納付金債権
独立行政法人納付金債権
諸納付金債権

4 保険料及び掛金の類

保険料債権
再保険料債権
原子力損害補償料債権
自動車損害賠償保障事業賦課金債権
掛金債権
子ども・子育て拠出金債権
石綿健康被害救済拠出金債権

5 財産売払代の類

不動産売払代債権
船舶売払代債権
機械売払代債権
証券売払代債権
製品売払代債権
返還物品売払代債権
刊行物売払代債権
食糧売払代債権
農産物等売払代債権
輸入飼料売払代債権
林産物売払代債権
自動車検査登録印紙売払代債権
印紙売りさばき収入債権
備蓄石油売払代債権
不用物品売払代債権

物件売払代債権

6 財産貸付料及び使用料の類

公務員宿舎使用料債権
寄宿料債権
物件貸付料債権
物件使用料債権
財産利用料債権

7 配当金の類

配当金債権

8 費用弁償金及び立替金返還金の類

費用弁償金債権
立替金返還金債権
特定原子力損害填補仮払金回収金債権

9 委任、請負及び寄託等に基づく受託収入の類

受託事業費債権
刑務作業費債権
少年院等職業指導及び職業補導作業費債権
病院等療養費債権
防衛省職員等給食費債権
受託調査及び試験手数料債権
受託手数料債権

10 貸付金回収金の類

自衛隊学資貸与金債権
独立行政法人水資源機構貸付金債権
帰国費貸付金債権
沖縄振興開発金融公庫貸付金債権
沖縄振興開発金融公庫償還時貸付金債権
日本政策投資銀行貸付金債権
日本政策投資銀行償還時貸付金債権
清酒製造業近代化事業基金貸付金債権
単式蒸留焼酎業対策基金貸付金債権
急傾斜地崩壊対策事業資金貸付金債権
後進地域特例法適用団体等追加貸付金債権
海岸保全施設整備事業資金貸付金債権
海岸環境整備事業資金貸付金債権
公有地造成護岸等整備事業資金貸付金債権
漁港漁村整備事業資金収益回収特別貸付金債権
漁港漁村整備事業資金収益回収償還時貸付金債権
公営住宅建設等事業資金貸付金債権
住宅地区改良事業資金貸付金債権
宅地開発関連公共施設整備事業資金収益回収特別貸付金債権
宅地開発関連公共施設整備事業資金収益回収償還時貸付金債権
下水道事業資金貸付金債権
市街地再開発事業資金貸付金債権
水道施設整備事業資金貸付金債権
廃棄物処理施設整備事業資金貸付金債権
かんがい排水事業資金貸付金債権
圃場整備事業資金貸付金債権

諸土地改良事業資金貸付金債権
農道整備事業資金貸付金債権
農村総合整備事業資金貸付金債権
農業集落排水事業資金貸付金債権
農地防災事業資金貸付金債権
農地保全事業資金貸付金債権
農業生産基盤整備事業資金収益回収特別貸付金債権
農業生産基盤整備事業資金収益回収償還時貸付金債権
農村整備事業資金収益回収償還時貸付金債権
農地等保全事業資金収益回収特別貸付金債権
農地等保全事業資金収益回収償還時貸付金債権
干拓等事業資金貸付金債権
造林事業資金収益回収償還時貸付金債権
林道事業資金収益回収償還時貸付金債権
特定森林地域開発林道整備事業資金貸付金債権
工業用水道事業資金貸付金債権
新幹線鉄道整備事業資金貸付金債権
海岸事業資金貸付金債権
農業生産基盤整備事業資金貸付金債権
農村整備事業資金貸付金債権
水道水源開発施設整備事業資金貸付金債権
水道水源開発等施設整備事業資金貸付金債権
独立行政法人日本学生支援機構貸付金債権
母子父子寡婦福祉貸付金債権
公衆衛生修学資金貸付金債権
災害援護貸付金債権
農地保有合理化促進対策資金貸付金債権
就農支援資金貸付金債権
治山事業資金貸付金債権
地すべり防止事業資金貸付金債権
治山事業資金収益回収償還時貸付金債権
発明実施化試験費貸付金債権
小企業等経営改善資金貸付金債権
小規模企業者等設備導入資金貸付金債権
航空機騒音対策事業資金貸付金債権
独立行政法人自動車事故対策機構貸付金債権
埠頭整備資金等貸付金債権
港湾改修事業資金貸付金債権
港湾環境整備事業資金貸付金債権
港湾事業資金収益回収特別貸付金債権
港湾事業資金収益回収償還時貸付金債権
空港整備事業資金貸付金債権
関西国際空港整備事業資金貸付金債権
中部国際空港整備事業資金貸付金債権
国立研究開発法人情報通信研究機構貸付金債権

道路開発資金貸付金債権
有料道路整備資金貸付金債権
都市開発資金貸付金債権
沿道整備資金貸付金債権
一般国道改修資金貸付金債権
地方道改修資金貸付金債権
雪寒地域道路事業資金貸付金債権
交通安全施設等整備事業資金貸付金債権
道路事業資金収益回収特別貸付金債権
道路事業資金収益回収償還時貸付金債権
土地区画整理事業資金貸付金債権
街路事業資金貸付金債権
街路事業資金収益回収特別貸付金債権
街路事業資金収益回収償還時貸付金債権
道路事業資金貸付金債権
河川改修資金貸付金債権
都市河川改修資金貸付金債権
準用河川改修資金貸付金債権

河川事業資金収益回収特別貸付金債権
河川事業資金収益回収償還時貸付金債権
河川総合開発事業資金貸付金債権
治水ダム建設事業資金貸付金債権
河川総合開発事業資金収益回収特別貸付金債権
河川総合開発事業資金収益回収償還時貸付金債権
独立行政法人水資源機構収益回収償還時貸付金債権
砂防事業資金貸付金債権
地すべり対策事業資金貸付金債権
砂防事業資金収益回収特別貸付金債権
砂防事業資金収益回収償還時貸付金債権
都市計画事業資金収益回収特別貸付金債権
都市計画事業資金収益回収償還時貸付金債権

急傾斜地崩壊対策事業資金収益回収特別貸付金債権
海岸事業資金収益回収特別貸付金債権
海岸事業資金収益回収償還時貸付金債権
都市開発事業用地取得推進資金貸付金債権
水産基盤整備事業資金収益回収特別貸付金債権
本州四国連絡道路事業資金貸付金債権
沖縄産業振興施設整備資金貸付金債権
都道府県警察施設整備資金貸付金債権
電気通信格差是正施設整備資金貸付金債権
国立研究開発法人情報通信研究機構施設整備資金貸付金債権
消防防災施設整備資金貸付金債権
市町村消防施設整備資金貸付金債権

情報通信格差是正事業資金貸付金債権
独立行政法人国立科学博物館施設整備資金貸付金債権
公立学校施設整備資金貸付金債権
私立学校施設整備資金貸付金債権
地域先導科学技術基盤施設整備資金貸付金債権
国立研究開発法人物質・材料研究機構施設整備資金貸付金債権
国立研究開発法人量子科学技術研究開発機構施設整備資金貸付金債権
国立研究開発法人防災科学技術研究所施設整備資金貸付金債権
国立研究開発法人宇宙航空研究開発機構施設整備資金貸付金債権
社会体育施設整備資金貸付金債権
国宝重要文化財保存施設整備資金貸付金債権
医療施設等施設整備資金貸付金債権
保健衛生施設等施設整備資金貸付金債権
社会福祉施設等施設整備資金貸付金債権
総合食料対策事業資金貸付金債権
卸売市場施設整備資金貸付金債権
農業生産総合対策事業資金貸付金債権
畜産振興総合対策事業資金貸付金債権
農業経営対策事業資金貸付金債権
農村振興対策事業資金貸付金債権
中山間地域等振興対策事業資金貸付金債権
山村振興等対策事業資金貸付金債権
林業生産流通総合対策施設整備資金貸付金債権
水産業振興総合対策施設整備資金貸付金債権
畑地帯総合農地整備事業資金貸付金債権
農村振興整備事業資金貸付金債権
中山間総合整備事業資金貸付金債権
農村環境保全対策事業資金貸付金債権
森林保全整備事業資金貸付金債権
森林環境整備事業資金貸付金債権
水産物供給基盤整備事業資金貸付金債権
水産資源環境整備事業資金貸付金債権
漁村総合整備事業資金貸付金債権
農地等保全事業資金貸付金債権
水産基盤整備事業資金貸付金債権
環境調和型地域振興施設整備

資金貸付金債権
地域新事業創出基盤施設整備資金貸付金債権
商業・サービス業集積関連施設整備資金貸付金債権
国立研究開発法人産業技術総合研究所施設整備資金貸付金債権
中心市街地商店街・商業集積活性化施設整備資金貸付金債権
国立研究開発法人土木研究所施設整備資金貸付金債権
国立研究開発法人建築研究所施設整備資金貸付金債権
軌間可変電車研究開発施設整備資金貸付金債権
地下高速鉄道整備事業資金貸付金債権
ニュータウン鉄道等整備事業資金貸付金債権
幹線鉄道等活性化事業資金貸付金債権
鉄道駅総合改善事業資金貸付金債権

住宅宅地関連公共施設整備促進事業資金貸付金債権
住宅市街地整備総合支援事業資金貸付金債権
密集住宅市街地整備促進事業資金貸付金債権
都市再生推進事業資金貸付金債権
まちづくり総合支援事業資金貸付金債権
都市公園事業資金貸付金債権
廃棄物再生利用施設整備資金貸付金債権
国立研究開発法人国立環境研究所施設整備資金貸付金債権
環境保全施設整備資金貸付金債権
自然公園等事業資金貸付金債権
環境保全保安林整備事業資金貸付金債権
交通連携推進道路事業資金貸付金債権
交通連携推進街路事業資金貸付金債権

沿道環境改善事業資金貸付金債権
電線共同溝整備事業資金貸付金債権
床上浸水対策特別緊急事業資金貸付金債権
河川災害復旧等関連緊急事業資金貸付金債権
河川激甚災害対策特別緊急事業資金貸付金債権
統合河川整備事業資金貸付金債権
ダム周辺環境整備事業資金貸付金債権
堰堤改良資金貸付金債権
特定緊急砂防事業資金貸付金債権
特定緊急地すべり対策事業資金貸付金債権
中部国際空港整備事業資金収益回収特別貸付金債権
都市再生事業資金貸付金債権
海外滞在費貸出金債権
日本下水道事業団貸付金債権
独立行政法人国立高等専門学

校機構施設整備資金貸付金債権
国立大学法人等施設整備資金貸付金債権
独立行政法人国立病院機構施設整備資金貸付金債権
過剰米短期融資資金貸付金債権
成田国際空港株式会社貸付金債権
連続立体交差事業資金貸付金債権
地方道路整備臨時貸付金債権
株式会社日本政策金融公庫貸付金債権
特定大規模道路用地取得資金貸付金債権
空港機能施設災害復旧事業資金貸付金債権
株式会社国際協力銀行貸付金債権
修習資金貸与金債権
株式会社農林漁業成長産業化支援機構貸付金債権
電線敷設工事資金貸付金債権
株式会社商工組合中央金庫貸付金債権
特定連絡道路工事資金貸付金債権
定期貸債権
据置貸債権
諸貸付金債権

11 利得償還金の類
留学費用償還金債権
返納金債権
利得償還金債権

12 損害賠償金の類
延滞金債権
追徴金債権
過怠金債権
加算金債権
弁償金債権
損害賠償金債権

13 利息の類
利息債権

14 金銭引渡請求権の類
金銭引渡請求権債権

15 出資回収金の類
国際機関出資回収金債権
特殊法人等出資回収金債権

二 歳入金に係る債権以外の債権（三及び四に掲げるものを除く。）
　次に掲げるところにより部、款、項及び目に区分する。

部	款	項	目
歳入外債権	歳出戻入金債権	歳出戻入金債権	返納金債権
	前渡資金返納金債権	前渡資金返納金債権	返納金債権
	繰替払等資金返納金債権	繰替払等資金返納金債権	返納金債権

三 特別調達資金に属する債権
　次に掲げるところにより部、款及び項に区分し、更に、防衛大臣が財務大臣に協議して定めるところにより目に区分する。

部	款	項
特別調達資金債権	調達資金受入金債権	合衆国政府受入金債権
		派遣国政府受入金債権

部	款	項	目
	諸収入債権	諸収入債権	

四　貨幣回収準備資金に属する債権

次に掲げるところにより、部、款、項及び目に区分する。

部	款	項	目
貨幣回収準備資金債権	貨幣回収準備資金受入金債権	貨幣回収準備資金受入金債権	地金売払代債権

別表第三〔第四一条〕

第四十一条の規定による債権の種類

一　歳入金に係る債権

別表第二中歳入金に係る債権に関する規定に準じて、款、項及び目に区分する。

二　歳入金に係る債権以外の債権

次に掲げるところにより部、款及び項又は款及び項に区分し、更に、各省各庁の長が財務大臣に協議して定めるところにより目に区分する。

1　国税収納金整理資金に属する債権

部	款	項
国税収納金整理資金債権	歳入組入収納金債権	各税受入金債権
		滞納処分費等受入金債権
	歳入組入外収納金債権	特定返納金受入金債権

2　財政融資資金に属する債権

款	項
財政融資資金債権	政府関係機関貸付金債権
	地方公共団体貸付金債権
	特別法人貸付金債権
	諸貸付金債権

3　外国為替資金に属する債権

款	項
外国為替資金債権	特別決済勘定貸越金債権
	取立未済外国為替等債権
	仮払金債権

4　年金特別会計の国民年金勘定の積立金に属する債権

款	項
国民年金勘定積立金債権	運用寄託金債権

5　年金特別会計の厚生年金勘定の積立金に属する債権

款	項
厚生年金勘定積立金債権	運用寄託金債権

別表第四〔第一二条〕

債権管理簿の記載又は記録の方法に関し必要な事項

一　債権管理簿には、法第十一条第一項及び令第十条の規定により記載し、又は記録する事項のほか、次に掲げる日付を記載し、又は記録するものとする。

1　債権が発生した日付（法令又は契約の定めるところにより国に帰属した債権については、その発生した日付及び国に帰属した日付）

2　他の歳入徴収官等から債権の管理に関する事務の引継を受けた日付

3　法第十一条第一項前段の規定により調査確認した事

項に変更があつた日付
4　債権が消滅した日付
5　前各号に掲げるもののほか、債権の管理に関する事務の処理に関して必要な措置をとつた日付又は債権の管理に関係する事実で当該事務の処理上必要と認められるものの発生した日付
二　同一の発生年度若しくは種類に属する債権又は同一の発生原因に基づいて発生した債権をその他の債権と区分して整理することとなつている債権管理簿においては、債権の発生年度若しくは種類又は発生原因を当該債権管理簿の表紙又は見出しに記載し、又は記録することができる。同一の種類に属する債権をその他の債権と区分して整理することとしている債権管理簿において、利息に関する事項、延滞金に関する事項その他債権管理簿に記載し、又は記録すべき事項の内容が当該種類に属するすべての債権について同一である場合におけるこれらの事項の記載又は記録についても同様とする。
三　利息、延滞金又は一定の期間に応じて付する加算金に係る債権は、予算決算及び会計令第百三十一条に規定する徴収簿又は歳入徴収官事務規程第四十一条に規定する徴収整理簿を債権管理簿として使用する場合を除き、これを付することとなつている債権と併せて記載し、又は記録するものとする。
四　債権の種類は、略称又は符号をもつて表示することができる。
五　歳入徴収官等は、1に掲げる減少額については、債権金額の減額整理をするため法第十一条第一項後段の規定により調査確認の上、変更の記載をするものとし、2又は3に掲げる減少額については、同条第二項の規定により債権の消滅の記載又は記録をするものとする。この場合において、債権管理簿には、これらの減少額をそれぞれ区分して整理しなければならない。
1　次の各号に掲げる事由による債権の減少額
イ　債権の発生の原因となる契約その他の行為の解除又は取消し、当該行為に解除条件が附されている場合における当該解除条件の成就、債権の発生に関する法令の改廃その他特別の事由により債権の発生の原因となる法律関係が消滅したこと。
ロ　債権が法令の規定に基づき譲渡され、又は更改若しくは混同により消滅したこと。
ハ　令第八条第一号の規定により記載し、又は記録した債権金額が利率又は貸付料の減額変更その他の事由により減少することとなつたこと。
ニ　前各号に定めるもののほか、裁判所の判決による債権の不存在の確定、誤びゆうその他特別の事由により既に記載され、若しくは記録されている債権の

債権金額が過大であり、又はその債権が存在しないことが明らかとなつたこと。

2　弁済（代物弁済を含む。）、相殺又は充当による債権の減少額

3　債権の免除、消滅事効の完成その他1又は2に掲げる事由以外の事由による債権の減少額（第三十条の規定により債権が消滅したものとみなして整理する金額を含む。）

六　債権管理簿への記録は、記録に必要な事項を電子情報処理組織（歳入徴収官事務規程第二十一条の三第一項及び支出官事務規程第十一条第二項第五号に規定する電子情報処理組織をいう。第九号において同じ。）に記録する方法により行うものとする。

七　前号の場合において、法第十一条の規定により歳入金に係る債権について調査確認をしたとき、又は当該調査確認に係る事項に変更があつたときは、債務者の住所及び氏名又は名称、債権金額並びに履行期限その他債権の調査確認に関する事項並びに当該債権に係る歳入の徴収に必要とされる事項を記録するものとする。当該債権についで必要な措置をとり、又は当該債権が消滅したときも、同様とする。

八　前号の規定により債権の調査確認に関する事項及び当該債権に係る歳入の徴収に必要とされる事項を記録する場合には、翌年度以後において調査確認することとなる債権の当該調査確認に必要とされる事項及び当該債権に係る歳入の徴収に必要とされる事項を併せて記録するものとする。

九　前三号の場合において、必要な事項が既に電子情報処理組織に記録されているときは、当該事項を重ねて記録することを要しない。

別紙第１号書式〔第14条、第16条〕

第一片

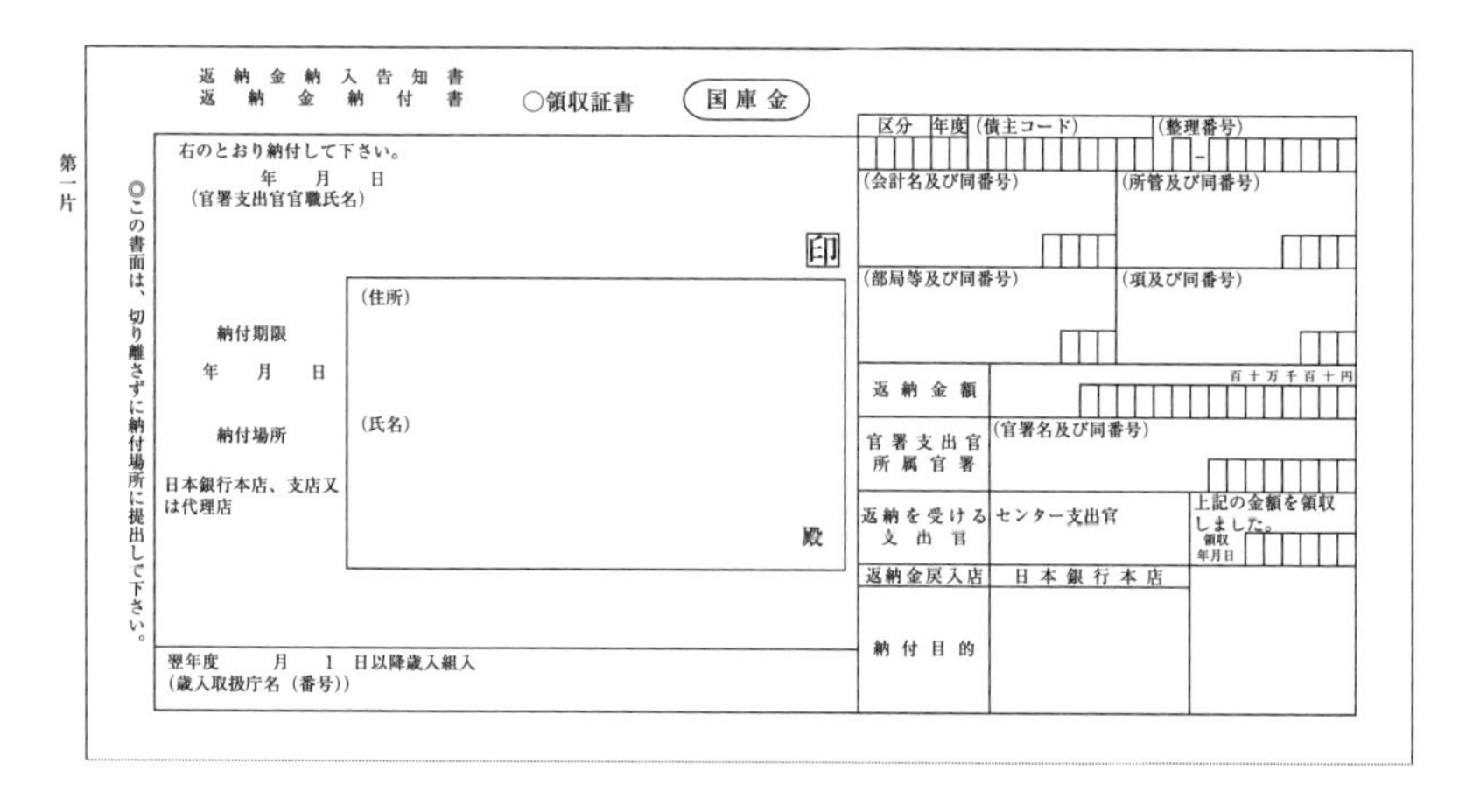

返納金納入告知書
返納金納付書
○領収証書
国庫金

区分 年度 (債主コード) (整理番号)

右のとおり納付して下さい。
年 月 日
(官署支出官官職氏名)
印

(会計名及び同番号) (所管及び同番号)
(部局等及び同番号) (項及び同番号)

(住所)
納付期限
年 月 日
納付場所
日本銀行本店、支店又は代理店
(氏名)
殿

返納金額	百 十 万 千 百 十 円
官署支出官所属官署	(官署名及び同番号)
返納を受ける支出官	センター支出官
返納金戻入店	日本銀行本店
納付目的	

上記の金額を領収しました。
領収年月日

翌年度 月 1 日以降歳入組入
(歳入取扱庁名(番号))

◎この書面は、切り離さずに納付場所に提出して下さい。

第二片

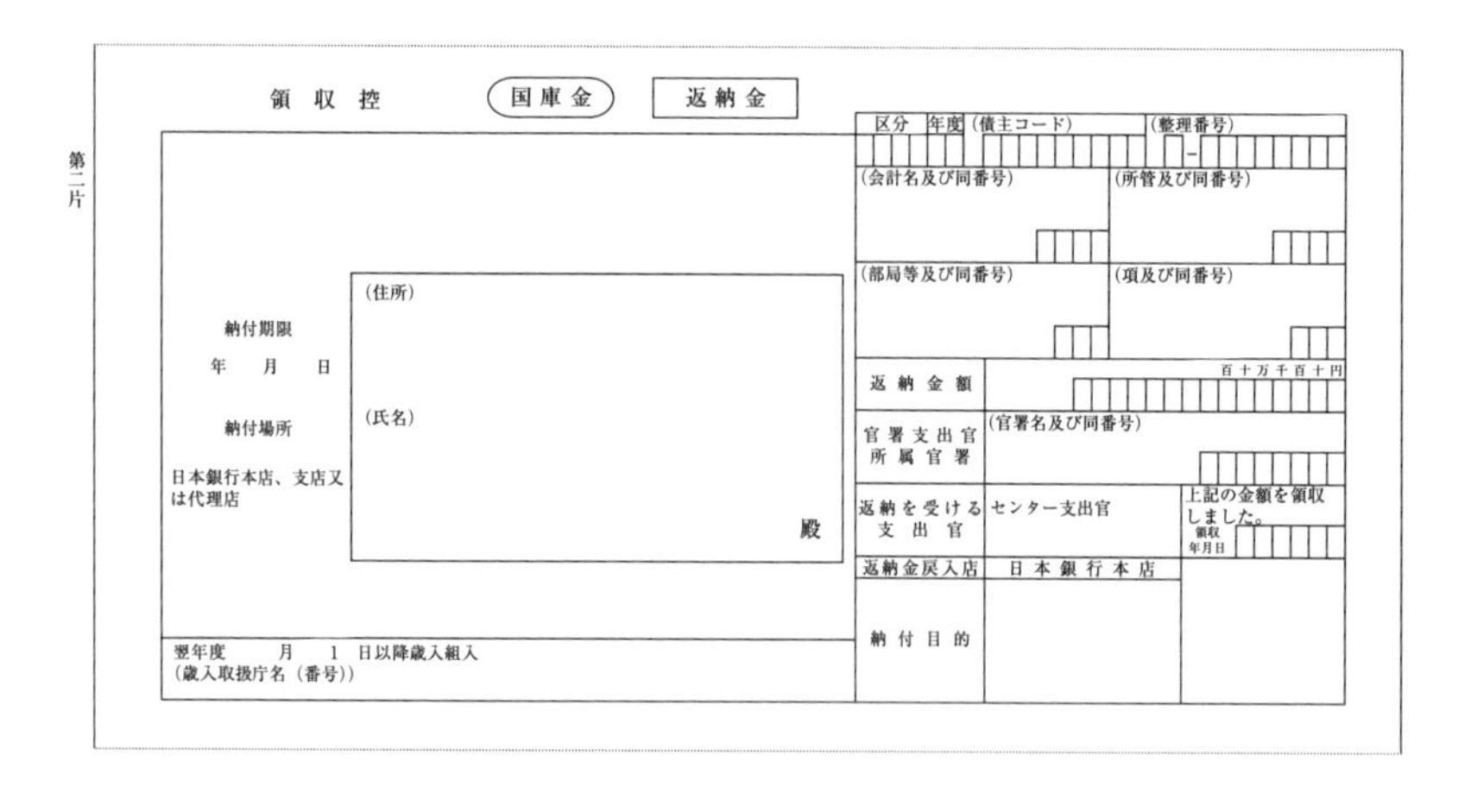

領収控
国庫金
返納金

区分 年度 (債主コード) (整理番号)

(会計名及び同番号) (所管及び同番号)
(部局等及び同番号) (項及び同番号)

(住所)
納付期限
年 月 日
納付場所
日本銀行本店、支店又は代理店
(氏名)
殿

返納金額	百 十 万 千 百 十 円
官署支出官所属官署	(官署名及び同番号)
返納を受ける支出官	センター支出官
返納金戻入店	日本銀行本店
納付目的	

上記の金額を領収しました。
領収年月日

翌年度 月 1 日以降歳入組入
(歳入取扱庁名(番号))

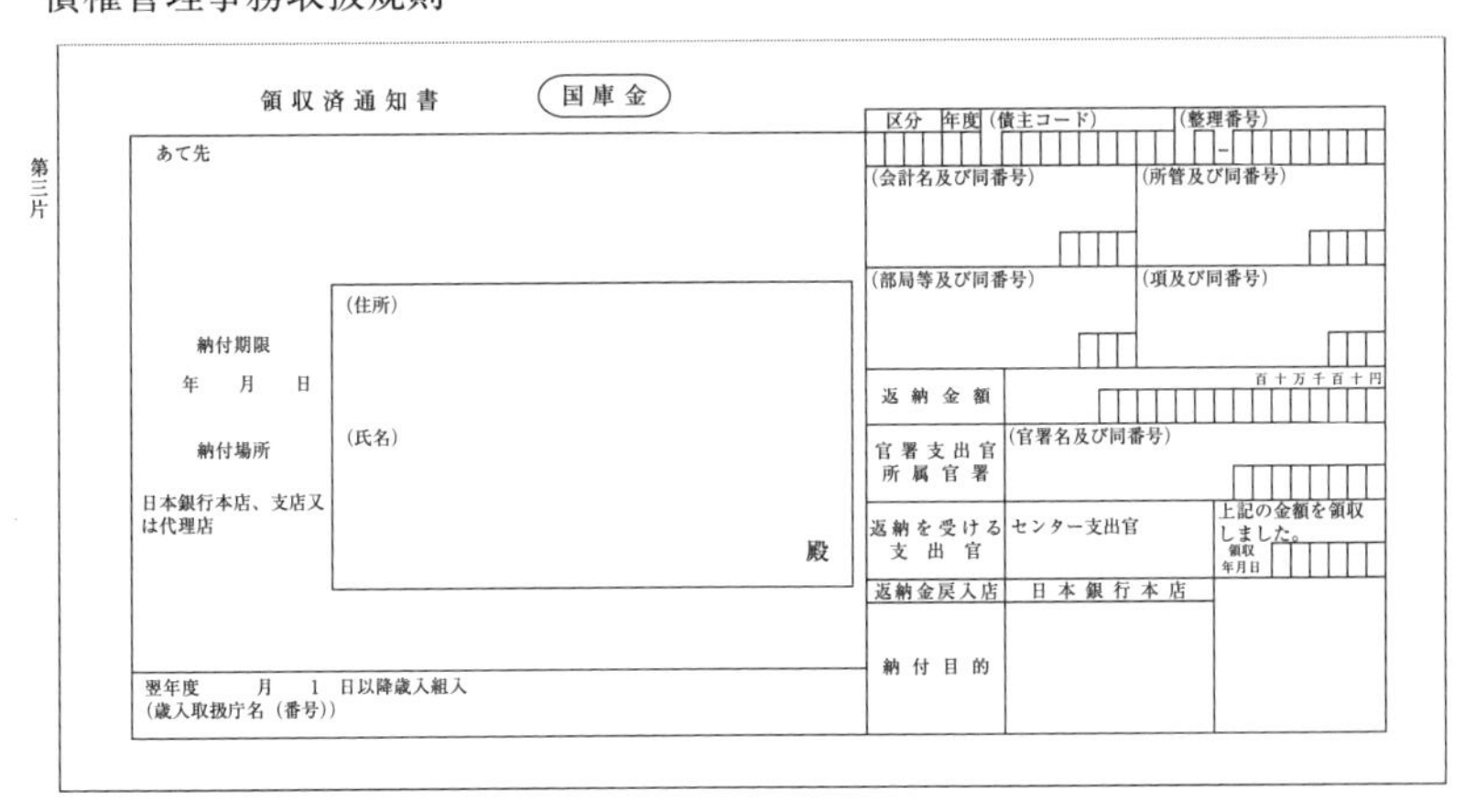
第三片

領収済通知書　（国庫金）

あて先

納付期限
年　月　日

納付場所
日本銀行本店、支店又は代理店

（住所）

（氏名）

殿

翌年度　月　1　日以降歳入組入
（歳入取扱庁名（番号））

区分　年度　（債主コード）　（整理番号）

（会計名及び同番号）　（所管及び同番号）

（部局等及び同番号）　（項及び同番号）

返納金額　百十万千百十円

官署支出官
所属官署　（官署名及び同番号）

返納を受ける支出官　センター支出官　上記の金額を領収しました。
領収年月日

返納金戻入店　日本銀行本店

納付目的

備　考

1　用紙寸法は、各片ともおおむね縦11cm、横21cmとする。

2　取扱庁名欄の番号は、日本銀行国庫金取扱規程第86条の２又は歳入徴収官事務規程等の一部を改正する省令（昭和40年大蔵省令第67号）附則第４項の規定により日本銀行から通知を受けた歳入徴収官ごとの取扱庁番号を付するものとする。

3　勘定のある特別会計にあつては、「（歳入取扱庁名（番号））」を「歳入取扱庁名（番号）（勘定区分）」と読み替えるものとする。

4　返納金納入告知書として使用するときは「返納金納入告知書」の文字を、返納金納付書として使用するときは「返納金納付書」の文字を記載するものとする。

5　第22条の規定により作成する納付書にあつては、納付目的の欄に主たる債務者の住所及び氏名又は名称並びに納付の請求の事由を付記するものとする。

6　住所氏名欄は左端から４cm、上端から3.5cmを超える部分に縦4.5cm、横８cmの大きさで設けることとする。ただし、窓明き封筒を利用しない官署にあつては、その大きさ及び位置を著しく変更しない範囲で変更することができる。

7　返納者に本書式に係る納付情報により納付させようとするときは、当該納付に必要な事項を記載することができる。

別紙第２号書式〔第14条〕

第一片

返納金納入告知書・領収証書　(国 庫 金)　(番　号)

右のとおり納付して下さい。 年　月　日 (歳入徴収官等官職氏名印)	納付目的	下記の金額を領収しました。 (領収年月日、領収者名及び領収印）又は（領収者名の表示のある領収日付印)
納付期限 納付場所	(住　所) (氏　名) 殿	(年　度) (会　計)
	(所　管)	返納金戻入店　日本銀行　店
	返納を受ける支払事務担当職員	(支出官又は出納官吏官職　氏　名)
	(部局等名)	(項)
翌年度　月１日以降歳入組入	歳入取扱庁名(番　号)	返納金額　百 十 万 千 百 十 円

◎この返納金納入告知書は、３枚１組となつていますから、３枚とも納付場所に提出して下さい。

第二片

領　　収　　控　(国 庫 金)㊌　(番　号)

	納付目的	下記の金額を領収しました。 (領収年月日、領収者名及び領収印）又は（領収者名の表示のある領収日付印)
納付期限 納付場所	(住　所) (氏　名) 殿	(年　度) (会　計)
	(所　管)	返納金戻入店　日本銀行　店
	返納を受ける支払事務担当職員	(支出官又は出納官吏官職　氏　名)
	(部局等名)	(項)
翌年度　月１日以降歳入組入	歳入取扱庁名(番　号)	返納金額　百 十 万 千 百 十 円

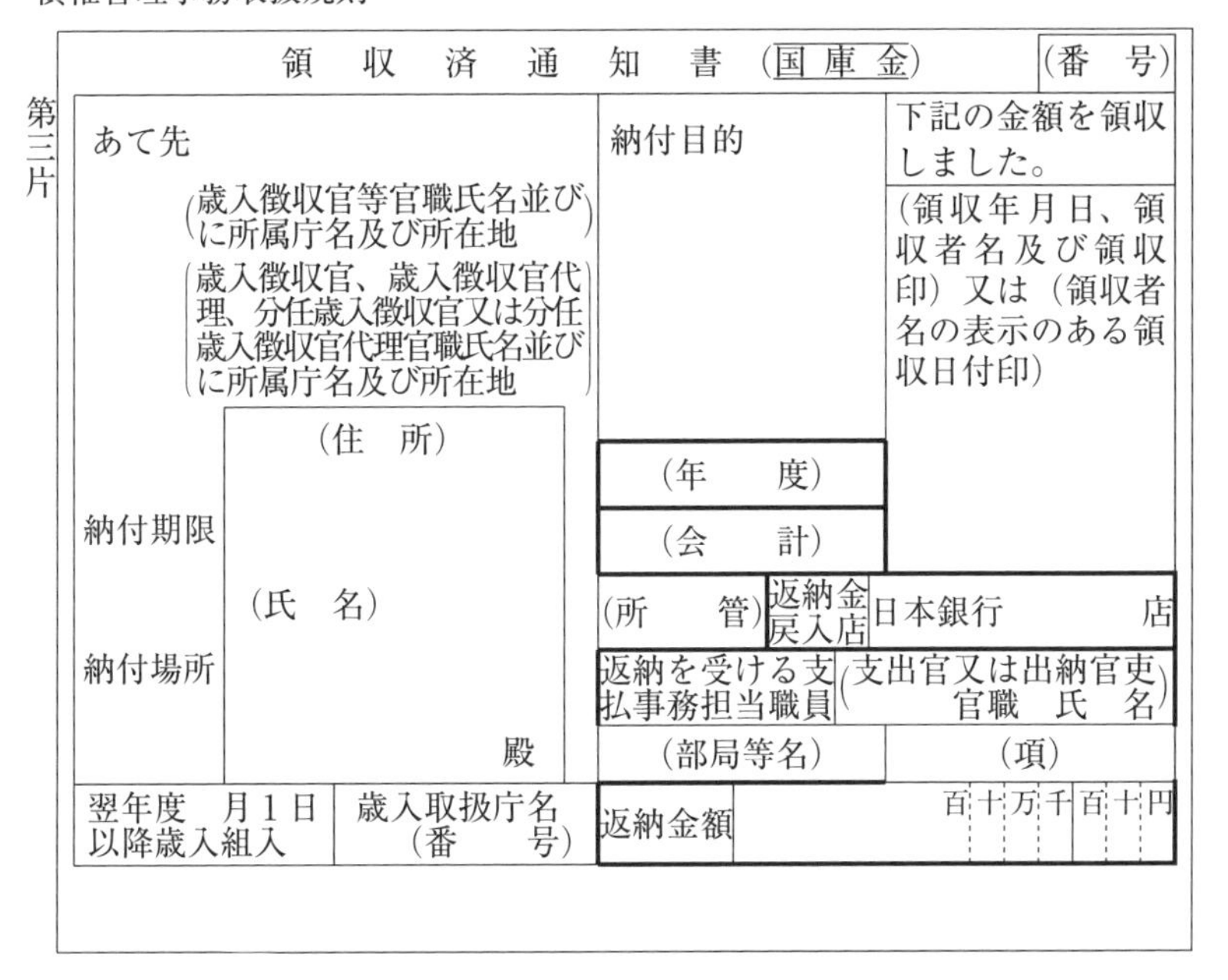

第三片

領　収　済　通　知　書（国庫金）　（番　号）

あて先

（歳入徴収官等官職氏名並びに所属庁名及び所在地）

（歳入徴収官、歳入徴収官代理、分任歳入徴収官又は分任歳入徴収官代理官職氏名並びに所属庁名及び所在地）

納付目的

下記の金額を領収しました。

（領収年月日、領収者名及び領収印）又は（領収者名の表示のある領収日付印）

（住　所）

納付期限

（氏　名）

納付場所

殿

（年　度）

（会　計）

（所　管）　返納金戻入店　日本銀行　店

返納を受ける支払事務担当職員　（支出官又は出納官吏官職　氏　名）

（部局等名）　（項）

翌年度　月１日以降歳入組入　歳入取扱庁名（番　号）

返納金額　百　十　万　千　百　十　円

備　考

1　第１号書式備考１、２及び６は、本書式に準用する。

2　各片は左端をのり付けその他の方法により接続するものとする。

3　各片は共通する事項（あらかじめ印刷する事項は除く。）は、複写により記入するものとする。

4　勘定のある特別会計にあつては「（歳入取扱庁名（番号））」を「（歳入取扱庁名（番号））（勘定区分）」と読み替えるものとする。

5　資金前渡官吏の支払金に係る返納金に係る債権にあつては、前渡を受けた資金に係る歳出金の所属年度及び所属会計名を記載し、部局等名及び項の欄に斜線を引き、かつ、納付目的の欄の右下余白に（預託金）（日本銀行に預託金を有しない資金前渡官吏にあつては、（前資渡金））と表示しなければならない。

6　日本銀行に預託金を有しない資金前渡官吏の支払金に係る返納金にあつては、返納金戻入店の欄に斜線を引き、かつ、領収済通知書の片を省略するものとする。

別紙第３号書式〔第16条〕

第一片

返納金納付書・領収証書　（国庫金）　（番　号）

右のとおり納付して下さい。

年　月　日

（歳入徴収官等官職氏名印）

（住　所）

（氏　名）

殿

納付期限

納付場所

納付目的

（年　度）

（会　計）

（所　管）

返納金戻入店　日本銀行　店

返納を受ける支払事務担当職員　（支出官又は出納官吏官職　氏　名）

（部局等名）

（項）

下記の金額を領収しました。

（領収年月日、領収者名及び領収印）又は（領収者名の表示のある領収日付印）

翌年度　月１日以降歳入組入

歳入取扱庁名（番　号）

返納金額　百　十　万　千　百　十　円

◎この返納金納付書は、３枚１組となつていますから、３枚とも納付場所に提出して下さい。

第二片

領　　収　　控（国庫金）㉂　（番　号）

	納付目的	下記の金額を領収しました。 （領収年月日、領収者名及び領収印）又は（領収者名の表示のある領収日付印）
（住　所）	（年　度）	
納付期限	（会　計）	
（氏　名）	（所　管）　返納金戻入店　日本銀行　　店	
納付場所	返納を受ける支払事務担当職員（支出官又は出納官吏官職　氏　名）	
殿	（部局等名）	（項）
翌年度　月１日以降歳入組入　／　歳入取扱庁名（番　号）	返納金額	百十万千百十円

第三片

領　収　済　通　知　書（国庫金）　（番　号）

	納付目的	下記の金額を領収しました。 （領収年月日、領収者名及び領収印）又は（領収者名の表示のある領収日付印）
あて先 （歳入徴収官等官職氏名並びに所属庁名及び所在地） （歳入徴収官、歳入徴収官代理、分任歳入徴収官又は分任歳入徴収官代理官職氏名並びに所属庁名及び所在地）		
（住　所）	（年　度）	
納付期限	（会　計）	
（氏　名）	（所　管）　返納金戻入店　日本銀行　　店	
納付場所	返納を受ける支払事務担当職員（支出官又は出納官吏官職　氏　名）	
殿	（部局等名）	（項）
翌年度　月１日以降歳入組入　／　歳入取扱庁名（番　号）	返納金額	百十万千百十円

備　考

第１号書式備考１、２、５及び６並びに第２号書式備考２から６までは、本書式に準用する。

別紙第４号書式〔第20条〕

裏　面

<table>
<tr><td colspan="10">第　　号
督　　促　　状</td></tr>
<tr><td>(年度区分)</td><td colspan="9">(部局等名及び項) 又は
(資金名)</td></tr>
<tr><td rowspan="2">(会　計　名)
(所　管　名)</td><td rowspan="2">金</td><td></td><td></td><td>百</td><td>十</td><td>万</td><td>千</td><td>百</td><td>十</td></tr>
<tr><td></td><td></td><td></td><td></td><td></td><td></td><td></td><td>円</td></tr>
<tr><td colspan="10">さきに貴殿に対して納入の告知をした金額は、納付期限（　年　月　日）までに完納されておりませんので至急納付して下さい。なお、納入告知書又は納付書に記載したところにより計算した延滞金又は加算金額をあわせて納付して下さい。</td></tr>
</table>

備考
1　用紙の大きさは、郵便はがき大とする。
2　特別会計においては、科目欄は適宜必要な科目区分（勘定別を含む。）によることができる。
3　督促前において返納者が延滞金、利息又は加算金を含む債務金額の一部の弁済があつた場合において、その弁済金額を法令の定めるところにより延滞金、利息又は加算金及び元本の順に充当したものについては、その充当した旨及び充当した金額の内訳を督促状に附記しなければならない。
4　督促文は必要に応じて適宜修正することができる。

表　面

（返　納　者）
（住　所）
（氏名又は名称）殿
年　月　日
（所　属　庁　名）
（歳入徴収官等）
（官　職　氏　名　印）

別紙第５号書式〔第20条の３〕

有価証券（・現金）受領控〔納付委託関係〕

第一片

債務者	（住　　所）			（氏　　名）		
証券の種　類	記号番号	券面金額	支払場所（支払人）	支払期日	振 出 人	（取立費用）
合計額	―		―	―	―	

次の債権について、貴殿からの納付委託の申出に基づき、上記のとおり有価証券を受領しました。

（なお、本証券の取立てについて、取立費用を必要としますので、合計額欄に記載した金額に相当する現金をあわせて受領しました。）

年　月　日

（所属庁名　官職　氏　　名）

債 権 の 概 要	
債権管理職員	（歳入徴収官等　官職　氏　名）

有価証券（・現金）受領証書〔納付委託関係〕

第二片

（注）納付委託に関する事項を裏面の記載事項を御参照下さい。

債務者	（住　　所）			（氏　　名）		
証券の種　類	記号番号	券面金額	支払場所（支払人）	支払期日	振出人	（取立費用）
合計額	―		―	―	―	

次の債権について、貴殿からの納付委託の申出に基づき、上記のとおり有価証券を受領しました。

（なお、本証券の取立てについて、取立費用を必要としますので、合計額欄に記載した金額に相当する現金をあわせて受領しました。）

年　月　日

（所属庁名　官職　氏　　名㊞）

債 権 の 概 要	
債権管理職員	（歳入徴収官等　官職　氏　名）

（裏面）

納付委託に関する取扱要領

納付委託のために提供された有価証券については、下記の手続により納付委託の処理が行なわれることとなりますので御了知下さい。

1　受領した有価証券については、その後、債権管理職員が審査し、納付委託に応ずることとしたときは、納付受託通知書を送付します（納付委託に応じないこととした場合には、3～(1)により、貴殿に受領した有価証券を返還します。）。

2　納付委託に応じた有価証券の取立てが完了し、かつ、その取り立てた金銭をもつて国の債権の弁済を行ない、領収証書を受け取つたときは、債権管理職員からその領収証書を貴殿に送付します。

3　次の場合には、その旨を貴殿に通知し、提供された有価証券をこの受領証書と引き換えに返還しますので、これを御持参のうえ表記の官署にお出で下さるか、又は貴殿からの受領証書の送付と引き換えに貴殿の負担において郵送します。

(1)　債権管理職員において、納付委託に応じないこととした場合

(2)　納付委託をした有価証券について、支払いを受けることができなかつた場合

(3)　納付委託の原因となる国の債権が消滅した場合

4　納付委託をした有価証券について、支払いを受けることができなかつた場合におけるその証券のそ求権の行使については、いうまでもなく貴殿において行なうこととなります。

5　受領した取立費用の金額以上の取立費用を要したときは、債権管理職員からの請求により、その支払いをして下さい。納付委託した有価証券について支払いを受けることができなかつた場合にも同様といたします。

6　貴殿から納付委託の解除の申出があり、債権管理職員においてやむを得ない事由があり、かつ、解除に応じても支障がないと認めたときは、この納付委託を解除することができることとします（この場合には、3と同様の方法により、受領した有価証券を返還します。）。

7　上記６の納付委託の解除に伴い費用を要するときは、その費用の支払いをして下さい。

以上の注意事項は、１により債権管理職員が納付受託通知書を送付することにより納付委託に応ずることとした場合の条件になりますから御承知下さい。

備　考

1　用紙の大きさは、各片ともおおむね日本産業規格Ａ列５とする。

2　各片に共通する事項は、複写により記入するものとする。

3　本書式中取立費用に関するかつこ書の部分については、実際に取立費用を受領する必要が生じたときに記載し、又は当該部分をあらかじめ記載しておき、その必要が生じないときは抹消することができる。

4　本書式は、必要に応じて記載事項を修正することができる。

別紙第５号の２書式〔第20条の４〕

納　付　受　託　通　知　書

年　　月　　日

（住　所）

（氏　名）　殿

（歳入徴収官等　官職　氏　　　名㊞）

貴殿から納付委託のために提供されました　年　月　日付有価証券（・現金）受領証書（所属庁名　官職　氏名の取扱）記載の有価証券については、同受領証書記載のとおり納付委託に応ずることとしたので通知します。

備　考

1　用紙の大きさは、郵便はがき大とする。

2　本書式は、必要に応じて記載事項を修正することができる。

別紙第6号書式〔第34条〕

履　行　延　期　申　請　書

年　　月　　日

（歳入徴収官等）

（官　職　氏　名）　殿

（債務者の住所）

（氏 名 又 は 名 称　㊞）

下記の債務について下記の条件により履行期限を延長して下さい。

記

1．債務の概要

⑴　債務者の住所、氏名又は名称及び職業又は業務

⑵　元本債務金額

⑶　履行延期の特約等の承認のある日までに附されている利息、延滞金又は加算金

⑷　債務の発生原因

2．履行期限を延期しなければならない理由

3．履行された後における履行期限、延納利息及び延滞金

⑴　履行期限　　　　　　履行期限ごとに履行すべき金額

年　　月　　日　　　　　　円

年　　月　　日　　　　　　円

⑵　履行延期の申請の承認の日から附すべき延納利息

利　率　　　　　　利払期日

⑶　延滞金

履行期限の翌日から納付の日までの期間に応じて、年　　パーセントの割合で延滞金を支払う。

4．担　保

⑴　担保物件の種類、数量、金額及び物件の所在その他担保の状況

⑵　保証人の住所、氏名又は名称、職業又は業務、保証金額及び保証人の資産の状況その他保証に関する必要な事項

5．担保の提供及び債務名義の取得

国の指示するところに従い、担保の提供又は債務名義の作成に関する必要な措置に応ずるとともに、これらの措置をとるために必要な費用を負担する。

6．その他の条件

⑴ 国はこの債権の保全上必要があると認めるときは、債務者に対してその業務又は資産の状況に関して、質問し、帳簿書類その他の物件を調査し、又は参考となるべき報告若しくは資料の提出を求めることができる。

⑵ 国は、次に掲げる場合には、この債権の全部又は一部について延長された履行期限を繰り上げることができる。

(イ) 国において、債務者が国の不利益にその財産を隠し、そこない、若しくは処分したと認めるとき、若しくはこれらのおそれがあると認めるとき、又は虚偽に債務を負担する行為をしたと認めるとき。

(ロ) 債務者が分割された弁済金額についての履行を怠つたとき。

(ハ) 債務者に次の事由が生じたこと。

Ⅰ）強制執行を受けたこと。

Ⅱ）租税その他の公課について滞納処分を受けたこと。

Ⅲ）その財産について競売の開始があつたこと。

Ⅳ）破産手続開始の決定を受けたこと。

Ⅴ）解散したこと。

Ⅵ）債務者について相続の開始があつた場合において、相続人が限定承認をしたこと。

Ⅶ）上記ⅣからⅥまでに掲げる場合のほか、債務者の総財産についての清算が開始されたこと。

(ニ) 債務者が履行延期の特約（処分）に附された条件に従わないとき。

(ホ) その他国において、債務者の資力の状況その他の事情の変更により当該延長に係る履行期限によることが不適当となつたと認めるとき。

⑶ 国において、担保の価額が減少し、又は保証人を不適当とする事情が生

じたと認めるときは、債務者は、国の請求に応じて増担保の提供又は保証人の変更その他担保の変更をしなければならないこと。

⑷　国において債務者の資力の状況その他の事情の変更により必要があると認めて債務者に対し、担保を提供し、又は延納利息を附する旨の請求をしたときは、その請求するところに従つて担保を提供し、又は利息を附して支払をしなければならないこと。

⑸　（その他各省各庁の長が定める事項）

備　考

1　用紙の大きさは、適宜とする。

2　本書式は必要に応じて縦書とし、又は本書式中必要としない事項を省略し、若しくは必要に応じて記載事項を修正することができる。

別紙第7号書式〔第34条〕

履行延期承認通知書

年　月　日

（債務者の氏名又は名称）殿

（歳入徴収官等）

（官　職氏　名㊞）

年　月　日付履行延期申請書によつて申請のあつた下記の債権に関する履行期限の延長については、同申請書の内容に下記の条件を附して承認します。

記

1．債権の概要

⑴　債務者の住所及び氏名又は名称

⑵　債権金額

⑶　債権の発生原因

2．承認の条件

⑴　担保物件のうち　　　については、供託の手続をした上、　年　月　日までに供託書正本を提出して下さい。

⑵ 担保物件のうち　　　については、抵当権の設定の登記又は登録をする必要がありますから抵当権の登記原因又は登録原因を証明する書面及び登記又は登録についての承諾書を　年　月　日までに提出して下さい。

⑶ 保証人の債務保証書を　年　月　日までに提出して下さい。なお、保証契約を締結する必要がありますので、保証人が　年　月　日までに（又は　年　月　日において）官公署の作成した印鑑証明書その他本人であることを証明するに足りる確実な証明書及び印鑑を持参の上当庁又は　　　に出頭するよう取り計らつて下さい。

⑷ この債権について公正証書を作成する必要がありますので、　年　月　日までに（又は　年　月　日において）官公署の作成した印鑑証明書その他本人であることを証明するに足るこれに準ずべき確実な証明書及び印鑑を持参の上、当庁又は　　　に出頭して下さい。

⑸ 　年　月　日までに債務証書を提出して下さい。

⑹ 債務者が上記の期日又は期限までに上記の措置をとらなかつたときは、国はこの承認を取り消すことがあります。

⑺ （その他各省各庁の長が定める事項）

備考　第６号書式備考は、本書式に準用する。

別紙第８号書式〔第36条〕

債　務　証　書

年　月　日

収　入 印　紙

（歳入徴収官等）

（官　職　氏　名）殿

（債務者の住所）

（氏名又は名称　　　㊞）

（債務者の氏名又は名称）（以下「乙」という。）が国（以下「甲」という。）に対する（債務の名称）の未払額　　　円及びこれに係る　年　月　日から　年

月　日まで、年　パーセントの割合で計算した（利息、加算金及び延滞金の名称）　　円は、下記第１に記載するところにより履行するとともにこの債務の履行に関して下記第２から第６までに記載する条件に従います。

第1.　履行期限、延納利息及び延滞金

(1)　乙は、甲に対し上記の金額　　円を次のとおり支払うこと。

履行期限	履行すべき金額
年　月　日	円
年　月　日	円

(2)　乙は、上記の履行すべき金額に対し、　年　月　日からそれぞれの履行期限までの期間に応じて、年　　パーセントの割合で計算した延納利息を甲に支払うこと。

(3)　乙は、上記(1)の履行期限（履行期限を繰り上げられたときは、その繰上げられた履行期限）までに履行すべき金額を完納しなかつたときは、その完納しなかつた金額（乙が、その一部を履行した場合における当該履行の日の翌日以後の期間については、その額から既に履行した額を控除した額）に対し、それぞれの履行期限の翌日から完納した日までの期間に応じて年　　パーセントの割合で計算した延滞金を甲に支払うこと。

第2.　乙は、甲がこの債権の保全上必要があると認めて乙に対し、その資産の状況に関して、質問し、帳簿書類その他の物件を調査し、又は参考となるべき報告若しくは資料の提出を求めたときは、その要求に従うこと。

第3.　乙は、甲において乙が次に掲げる場合に該当し、又は該当するものと認めて、上記第１の(1)の金額の全部又は一部についてその延長された履行期限を繰り上げる旨の指示をしたときは、その指示に従うこと。

(イ)　乙が甲の不利益に乙の財産を隠し、そこない、若しくは処分したとき、若しくはこれらのおそれがあると認めるとき、又は虚偽に債務を負担する行為をしたとき。

(ロ)　乙が分割された弁済金額について履行を怠つたとき。

(ハ)　乙に次の事由が生じたとき。

Ⅰ　強制執行を受けたこと。

Ⅱ　租税その他の公課について滞納処分を受けたこと。

Ⅲ　その財産について競売の開始があつたこと。

Ⅳ　破産手続開始の決定を受けたこと。

Ⅴ　解散したこと。

Ⅵ　乙について相続の開始があつた場合において、相続人が限定承認をしたこと。

Ⅶ　上記ⅣからⅥまでに掲げる場合のほか、乙の総財産についての清算が開始されたこと。

㈡　乙が、この債務証書に記載された条件に従わないとき。

㈭　その他乙の資力の状況その他の事情の変更により第1の⑴に記載された履行期限によることが不適当となつたとき。

第4.　甲において、担保の価格が減少し、又は保証人を不適当とする事情が生じたと認めるときは、乙は甲の請求に応じて増担保の提供又は保証人の変更その他担保の変更をしなければならないこと。

第5.　乙は、担保の提供を免除され、又は延納利息を附さないことができることとされた場合においても、甲において乙の資力の状況その他の事情の変更により必要があると認めて、乙に対し、担保を提供し、又は延納利息を附する旨の請求をしたときは、その請求するところに従つて担保を提供し、又は利息を附して支払をしなければならないこと。

第6.　(その他各省各庁の長が定める事項)

備考　第6号書式備考は、本書式に準用する。

別紙第９号書式〔第40条〕

債権現在額通知書

年度　　　所管　　　会計

<table>
<tr><td rowspan="4">区分及び債権の種類</td><td colspan="13">本年度末現在額</td><td rowspan="4">備考</td></tr>
<tr><td colspan="9">一般分</td><td colspan="3">徴収停止分</td><td rowspan="3">総合計</td></tr>
<tr><td colspan="3">本年度発生債権分</td><td colspan="3">前年度以前発生債権分</td><td colspan="3">合計</td><td rowspan="2">本年度発生債権分</td><td rowspan="2">前年度以前発生債権分</td><td rowspan="2">合計</td></tr>
<tr><td>履行期限到来額</td><td>履行期限未到来額</td><td>計</td><td>履行期限到来額</td><td>履行期限未到来額</td><td>計</td><td>履行期限到来額</td><td>履行期限未到来額</td><td>計</td></tr>
<tr><td></td><td></td><td></td><td></td><td></td><td></td><td></td><td></td><td></td><td colspan="4">年　月　日
主任歳入徴収官等又は歳入徴収官等代理
官職氏名あて
分任歳入徴収官等又は歳入徴収官等代理
官職　氏　名　印
年　月　日
各省各庁の長あて
主任歳入徴収官等又は歳入徴収官等代理
官職　氏　名　印</td><td></td><td></td></tr>
</table>

備　考

1　用紙の大きさは、適宜とする。

2　この通知書には、次の各号に掲げる区分を設け、それぞれ当該各号に掲げる債権の現在額を計上するものとする。

イ　歳　入　歳入金に係る債権

ロ　歳入外　歳入金に係る債権以外の債権でハ及びニに掲げるもの以外のもの

ハ　積立金　積立金に属する債権

ニ　資　金　資金（積立金を除く。）に属する債権

3　勘定のある特別会計にあつては、前号の区分をさらに勘定別に区分するものとする。

4　一般分の欄には、法第21条第1項又は第2項（徴収停止）の措置をとつた債権以外の債権の現在額を、徴収停止分の欄には、同項の措置をとつた債権の現在額を、それぞれ計上するものとする。

5　必要があるときは、この書式に定める事項以外の事項の欄を付け加えることができる。

別紙第10号書式　削除

別紙第11号書式〔第42条〕

（その1）

債　権　現　在　額　報　告　書

年度　　　　所管　　　会計

区分及び債権の種類	本年度発生債権分			前年度以前発生債権分			合　　計			備考
	履行期限到来額	履行期限未到来額	計	履行期限到来額	履行期限未到来額	計	履行期限到来額	履行期限未到来額	計	

年　月　日
財務大臣あて
各省各庁の長　印

備　考

1　用紙の大きさは、日本産業規格A列4とする。

2　法第21条第1項又は第2項（徴収停止）の措置をとつた債権の現在額は、この報告書に計上しないものとする。

3　第9号書式備考2及び3の規定は、この書式に準用する。

（その２）

債権現在額報告書（徴収停止分）

年度　　　所管　　　　会計

区分及び債権の種類	本年度発生債権分	前年度以前発生債権分	合計	備考

年　月　日
財務大臣あて
各省各庁の長　印

備　考

1　用紙の大きさは、日本産業規格Ａ列４とする。

2　この報告書は、法第21条第１項又は第２項（徴収停止）の措置をとつた債権の現在額を計上するものとする。

3　第９号書式備考２及び３の規定は、この書式に準用する。

別紙第12号書式〔第42条〕

（その１）

年度　　　　会計　　　債権現在額総計算書

区分及び債権の種類	本年度発生債権分			前年度以前発生債権分			合計			備考
	履行期限到来額	履行期限未到来額	計	履行期限到来額	履行期限未到来額	計	履行期限到来額	履行期限未到来額	計	

備　考

1　用紙の大きさは、適宜とする。

2　第11号書式（その１）備考２及び３の規定は、この書式に準用する。

（その２）

年度　　会計　　債権現在額総計算書（徴収停止分）

区分及び債権の　種　類	本年度発生債　権　分	前年度以前発生債　　権　　分	合　　計	備　　考

備　考

1　用紙の大きさは、適宜とする。

2　第11号書式（その２）備考２及び３の規定は、この書式に準用する。

別紙第13号書式〔第43条〕

表　面

第　　　　　号

年　　月　　日発行

官職氏名

国の債権の管理等に関する法律（昭和31年法律第114号）第９条第２項の規定に基づく監査証票

財務大臣
財務局長　　　　印
又は福岡財務支局長

裏　面

国の債権の管理等に関する法律（抄）

（管理事務の総括）

第９条　（第１項　略）

２　財務大臣は、債権の管理の適正を期するため必要があると認めるときは、各省各庁の長に対し、当該各省各庁の所掌事務に係る債権の内容及び当該債権の管理に関する事務の状況に関する報告を求め、又は当該事務について、当該職員をして実地監査を行わせ、若しくは閣議の決定を経て、必要な措置を求めることができる。

この監査証票の有効期限は、発行の日の属する会計年度の終了する日までとする。

備　考

1　用紙は厚質青紙とし、寸法は日本産業規格Ｂ列８とする。

2　この監査証票は、財務本省所属の職員に係るものにあつては財務大臣が、財務局所属の職員に係るものにあつては財務局長が、福岡財務支局所属の職員に係るものにあつては福岡財務支局長が、それぞれ発行するものとする。

○国の債権者代位権の行使に伴う現金又は有価証券の保管に関する政令

（昭三一、八、一四政二六三）

改正　昭三一年政三三七

各省各庁の長（財政法（昭和二十二年法律第三十四号）第二十条第二項に規定する各省各庁の長をいう。）は、国が債権者として債務者に属する権利を代位して行うことにより受領すべき現金又は有価証券を保管することができる。

○国の債権の管理等に関する法律施行令第四条第一項第二号に規定する財務大臣の指定する者を定める告示

（昭三二、一、一〇大蔵告六）

改正　平一二年大蔵告三二八

国の債権の管理等に関する法律施行令（昭和三十一年政令第三百三十七号）第四条第一項第二号に規定する財務大臣の指定する者は、次の各号に掲げる者とする。

一　本邦に派遣された外国の大使、公使その他これらに準ずる使節又はこれらの者の家族

二　本邦にある外国の大使館、公使館、総領事館、領事館その他これらに準ずる機関の職員で本邦の在外公館の次に掲げる職に相当する職若しくはこれらの職と同等と認められる職にある者又はこれらの者の家族

イ　大使館又は公使館の参事官、書記官又は外交官補

ロ　総領事館又は領事館の総領事（名誉総領事を除く。）、領事（名誉領事を除く。）、副領事又は領事官補

ハ　大使館、公使館、総領事館又は領事館の理事官、副理事官又は外務書記

○国の債権の管理等に関する法律施行令第十条第五項に規定する財務大臣が定める外国為替相場を定める告示

（昭三二、一、一〇大蔵告七）

改正　昭四五年大蔵告九四、平一二年大蔵告三二九

国の債権の管理等に関する法律施行令（昭和三十一年政令第三百三十七号）第十条第五項に規定する財務大臣が定める外国為替相場は、別に定めるもののほか、出納官吏事務規程（昭和二十二年大蔵省令第九十五号）第十六条に規定する外国貨幣換算率による外国為替相場とする。

○国の債権の管理等に関する法律施行令第二十九条第一項本文に規定する財務大臣が定める率を定める告示

（昭三二、一、一〇大蔵告八）

改正　昭四五年大蔵告六一、平一二年大蔵告三三〇、平一五年財務告一二九、令二年財務告五一

国の債権の管理等に関する法律施行令（昭和三十一年政令第三百三十七号）第二十九条第一項本文に規定する財務大臣が定める率は、年三パーセントとする。

○国の債権の管理等に関する法律施行令第三十七条第一項に規定する財務大臣が定める率を定める告示

（昭三二、一、一〇大蔵告九）

改正　昭四五年大蔵告六一、平一二年大蔵告三三一、平一五年財務告一二九、令二年財務告五一

国の債権の管理等に関する法律施行令（昭和三十一年政令第三百三十七号）第三十七条第一項に規定する財務大臣が定める率は、年三パーセントとする。

○国の債権の管理等に関する法律施行令第四条第二項に規定する財務大臣の指定する債権を定める告示

（平一〇、三、二五　大蔵告八七）

改正　平一二年大蔵告三五四

国の債権の管理等に関する法律施行令（昭和三十一年政令第三百三十七号）第四条第二項に規定する財務大臣の指定する債権は，次の各号に掲げるものとし、当該債権については、当該各号に掲げる国の債権の管理等に関する法律（昭和三十一年法律第百十四号。以下「法」という。）の規定を適用しない。

一　国際約束に基づく政府と外国の政府との間の交換公文等により行われる債務救済措置の対象となる政府が保険を引き受けた債権であって、政府が取得したもの　法第二十五条、法第二十六条（延納利息に係る部分を除く。）及び法第二十七条

二　国際約束に基づく政府と外国の政府との間の交換公文等により行われる債務救済措置の対象となる政府が外国政府等に売り渡した米穀に係る債権　法第二十五条、法第二十六条（延納利息に係る部分を除く。）及び法第二十七条

○国の債権の管理等に関する法律及びこれに基く命令の実施について

（昭三二、一、一〇　蔵計一〇五　大蔵大臣通達）

国の債権の管理に関する事務については、下（左）記によることとされたい。なお、下（左）記中第四（法務大臣に対し強制履行の請求等の措置を求める場合の取扱について）については、法務省訟務局とも協議済であるから申し添える。

記

略語については、次による。

「法」……国の債権の管理等に関する法律（昭和三十一年法律第百十四号）

「令」……国の債権の管理等に関する法律施行令（昭和三十一年政令第三百三十七号）

「規則」…債権管理事務取扱規則（昭和三十一年大蔵省令第八十六号）

第一　債権の調査確認及び債権管理簿への記載について

一　延滞金債権の調査確認及び債権管理簿への記載について

延滞金については、従来、各省各庁は、これが徴収に

ついて全くかえりみないきらいがあつた。これは、既に発生している延滞金債権を行使しないで放置するものであつて、財政法第九条第二項及び法第十条の規定の趣旨にもとるものであるから、今後は、延滞金債権についても、令第八条第四号、令第十条第三項等に規定するところによりその調査確認及び債権管理簿への記載を行い、他の債権と全く同様の管理を行うものとする。

二　国内部における金銭の受払について

国の組織の相互間において物又は役務の提供を行い、これらの対価として金銭を収受する場合（例、農林省食糧事務所（食糧管理特別会計）が刑務所（一般会計）から食糧売却代金を徴収する場合や郵便局（郵政事業特別会計）が他の官庁から後納郵便料金を徴収する場合）は、一の権利主体である国の内部における金銭の受払であるから法律上の債権債務は発生せず、従つて、この法律は適用されない（法律第二条第一項）。しかし、一般の債権債務とかかる国内部における金銭の受払とを別個に経理することが各省各庁の事務取扱の実情から見て困難であり、かつ、非能率であるときは、国内部における金銭の受払についても、一般の債権に準じて、調査確認及び記載（法第十一条）、債権の発生又は国への帰属に関する通知（法第十二条）、証拠物件等の保存（法第二十条第一項）等に関する事務の取扱をしてさしつかえないものとする。なお、かかる国内部の金銭の受払を一般の債権債務と全く同様に取り扱い、同一の債権管理簿に記載整理をする官庁においては、標識又は記号により一般の債権との明確な識別をはかり、規則第四十条に規定する債権現在額通知書及び法第三十九条に規定する債権現在額報告書に計上されることのないようにするものとする。

第二　債権の発生等に関する通知について

一　債権の発生等の通知義務者が債権管理官等を兼ねる場合における債権の発生又は国への帰属（以下「債権の発生等」という。）に関する通知について

法第十二条の規定により債権の発生等に関する通知を行うべき者（以下「通知義務者」という。）が債権管理官等（規則第六条に規定する債権管理官等をいう。以下同じ。）を兼ねる場合には、令第二十三条第一号の規定により債権の発生等に関する通知を省略できるものとされているが、これは、債権の発生等を知り得る系統の事務を行う係等と債権管理官等の事務を行う係等とが内部組織上分離している場合における係等間の連絡をも省略しうるものとしたのではない。このような場合には、令第十一条及び第十二条の規定に準じ、当該係等の間の連絡を密にするものとする。

二　債権の発生等に関する通知に添附する書類について

通知義務者が債権管理官等に対して債権の発生等に関する通知を行う場合に添附する書類のうち、債権又はその担保に係る事項の立証に供すべき書類（以下「証拠書類」という。）は、原本ではなくその写でよいこととなつている（令第十一条第一項）。これは、通知義務者がその職務上引き続き原本を保存する必要がある場合又は原本を直ちに債権管理官等に送付することが適当でない場合が多いので、写を添附することとしたのであつて、通知の際に原本を送付することが可能である場合には原本を添附することとする。

証拠書類のうちもつぱら債権又はその担保に係る事項の立証に供すべき書類の原本は、法第二十条第一項の規定により債権管理官等が整備保存すべきものであるから、なるべく早い機会において通知義務者から債権管理官等に送付するものとする。

第三 納入の告知の手続について

一 延滞金等が附される債権の納入の告知の請求等をする場合に明らかにする弁済の充当の順序

債権管理官等が、利息、延滞金又は一定の期間に応じて附する加算金（以下「延滞金等」という。）が附される債権について歳入徴収官に対して納入の告知をすべきことの請求をし、又はみずから債務者に対し納入の告知をする場合に明らかにする弁済の充当の順序は、次によるものとし、債権管理官等は、この順序を規則第十三条第一項に規定する書面又は規則第十四条第一項に規定する書類及び規則第十四条第二項に規定する納入告知書に記載するものとする。

1 一般の債権（下（左）記2及び3の債権以外の債権）についての弁済の充当の順序

元本と延滞金等との間においては、まず延滞金等に充当し、次いで元本に充当する。延滞金等相互の間においては、弁済期の早いものを先にし、弁済期の同じものについてはそれぞれの延滞金等の金額に均分して充当するのを原則とするが利息と履行期限までの加算金との間においては、とくに事務処理の便宜を考慮して、利息を先にし、加算金を後とする。

2 歳出予算の金額又は前渡資金に戻入することができる返納金債権の弁済の充当の順序

規則第十四条第三項に規定するところにより、まず元本に充当し、次いで延滞金等に充当する。

3 法施行前に告知済である債権の弁済の充当の順序

法施行の日（昭和三十二年一月十日）前に改正前の歳入徴収官事務規程第九条又は改正前の支出官事務規程第四十条の規定により既に元本について納入告知書又は返納告知書が発行されている債権について、当該告知に基いて弁済がされたときは、判例上その弁済は元本に対する弁済と解釈されるから、元本に充当し、延滞金についてまだ納入の告知がされていないときは、別途納入の告知をするものとする。

二　履行期限の定のない債権について納入の告知をする場合の履行期限の設定について

債権管理官等は、その所掌に属する債権について納入の告知をすべきことを歳入徴収官に対して請求し、又はみずから納入の告知をする場合において、当該債権の履行について法令又は契約に期限の定がないときは、納入の告知の請求の日又はみずから納入の告知をする日から二十日以内において適宜の履行期限を定めることとなっているが（規則第十三条第三項、第十四条第七項、歳入徴収官事務規程第十八条第一項）、悪意の不当利得者に対する不当利得返還金債権又は不法行為による損害賠償金債権については、債務者は不当利得時又は不法行為時から遅延利息を附して弁済すべきこととされている（民法第七百四条、大正三年六月二十四日大審院判例）ので、当該不当利得の日又は不法行為の日を履行期限として指定するものとする。

第四　法務大臣に対し強制履行の請求等の措置を求める場合の取扱について

一　債権管理官等が規則第二十一条の規定により行う書面の送付の宛先は、次のとおりとする。

1　各省各庁の中央機関に所属する債権管理官等にあっては、法務大臣（所掌は法務省訟務局）に送付する。

2　各省各庁の地方支分部局に所属する債権管理官等にあっては、その地方支分部局の所在地を管轄区域とする法務局長（所掌は法務局訟務部）又は地方法務局長（所掌は地方法務局訟務課）に送付する。

3　他の地方支分部局を監督する地方支分部局でその所在地が地方法務局長の管轄区域内にあるものに所属する債権管理官等は、訴の提起、仮差押若しくは仮処分の申請又は会社更生若しくは破産の申立の措置を求める場合には、上記2にかかわらず、当該地方法務局長を監督する法務局長に送付することができる。

4　他の地方支分部局を監督する地方支分部局でその所在地が東京法務局長の管轄区域内にあるものに所属する債権管理官等は、上記3の措置を求める場合には、上記2にかかわらず、当分の間、法務大臣に直接送付することができる。

二　規則第二十一条の規定により送付する書面に明らかにする事項は、次のとおりとする。

1　債務者の住所及び氏名又は名称

2　債権の内容（債権金額、履行期限、利率その他利息に関する事項、延滞金に関する事項等）

3　債権の発生原因

4　要求する措置の種類及びその措置を必要とする理由
5　次の措置の種類に応じそれぞれ次に定める事項
(1)　担保権の実行（法第十五条第一号）にあつては、
Ⅰ　担保権の種類及び内容
Ⅱ　担保物の種類、所在及び価額
Ⅲ　優先債権等（令第四条第一項第一号に規定する優先債権等をいう。）の種類及び内容
(2)　強制執行（法第十五条第二号）にあつては、
Ⅰ　債務名義の種類及び内容
Ⅱ　執行の目的物の種類、所在及び価額
(3)　訴訟手続等による履行の請求（法第十五条第三号）にあつては、
Ⅰ　従前の経過の詳細、ことに争の有無及び内容
Ⅱ　関係人の住所及び氏名又は名称
Ⅲ　証拠書類の有無及びその内容
(4)　債権の申出（法第十七条第一号、第三号、第四号及び第七号）にあつては、
Ⅰ　申出に係る事件の種類及び内容
Ⅱ　当該事件の管轄裁判所
Ⅲ　申出の期限
Ⅳ　申出をする債権に係る債務名義の有無、種類及び内容
Ⅴ　当該債権に係る担保の有無、種類及び内容

(5)　仮差押及び仮処分（法第十八条第二項）にあつては、前記(3)に定める事項
(6)　債権者代位権の行使（法第十八条第三項）にあつては、
Ⅰ　代位権の対象となる権利の種類及び内容並びに当該権利の相手方の住所及び氏名又は名称
Ⅱ　保全する債権及び代位権の対象となる権利についての前記(3)に定める事項
(7)　詐害行為の取消（法第十八条第四項）にあつては、
Ⅰ　詐害行為の内容及びその行為を知つた時期
Ⅱ　保全する債権についての前記(3)に定める事項
(8)　履行延期の特約等に代る和解（法二十八条）にあつては、和解条項案
6　法務大臣の所部の職員との連絡に当る職員の官職氏名及び所属部局名。なお、国の指定代理人とすることを必要と認める者のあるときは、その者の官職氏名及び所属部局名
7　その他参考となる事項
三　前記二の書面には、証拠書類その他必要と認められる書類の写のほか、債務者が法人である場合にはその法人に関する登記簿謄抄本、不動産に関する措置を求める場合にはその不動産登記簿謄本を添附するものとする。

第五　担保について
一　担保の価値について
規則第二十五条第七号に掲げる担保の価値は、次による。
(1)　規則第二十五条第四号に規定する手形以外の手形及び小切手　手形又は小切手の金額及び当該手形債務者又は小切手債務者の資産の状況を勘案して債権管理官等が決定する金額
(2)　保険に附されていない建物、立木、船舶、航空機、自動車及び建設機械　時価の六割以内において債権管理官等が決定する価額
(3)　動産（無記名債権、船舶、航空機、自動車及び建設機械を除く。）　時価の五割以内において債権管理官等が決定する価額
(4)　規則第二十五条第六号に規定する保証人の保証以外の保証　保証金額及び保証人の資産の状況を勘案して債権管理官等が決定する金額
(5)　指名債権　指名債権の金額及び第三債務者の資産の状況を勘案して債権管理官等が決定する金額
二　担保として提供する有価証券のうち供託による提供を要しないものについて
登録した債券以外の有価証券を担保として提供するときは、供託所に供託することとなつているが、特殊の売買契約における事例として、七日～十日間程度の短期延納特約の担保として手形又は小切手を提供する場合には、規則第二十六条第一項の規定の特例として、その提供は供託所に対する供託によらず、これを債権管理官等に引き渡すことにより行うことができるものとし、債権管理官等は、受領後は、政府保管有価証券取扱規程第二条第一項ただし書の規定によりみずから保管し、又は部下の職員をして保管させるものとする。

○会計事務簡素化のための法令の実施について
（昭四三、一〇、二一蔵計二四一三
大蔵大臣通達）

改正　昭四四、三、一一　蔵計七九四

今回、会計事務の簡素化を図るため、次の法令が公布されたところであるが、これらの法令のうち、その施行に伴い経過措置を必要とするものならびにその実施にあたり統一的に処理することを適当と認める事項について下記のとおり定めたので、御了知のうえ、その旨を貴省庁関係の機関に対し御通知願いたい。

予算決算及び会計令の一部を改正する政令（昭和四十三年十月七日公布政令第三百一号）
国の債権の管理等に関する法律施行令の一部を改正する政令（同日公布政令第三百二号）
国の所有に属する自動車の交換に関する法律施行令の一部

を改正する政令（同日公布政令第三百三号）
国庫金振替書その他国庫金の払出しに関する書類の様式を定める省令（同日公布大蔵省令第五十一号）
会計事務簡素化のための債権管理事務取扱規則等の一部を改正する省令（同日公布大蔵省令第五十二号）

記

第一　経過措置

会計事務簡素化のための債権管理事務取扱規則等の一部を改正する省令（以下「改正省令」という。）附則第六項の規定に基づき、同省令の施行に伴い必要な経過措置を次のように定める。

1　改正省令による改正前の書式（改正前の支出官事務規程（昭和二十二年大蔵省令第九十四号）第十号書式、出納官吏事務規程（昭和二十二年大蔵省令第九十五号）第十六号書式及び国税収納金整理資金事務取扱規則（昭和二十九年大蔵省令第三十九号）第二十一号書式を除く。）による用紙は、当分の間、これを使用することができる。

2　改正省令の施行前に、各省各庁の長、防衛施設庁長官、出納官吏（その代理官及び分任官を含む。）を任命した者、保管金の取扱官庁又は支出官等（支出官、国税資金支払命令官、資金前渡官吏、繰替払等出納官吏又は特別調達資金出納官吏（これらの代理官及び分任官を含む。）をいう。以下同じ。）が支出官等の新設、異動若しくは代理の開始、残務の承継又は日本銀行取引店若しくは預託先日本銀行の変更について日本銀行に通知した事項に変更を生じた場合において、その変更の事由が改正省令による改正後の支出官事務規程第三条第五項（国税収納金整理資金事務取扱規則第七十条において準用する場合を含む。）、出納官吏事務規程第二十四条第五項（同規程第六十五条において準用する場合を含む。）、保管金払込事務等取扱規程（昭和二十六年大蔵省令第三十号）第二条第五項又は特別調達資金出納官吏事務規程（昭和二十六年大蔵省令第九十五号）第二条の二第五項の規定により日本銀行に通知すべき取引関係通知書の記載事項の変更の事由に相当するものであるときは、保管金の取扱官庁又は支出官等は、当該各項の規定に準じてその旨を日本銀行に通知するものとする。

3　国庫金振替書その他国庫金の払出しに関する書類の様式を定める省令（以下「様式省令」という。）第二号書式備考五（第三号書式備考一において準用する場合を含む。）に規定する付表の項番号一の会計名は、会計番号をもつて表示することとなつているが、当分の間、これに代え、スタンプ印の押なつ等により正規の会計名をもつて表示することとする。この場合において、当該会計名の表示は、付表の第一片について行なえば足りるものとする。

第二　統一的に処理すべき事項

1　債権管理簿の様式

(1)　国の債権の管理等に関する法律施行令（昭和三十一年政令第三百三十七号）第四十条の改正により、今後、債権管理簿の様式は、各省各庁の長又は債権管理官（代理債権管理官又は分任債権管理官を含む。(2)において同じ。）が、債権の管理に関する事務を取り扱う官署の組織、職員の数、取り扱う債権の内容、取扱件数等を勘案して任意に定めることができることとなったところであるが、その場合においては、事務上支障のない限り、次に掲げる一又は二以上の帳簿又は書類に所要の補正を加えて、これをその管理する債権に係る債権管理簿として利用するよう配慮されたい。

イ　国の債権の管理等に関する法律施行令第十一条第一項の規定による通知書、債権管理事務取扱規則第十条の書類及び国の債権の管理等に関する法律（昭和三十一年法律第百十四号）第二十二条第二項若しくは国の債権の管理等に関する法律施行令第二十二条の規定による債権の消滅の通知に関する書類

ロ　徴収簿（予算決算及び会計令（昭和二十二年勅令第百六十五号）第百三十一条に規定する徴収簿をいう。）、徴収整理簿（歳入徴収官事務規程（昭和二十七年大蔵省令第百四十一号）第四十一条に規定する徴収整理簿をいう。）及び領収済通知書

ハ　基準給与簿、職員別給与簿、被保険者台帳、貸付金台帳、売上伝票及び診療カード等各省各庁においてその事務又は事業を遂行するために必要とする帳簿又は書類

(2)　債権管理官は、その使用する債権管理簿の目録を常時、備えておくものとする。この場合において、事務上支障がない限り、当該債権管理簿として使用する帳簿又は書類に債権管理簿である旨を表示しておくものとする。

2　債権のみなし消滅

「債権管理事務取扱規則第三十条第二項の規定に基く債権を消滅したものとみなして整理した内容の報告について（昭和三十二年七月十二日付蔵計第二二三四号）」を廃止するが、各省各庁においては、今後とも、債権管理事務取扱規則第三十条の規定により債権を消滅したものとみなして整理したものの内容を充分は握できるようにしておかれたい。

3　納入告知書、納付書等における主管番号又は会計番号の付記

歳入徴収官、債権管理官、支出官又は出納官吏が使用する納入告知書、納付書又は現金払込書の印刷にあたつ

ては、日本銀行の行なう機械計算事務の迅速正確化を期するため、一般会計関係の書類にあつては同行が使用する主管番号を、特別会計関係の書類にあつては同行が使用する会計番号をあわせて印刷するよう配慮されたい。

なお、日本銀行においては、これらの主管番号又は会計番号をそれぞれの統轄店から連絡することとしている。

4　線引小切手の採用に伴う処理

(1)　改正省令の施行に伴い、国の支払事務担当職員がその振り出す小切手に線引きをしようとする場合には、当該小切手の右上部に小切手法（昭和八年法律第五十七号）第三十七条第二項の規定により線引きをするものとする。

(2)　国の支払事務担当職員から改正省令に基づき線引きをした小切手の交付を受ける官庁のうちには、日本銀行（本店、支店又は代理店をいう。以下同じ。）に保管金の払込みを行なわず、かつ、金融機関と取引関係のないものがきわめて例外的に見受けられる。このような官庁については、当該官庁の所属庁の歳入歳出外現金出納官吏が、その交付を受ける線引小切手の支払店である日本銀行に対し、当該支払店が行なう照合のため、当該官庁の印鑑及びその官職氏名を明示した書面を送付しておくものとする。

(3)　改正省令による改正後の支出官事務規程第七条の二、出納官吏事務規程第十二条の二、特別調達資金出納官吏事務規程第十二条の二の規定により又は上記(2)により、支出官、出納官吏又は所属官庁が日本銀行に対し照合のために書面を送付した後において当該書面に明示した職員の転免、任務終了等によりその照合の必要がなくなつたときは、その旨を日本銀行に通知するものとする。

(4)　改正省令施行の際、現に国の支払事務担当職員又は日本銀行が保有する記名式小切手の用紙は、当分の間、これを取りつくろい使用することは差し支えないものであるので念のため申し添える。

5　国庫金送金関係用紙の作成

(1)　様式省令及び改正省令の施行に伴い、昭和四十四年四月一日以降、国庫金送金関係用紙は、新様式のものを使用することとなり、かつ、当該用紙は原則として日本銀行から交付を受けることとなるが、同行から交付を受ける用紙は、関係省令の規定においても明らかなごとく、様式省令第二号書式から第六号書式（その一）までの用紙に限られており、様式省令第六号書式（その二）の用紙は、送金請求官署においてみずから作成するものであるから念のため申し添える。

(2)　様式省令の施行に伴い、国庫金の送金のために必要な書類は、日本銀行及び払出し金融機関において必要とする書類を含めすべて国の支払事務担当職員が作成することとなるので、これまで以上にこれらの書類の用紙についての厳重な保管に留意されたい。

○会計事務簡素化のための債権管理法令等の改正法令の実施について

(昭四五、九、二二　蔵計三〇九七　大蔵大臣通達)

今回、会計事務の簡素化を図るため、次の法令が公布され、来る十月一日から施行されることとされたが、これらの改正法令の実施にあたつては、下(左)記によることとしたので、御了知の上、その旨を貴省庁の関係機関に対し御通知願いたい。

一　許可、認可等の整理に関する法律(昭和四五年六月一日法律第一一一号)

〔第八条　国の債権の管理等に関する法律の一部改正〕

二　国の債権の管理等に関する法律施行令の一部を改正する政令(昭和四五年八月三日政令第二三一号)

三　債権管理事務取扱規則等の一部を改正する省令(昭和四五年八月二五日大蔵省令第六二号)

記

1　債権管理事務の引継ぎについて

今回の改正により、債権管理官が廃止され、歳入徴収官等が債権の管理に関する事務を行なうこととなつたが、歳入徴収官等が廃止される債権管理官(代理債権管理官及び分任債権管理官を含む。)と異なる場合には、債権管理事務取扱規則(以下「規則」という。)第六条の規定により、事務の引継ぎの手続を行なうこととする。

2　納付委託の実施について

(1)　改正後の国の債権の管理等に関する法律第一四条第一項の規定による納付委託に係る有価証券の取立てについて費用を要するときは、同項後段の規定によりその委託をしようとする者から当該費用の額に相当する金額(歳入歳出外現金)の提供を受けることになるので、債権の取立てについて臨戸督促をする歳入徴収官等の所属庁の職員(収入官吏等)を必要に応じ歳入歳出外現金出納官吏又は分任歳入歳出外現金出納官吏に任命しておくこととされたい。

(2)　歳入徴収官等の所属庁の職員が受領する納付委託に係る有価証券は、小切手にあつてはこれに線引きをし、約束手形又は為替手形で債務者が振出人であるものにあつては、これに指図禁止の記載をしなければならないものとする。

(3)　歳入徴収官等は、納付委託に係る有価証券の取扱いについて、事故の防止を期するため、担当の職員からそのつど有価証券受領証書を提出させて、その使用状況及び発行した受領証書の控えと現物の有価証券との照合をする等十分な監督を行なうこととする。

3 小切手支払未済金収入等の歳入組入庁の変更について

(1) 支出官若しくは出納官吏が振り出した小切手又は日本銀行に交付した隔地払送金資金でその振出日又は資金の交付の日から一年を経過したものの金額を歳入に組み入れる場合には、これまでは次に掲げる通達により、一般会計に係るものにあつてはすべて大蔵省主管歳入徴収官大蔵大臣官房会計課長の取り扱う歳入に、特別会計に係るものにあつては各省各庁の長の指定する歳入徴収官の取り扱う歳入にそれぞれ組み入れることとしていたが、会計事務の簡素化を図るため、昭和四五年一〇月一日以降同通達を廃止することとする。

1 歳出支払未済繰越金並隔地払資金一年経過歳入ニ組入ノ場合取扱方（大正一二年蔵第四四〇八号大蔵大臣通達）

2 保管金時効調書ニ依ル歳入組入方（大正一二年蔵第一三二三〇号大蔵大臣通達）

3 預託金保管金小切手期限経過歳入ニ組入ノ件（大正一四年蔵計第四八号大蔵大臣通達）

（注） 今回の改正省令においては、この通達の廃止を前提として、日本銀行が支出官の振り出した小切手又は交付した隔地払送金資金で一年を経過したものを歳入に組み入れる場合には、当該支出官の所属庁の歳入に組み入れることを定めている（日本銀行国庫金取扱規程第二〇条及び第三三条改正）。また、出納官吏がその振り出した小切手又は交付した隔地払送金資金で一年を経過したものを預託金又は保管金から歳入に組み入れる場合には、各省各庁の長が別段の定めをしない限り、当該出納官吏の所属庁の歳入に組み入れられることになるが、この場合における所属庁の歳入への組入れにあたつては、事務簡素化のため、歳入徴収官から納入告知書の交付を受けることなく、その調査決定に基づいて組入れの手続をすることとされた（出納官吏事務規程第三一条、第三二条、第三四条、第四五条及び保管金取扱規程第一七条改正）。

(2) 一般会計に係る小切手支払未済金収入の歳入科目の設置について

今回の改正により、大蔵省の主管から各省各庁の主管に切り替えられた一般会計に係る小切手及び隔地送金資金の一年経過による収入金の昭和四五年度分の歳入科目については、各省各庁においてすでに該当する歳入科目が設置されている場合を除き、「昭和四五年度における一般会計歳入の科目設置について」（昭和四五年三月二〇日蔵計第七一一号大蔵大臣通達）に基づく各省各庁の長からの個々の申請によることなく、次の歳入科目を設置し、これによつて、整理することとしたから通知する。

（部）五〇〇〇―〇〇　　雑収入
（款）五三〇〇―〇〇　　諸収入
（項）五三九九―〇〇　　雑入
（目）五三九九―〇三　　小
切手支払未済金収入

○会計事務簡素化のための法令の実施について

（昭和四六、一一、二六　蔵計三五六八　大蔵大臣通達）

今回、会計事務の簡素化を図るため、次の法令が公布され
いずれも昭和四十六年十一月三十日から施行されることにな
つたが、これらの改正法令の施行に伴い必要な経過措置なら
びにその実施について下記のとおり定めたので、御了知の
上、その旨を貴省庁関係の機関に対し御通知願いたい。

1　予算決算及び会計令の一部を改正する政令（昭和四十六年十一月二十六日公布政令第三百五十号）
2　国の債権の管理等に関する法律施行令の一部を改正する政令（同日公布政令第三百五十一号）
3　物品管理法施行令の一部を改正する政令（同日公布政令第三百五十二号）
4　国税収納金整理資金に関する法律施行令の一部を改正する政令（同日公布政令第三百五十三号）
5　特別調達資金設置令施行令の一部を改正する政令（同日公布政令第三百五十四号）
6　郵政事業特別会計法施行令の一部を改正する政令（同日公布政令第三百五十五号）
7　予算執行職員等の責任に関する法律施行令（同日公布政令第三百五十六号）
8　国の所有に属する自動車等の交換に関する法律施行令（同日公布政令第三百五十七号）
9　支出官事務規程等の一部を改正する省令（昭和四十六年十一月三十日公布大蔵省令第八十一号（予定））
10　国の所有に属する自動車等の交換に関する法律施行規則（同日公布大蔵省令第八十二号（予定））

記

一　代行機関の設置について

(1)　各省各庁の長が代行機関に処理させる事務の範囲を定めるにあたつては、経常的な会計事務で軽微なもの又は法令の規定に基づき支払義務額が定額となつているものについて定めるものとし、予算決算及び会計令（昭和二十二年勅令第百六十五号）に規定する徴収済額報告書、支出済額報告書、歳入徴収額計算書又は支出計算書の作成、徴収簿、支出簿又は支出負担行為差引簿の登記等各省各庁の長への報告、会計検査院への証明に関する事務等については代行機関に処理させないものとする。

(2)　各省各庁の長が定める代行機関となるべき職員又は官職の範囲は、歳入徴収官その他の会計機関が取り扱う会

計事務の主要事項について当該会計機関を責任をもつて補佐することができる職務にある者とし、処理させる事務の内容に応じ、複数の代行機関を設けることはさしつかえないものとする。

(3) 代行機関は、各省各庁の長又はその委任を受けた職員から処理すべきものとされた事務を処理するときは、決議書上の歳入徴収官その他の会計機関又は上級の代行機関の決裁欄を抹消したうえ自らの決裁欄に決裁印等をもつてその決裁をしたことを明らかにしておくとともに、その処理すべきものとされた範囲内の事務であつてもその所属の歳入徴収官その他の会計機関において処理することとされたため、自らその処理をしないこととした事務については、決議書上にその旨を表示しておくものとする。

二 代理官について

(1) 許可、認可等の整理に関する法律（昭和四十六年法律第九十六号。以下「許認可整理法」という。）の施行の際、同法による改正前の会計法（昭和二十二年法律三十五号）、物品管理法（昭和三十一年法律第百十三号）又は国税収納金整理資金に関する法律（昭和二十九年法律第三十六号）に基づき、歳入徴収官、支出負担行為担当官、支出負担行為認証官、支出官、契約担当官、出納官吏、物品管理官、物品出納官、物品供用官、国税収納命令官、国税資金支払命令官又は国税資金支払委託官の代理官である者は命免手続を行なう必要はなく、許認可整理法による改正後のこれらの法律に基づくこれらの者の代理をする者という名称に変更されたものとして取扱うものとする。また、代理官の名称変更に伴い必要となる各省庁の訓令等の改正措置をすみやかに講ずべきものであるが、当該措置が講ぜられるまでの間は各省各庁の長の通達により所要の暫定措置を講じておくよう配慮されたい。

(2) 支出官事務規程等の一部を改正する省令（昭和四十六年大蔵省令第八十一号（予定））附則第三項の規定に基づく経過措置として、上記（1）に規定する支出官、出納官吏又は国税資金支払命令官の代理官から日本銀行（取扱店）へ送付されている取引関係通知書（支出官事務規程（昭和二十二年大蔵省令第九十四号）第一〇号書式、出納官吏事務規程（昭和二十二年大蔵省令第九十五号）第一六号書式、保管金払込事務取扱規則（昭和二十六年大蔵省令第三十号）第五号書式又は国税収納金整理資金事務取扱規則（昭和二十九年大蔵省令第三十九号）第二一号書式をいう。）に係るこれらの大蔵省令の規定に基づく当該代理官の名称変更に伴う記載事項の変更通知は要しないものとし、日本銀行（取扱店）の内部処理として当該取引関係通知書に所要の措置を講じておくこととする（日本銀行へは別途通達）。なお、この取扱いは特別調達資金に係る会計機関の代理官の取引関係通知書についても同様とする。

三　予算執行職員等の責任に関する法律施行令について

(1)　予算執行職員等の責任に関する法律執行令（昭和四十六年政令第三百五十六号）本則で規定する「書面により」とは、その補助者となるべき者に対し個々に書面を交付する方法によるほか、その処理すべき事務の範囲、任命年月日及び当該事務処理すべきことを命ずる旨その他の必要な事項を明らかにした帳簿（補助者任命簿）にその補助者となるべき職員の押印を徴する方法によることとしてもさしつかえない。

(2)　同令本則の規定により予算執行機関が所属している各省各庁の長若しくは都道府県知事又はこれらの委任を受けた当該各省各庁所属の職員又は当該都道府県の吏員（以下「補助者設置基準作成者」という。）が、当該補助者となるべき職員又は吏員及びその処理すべき事務の範囲を定めている場合には、当該予算執行機関の補助者となるべき職員はこれに従つて当該予算執行機関から命ぜられなければならないこととされている。この場合の補助者設置基準作成者が定める「補助者となるべき職員又は吏員及びその処理すべき事務の範囲」には、官職又は職及び官職又は職にある者が処理すべき事務の範囲を定める方法によることを含むものであるが、この方法による場合においても予算執行機関から当該補助者として命ぜられるためには書面によることを必要とするものである。

四　国の所有に属する自動車等の交換に関する法律施行令について

(1)　国の所有に属する自動車等の交換に関する法律施行令（昭和四十六年政令第三百五十七号。以下「令」という。）第二項に規定する「同種の自動車等」とは、令第一項第一号に規定する自動車にあつては、乗用自動車（貨客兼用車を含む。）、バス、貨物自動車等の別に同種の自動車とし、同項第二号又は第三号に掲げる物品にあつては、国の所有に属する自動車等の交換に関する法律施行規則（昭和四十六年大蔵省令第八十二号（予定））各号に掲げる物品ごとに、又は各省各庁の長が大蔵大臣と協議して定める物品ごとに同種の物品として取り扱うものとする。

(2)　乗用自動車の交換について令第二項第一号の規定を適用する場合の耐用年数の取扱については原則として従来から実施している予算執行上の統一的取扱いは変更しないこととする。

○債権管理官が公正証書の作成を嘱託する場合における公証人法の規定による嘱託人の確認方法について

（昭三三、一〇、一七　蔵計二九七三
大蔵省主計局長発　各省各庁経理担当部局長あて）

国の債権の管理等に関する法律（昭和三一年法律第一一四号）第二十六条第二項の規定により債権管理官が履行延期の特約等をした債権について債務名義を取得するため公証人に対し公正証書の作成を嘱託する場合における公証人法（明治四一年法律第五三号）第二十八条第二項の規定による嘱託人の確認方法については、その処理の円滑化を図るため、別紙（昭和三三年一〇月一〇日付法務省民事甲第二一一七号及び同月四日付蔵計第二八八九号各写）のとおり取り扱うこととしたから御了知下さい。

（別紙）

債権管理官が公正証書の作成を嘱託する場合における公証人法の規定による嘱託人の確認方法について

（昭三三、一〇、一〇法務省民事甲第二一一七号
法務省民事局長発　大蔵省主計局長あて）

十月四日付蔵計第二八八九号をもつて照会のあつた標記については、貴見のとおりと考える。

（別紙）

債権管理官が公正証書の作成を嘱託する場合における公証人法の規定による嘱託人の確認方法について

（昭三三、一〇、四　蔵計第二八八九号
大蔵省主計局長発　法務省民事局長あて）

国の債権の管理等に関する法律（昭和三一年法律第一一四号）第二十六条第二項の規定により債権管理官が履行延期の特約等をした債権について債務名義を取得するため公証人に対し公正証書の作成を嘱託する場合における公証人法（明治四一年法律第五三号）第二十八条第二項の規定による嘱託人の確認方法としては、債権管理官の官公職氏名並びにその公印を明示した債権管理官の在勤する官公署の長（本省内部局にあつては官房長、官房長の置かれていない省にあつては次官）の作成に係る証明書の提出によりこれを行うことが適当であると考えられるが、これについて意見を承わりたい。

なお、債権管理官が所属の部課長その他の職員をして公正証書の作成に当らせる場合においては、上記の証明書のほか、当該職員の官公職氏名並びにその公印を明示した債権管理官の委任状（公印のない場合は印鑑とし、市町村長の印鑑証明書を添附）を提出させることとしたい。

○債権管理事務取扱規則別表第二に掲げる債権の目の説明について

（平三一、四、一財務省主計局法規課から各府省債権
管理事務担当者あて）

標記について別紙のとおり参考のため送付します。

（別紙）

（平成三十一年四月一日現在）

目	説明
（1　手数料の類）	
授業料債権	国が設置する教育施設において徴収する授業料に係る債権
講習料債権	定期講習の講習料に係る債権
入学料及び入学検定料債権	国が設置する教育施設の管理規則に基づいて入学検定を受ける者から徴収する検定料及び新たに入学する者から徴収する入学料に係る債権
免許料及び手数料債権	行政上及び司法上の手数料に係る債権（例えば、民事調停申立手数料、特許料、実用新案登録料、意匠登録料その他の登録手数料、特許等申請手数料、証明書交付手数料、各種試験、検査又は審査手数料、各種原簿閲覧手数料、入国許可手数料、あへん栽培許可料等）
収容課金債権	関税法第七十九条に基づいて指定保税地域、保税倉庫、保税工場等にある貨物を収容した場合において同法第八十二条の規定により課する収容課金に係る債権

（2　負担金の類）	
公共事業費地方負担金債権	土地改良法、港湾法、森林法、河川法、砂防法、道路法、公共土木施設災害復旧事業費国庫負担法等に基づいて国が直轄施行する公共事業費について地方公共団体が負担する負担金に係る債権
公共事業費受益者等負担金債権	前記諸法律に基づいて国が徴収する受益者負担金、原因者負担金、占用工事負担金、付帯工事負担金等に係る債権
独立行政法人等恩給負担金債権	独立行政法人（独立行政法人通則法（平成十一年法律第百三号）第二条第一項に規定する独立行政法人をいう。以下同じ。）、日本郵政株式会社、日本電信電話株式会社及び日本たばこ産業株式会社から恩給支給財源に充てるため徴収する納付金に係る債権
独立行政法人日本スポーツ振興センター保護者負担金債権	独立行政法人日本スポーツ振興センター法第十七条第四項の規定により国が設置する教育施設の児童又は生徒の保護者等から徴収する共済掛金の一部負担金に係る債権
日雇拠出金債権	健康保険法第百七十三条に基づき日雇特例被保険者を使用する事業主の設立する健

	康保険組合より徴収する拠出金に係る債権
厚生年金拠出金債権	厚生年金保険法第八十四条の五第一項に基づき実施機関（厚生労働大臣を除く。）より徴収する拠出金に係る債権
基礎年金拠出金債権	国民年金法第九十四条の二第二項に基づき実施機関たる共済組合等より徴収する拠出金に係る債権
電波利用料債権	電波法第百三条の二の規定に基づき無線局の免許を受けた者から徴収する電波利用料に係る債権
労働者災害補償保険通勤災害一部負担金債権	労働者災害補償保険法第三十一条第二項の規定に基づき通勤による負傷又は疾病に係る療養補償を受ける労働者から徴収する一部負担金に係る債権
国家公務員通勤災害一部負担金債権	国家公務員災害補償法第三十二条の二の規定に基づき通勤による負傷又は疾病に係る療養補償を受ける職員から徴収する一部負担金に係る債権
災害等廃棄物処理事業費地方負担金債権	東日本大震災により生じた災害廃棄物の処理に関する特別措置法に基づいて国が直轄施行する災害等廃棄物処理事業費について地方公共団体が負担する負担金に係る債権
原子力損害賠	原子力損害の補完的な補償に関する条約

償負担金債権	の実施に伴う原子力損害賠償資金の補助等に関する法律第四条第一項及び第十条第一項の規定に基づき原子力事業者から徴収する負担金に係る債権
諸負担金債権	前記以外の各種負担金債権
（3　納付金の類）	
日本銀行納付金債権	日本銀行法第五十三条に基づく国庫納付金に係る債権
日本中央競馬会納付金債権	日本中央競馬会法第二十七条の規定に基づく国庫納付金に係る債権
恩給法納付金債権	恩給法その他恩給関係法令の規定により恩給法の適用又は準用を受ける公務員が国庫に納付する納付金に係る債権
職域等費用納付金債権	厚生年金保険法等の一部を改正する法律（平成八年法律第八十二号）附則第二十条に基づき存続組合等から徴収する納付金に係る債権
輸入食糧納付金債権	主要食糧の需給及び価格の安定に関する法律第三十四条第一項の規定に基づき米穀等の輸入を行おうとする者及び同法第四十五条第一項の規定に基づき麦等の輸入を行おうとする者が国庫に納付する納付金に係る債権

価格差益及び価格等割増差額納付金債権	物価統制令第二十条に基づく価格等割増差額納付金又は国民生活安定緊急措置法第十一条に基づく課徴金に係る債権
保険回収金納付金債権	国から保険金又は再保険金の支払を受けた被保険者等又は元請保険業者が保険事故に係る相手方から支払を受けた金額のうち保険金に係る部分を法令又は契約の定めるところにより国庫に納付する納付金に係る債権
独立行政法人日本スポーツ振興センター納付金債権	独立行政法人日本スポーツ振興センター法第二十二条の規定に基づく国庫納付金に係る債権
特定アルコール譲渡者納付金債権	アルコール事業法第三十一条第一項の規定により特定アルコールを譲渡した者から納付される納付金に係る債権
独立行政法人造幣局納付金債権	通貨の単位及び貨幣の発行等に関する法律第十条第五項の規定により独立行政法人造幣局から納付される納付金に係る債権
法科大学院設置者納付金債権	法科大学院への裁判官及び検察官その他の一般職の国家公務員の派遣に関する法律第六条第二項の規定により法科大学院設置者から納付される納付金に係る債権
独立行政法人	独立行政法人年金・健康保険福祉施設整

地域医療機能推進機構納付金債権	理機構法の一部を改正する法律（平成二十三年法律第七十三号）附則第五条の規定により独立行政法人地域医療機能推進機構から納付される納付金に係る債権
独立行政法人住宅金融支援機構納付金債権	独立行政法人住宅金融支援機構法第十八条第四項並びに附則第七条第八項、第十項及び第十四項の規定により独立行政法人住宅金融支援機構から納付される納付金に係る債権
独立行政法人福祉医療機構納付金債権	独立行政法人福祉医療機構法附則第五条の二第六項又は第七項の規定により独立行政法人福祉医療機構から納付される納付金に係る債権
独立行政法人農畜産業振興機構納付金債権	独立行政法人農畜産業振興機構法第十一条の規定により独立行政法人農畜産業振興機構から納付される納付金に係る債権
株式会社日本政策金融公庫納付金債権	株式会社日本政策金融公庫法第四十七条第一項の規定に基づく国庫納付金に係る債権（株式会社国際協力銀行法附則第十二条第八項の規定により株式会社国際協力銀行から納付される納付金に係る債権を含む。）
国立大学法人納付金債権	国立大学法人法第三十二条第三項の規定に基づく国庫納付金に係る債権

株式会社国際協力銀行納付金債権	株式会社国際協力銀行法第三十一条第一項の規定に基づく国庫納付金に係る債権
原子力損害賠償・廃炉等支援機構納付金債権	原子力損害賠償・廃炉等支援機構法第五十九条第四項の規定により原子力損害賠償・廃炉等支援機構から納付される納付金に係る債権
特定タンカー所有者納付金債権	特定タンカーに係る特定賠償義務履行担保契約等に関する特別措置法第三条第一項の規定により同法第二条第四号に規定する特定タンカー所有者から納付される納付金に係る債権
独立行政法人鉄道建設・運輸施設整備支援機構納付金債権	独立行政法人鉄道建設・運輸施設整備支援機構法第十八条第四項の規定により独立行政法人鉄道建設・運輸施設整備支援機構から納付される納付金に係る債権
沖縄振興開発金融公庫納付金債権	沖縄振興開発金融公庫法第二十五条第一項の規定に基づく国庫納付金に係る債権
独立行政法人納付金債権	独立行政法人通則法第一条第一項の規定による個別法に基づき積立金の処分として独立行政法人から納付される納付金又は同法第四十六条の二第一項（政府からの出資に係るものを除く。）、第二項（政府からの出資に係るものを除く。）若しくは第三項の規定に基づく国庫納付金に係る債権
諸納付金債権	前記納付金以外の各種納付金に係る債権
（4　保険料及び掛金の類）	
保険料債権	健康保険、厚生年金保険（厚生年金保険法第二条の五第一項第一号に規定する第一号厚生年金被保険者に係るものに限る。）、船員保険、労働保険、漁業共済保険等の国営保険に係る保険料債権
再保険料債権	農業再保険、農業共済再保険、漁船再保険、自動車損害賠償責任再保険等の国営再保険に係る保険料債権
原子力損害補償料債権	原子力損害の賠償に関する法律第十条の規定に基づき原子力事業者が納付する損害補償料に係る債権
自動車損害賠償保障事業賦課金債権	自動車損害賠償保障法第七十八条に基づき保険会社及び組合が国庫に納付する賦課金に係る債権
掛金債権	国営年金保険の掛金に係る債権
子ども・子育て拠出金債権	子ども・子育て支援法第六十九条及び第七十条に基づき一般事業主が国に納付する

	拠出金に係る債権
石綿健康被害救済拠出金債権	石綿による健康被害の救済に関する法律第三十五条及び第三十七条に基づき労災保険適用事業主が国に納付する拠出金に係る債権
（5　財産売払代の類）	
不動産売払代債権	土地、建物、工作物又は立木竹の売払代金又は交換差金に係る債権（交換差金債権については、民法第五百八十六条第二項においても売買の代金に関する規定を準用しており、債権管理の実体も売払代債権と異なるところがなく、歳入科目においても売払収入として計上しているから、財産売払代の類に含めている。）
船舶売払代債権	船舶の売払代金又は交換差金に係る債権
機械売払代債権	機械の売払代金又は交換差金に係る債権
証券売払代債権	有価証券の売払代金に係る債権
製品売払代債権	官業等による製品の売払代金に係る債権

返還物品売払代債権	在日合衆国軍の返還物品の売払代金に係る債権
刊行物売払代債権	刊行物の売払代金に係る債権
食糧売払代債権	国が食糧管理のため生産者等から買い入れた食糧の売払代金に係る債権（国が直接生産した食糧の売払代金は、農産物等売払代金として整理する。）
農産物等売払代債権	農産物価格の安定のため国が買い入れた農産物等（食糧を除く。）又は国が直接生産した農産物の売払代金に係る債権
輸入飼料売払代債権	食料安定供給特別会計において買い入れた輸入飼料の売払代金に係る債権
林産物売払代債権	国の所有する林産物の売払代金に係る債権
自動車検査登録印紙売払代債権	道路運送車両法第百二条第二項に基づく自動車検査登録印紙の売払代金に係る債権
印紙売りさばき収入債権	印紙をもってする歳入金納付に関する法律第三条に基づき郵便事業株式会社に委託して売りさばく印紙類に係る債権
備蓄石油売払代債権	エネルギー対策特別会計の所有する備蓄石油の売払代金に係る債権
不用物品売払	不用物品の売払代金に係る債権

代債権	
物件売払代債権	前記財産以外の国有の財産（無体財産権を含む。）の売払代金又は交換差金に係る債権
（6　財産貸付料及び使用料の類）	
公務員宿舎使用料債権	国家公務員宿舎法に基づく使用料に係る債権
寄宿料債権	国が設置する教育施設において設置する寄宿舎の使用料に係る債権
物件貸付料債権	前記の財産以外の国が管理する財産を貸付契約に基づき貸付けた場合において徴する貸付料に係る債権
物件使用料債権	前記の財産以外の国が管理する行政上の財産の使用又は占用の認可をした場合においてその認可の条件に従い徴する使用料又は占用料に係る債権
財産利用料債権	特許権、著作権等の国の無体財産権又は国が管理する温泉、水道等の利用料に係る債権
（7　配当金の類）	
配当金債権	国の出資に係る会社その他の法人の利益の配当金又は残余財産の分配金に係る債権
（8　費用弁償金及び立替金返還金の類）	
費用弁償金債権	行政代執行費用、滞納処分費等国が支弁した費用のうち法令の規定により国以外の者が負担すべき金額を弁償させる場合における弁償金に係る債権
立替金返還金債権	国以外の者が支弁すべき費用を法令の規定により国が代わって支払った場合においてその者から返還を受ける返還金に係る債権
特定原子力損害填補仮払金回収金債権	平成二十三年原子力事故による被害に係る緊急措置に関する法律第九条第二項の規定により国が仮払金を支払ったときに取得する求償権の行使により発生する回収金に係る債権
（9　委任、請負及び	

寄託等に基づく受託収入の類）	受託事業費債権	国が委託を受けて施行する河川、砂防、港湾等の公共事業その他の工事又は委託を受けて製造する機械施設等の対価に係る債権
	刑務作業費債権	刑務所において刑務作業として民間の業者又は団体から委託を受けて作業を行う場合における作業代金に係る債権
	少年院等職業指導及び職業補導作業費債権	少年院において職業指導作業、婦人補導院において職業補導作業として民間の業者又は団体から委託を受けて作業を行う場合における作業代金に係る債権
	病院等療養費債権	国が設置する病院、診療所、療養所等における診察料、入院料、手術料、投薬料等に係る債権
	防衛省職員等給食費債権	防衛省において職員等に給与する食事代金に係る債権
	受託調査及び試験手数料債権	委託契約に基づく試験、調査、検査、分析、その他これに類する受託事務に対する手数料に係る債権
	受託手数料債権	委託契約に基づく事務で前記以外の手数料に係る債権

（10 貸付金回収金の類）	自衛隊学資貸与金債権	自衛隊法第九十八条の規定により貸付けた貸与金に係る債権
	独立行政法人水資源機構貸付金債権	独立行政法人水資源機構に対する貸付金に係る債権（他の目に該当するものを除く。）
	帰国費貸付金債権	国の援助を必要とする帰国者に関する領事官の職務等に関する法律に基づき在外邦人を国が援助して帰国させるために領事官が外国において貸付けた帰国旅費貸付金に係る債権
	沖縄振興開発金融公庫貸付金債権	沖縄振興開発金融公庫に対する貸付金に係る債権（他の目に該当するものを除く。）
	沖縄振興開発金融公庫償還時貸付金債権	平成七年度における財政運営のための国債整理基金に充てるべき資金の繰入れの特例等に関する法律第三条第二項の規定により沖縄振興開発金融公庫に対して貸付けた貸付金に係る債権
	日本政策投資銀行貸付金債権	日本政策投資銀行に対する貸付金に係る債権（他の目に該当するものを除く。）

権	
日本政策投資銀行償還時貸付金債権	平成七年度における財政運営のための国債整理基金に充てるべき資金の繰入れの特例等に関する法律第三条第二項の規定により北海道東北開発公庫及び日本開発銀行に対して貸付けた貸付金に係る債権
清酒製造業近代化事業基金貸付金債権	清酒製造業等の安定に関する特別措置法第六条の二第二項の規定により近代化事業基金に充てる資金について日本酒造組合中央会に対して貸付けた貸付金に係る債権
単式蒸留焼酎業対策基金貸付金債権	清酒製造業等の安定に関する特別措置法第六条の三第二項の規定により単式蒸留焼酎業対策基金に充てる資金の全部又は一部について日本酒造組合中央会に対して貸付けた貸付金に係る債権
急傾斜地崩壊対策事業資金貸付金債権	急傾斜地の崩壊による災害の防止に関する法律附則第二項の規定により都道府県に対して貸付けた貸付金に係る債権
後進地域特例法適用団体等追加貸付金債権	後進地域の開発に関する公共事業に係る国の負担割合の特例に関する法律施行令附則第五項、産炭地域振興臨時措置法施行令附則第六項、新産業都市建設及び工業整備特別地域整備のための国の財政上の特別措置に関する法律施行令附則第五項及び首都圏、近畿圏及び中部圏の近郊整備地帯等の整備のための国の財政上の特別措置に関する法律施行令附則第六項の規定により地方公共団体に対して貸付けた貸付金に係る債権
海岸保全施設整備事業資金貸付金債権	海岸法附則第六項の規定により海岸保全施設整備事業に要する資金の一部について地方公共団体に対して貸付けた貸付金に係る債権
海岸環境整備事業資金貸付金債権	海岸法附則第七項の規定により海岸環境整備事業に要する資金の一部について地方公共団体に対して貸付けた貸付金に係る債権
公有地造成護岸等整備事業資金貸付金債権	海岸法附則第七項の規定により公有地造成護岸等整備事業に要する資金の一部について地方公共団体に対して貸付けた貸付金に係る債権
漁港漁村整備事業資金収益回収特別貸付金債権	漁港漁場整備法附則第十一項の規定により漁港施設の整備及びこれと併せて漁港施設に相当する施設の整備を行う事業に要する資金の一部について水産業協同組合に対して貸付けた貸付金に係る債権（他の目に該当するものを除く。）
漁港漁村整備	漁港漁場整備法附則第十一項の規定によ

事業資金収益回収償還時貸付金債権	り漁港施設の整備及びこれと併せて漁港施設に相当する施設の整備を行う事業に要する資金の一部について水産業協同組合に対して貸付けた貸付金の償還のため、平成七年度における財政運営のための国債整理基金に充てるべき資金の繰入れの特例等に関する法律第三条第二項の規定により水産業協同組合に対して貸付けた貸付金に係る債権
公営住宅建設等事業資金貸付金債権	公営住宅法附則第五項、第六項若しくは第七項、特定優良賃貸住宅の供給の促進に関する法律附則第二項又は高齢者の居住の安定確保に関する法律附則第三条第一項若しくは第二項の規定により事業主体又は地方公共団体に対して貸付けた貸付金に係る債権
住宅地区改良事業資金貸付金債権	住宅地区改良法附則第八項又は第九項の規定により施行者に対して貸付けた貸付金に係る債権
宅地開発関連公共施設整備事業資金収益回収特別貸付金債権	独立行政法人都市再生機構法附則第十八条の規定による廃止前の都市基盤整備公団法附則第二十一条第一項、独立行政法人都市再生機構法附則第二十一条第一項、同法附則第十六条の規定による改正前の地域振興整備公団法附則第九条第一項又は地方住宅供給公社法附則第九項の規定により都市基盤整備公団、独立行政法人都市再生機構、地域振興整備公団又は地方住宅供給公社に対して貸付けた貸付金に係る債権
宅地開発関連公共施設整備事業資金収益回収償還時貸付金債権	独立行政法人都市再生機構法附則第十八条の規定による廃止前の都市基盤整備公団法附則第十七条の規定による廃止前の住宅・都市整備公団法附則第二十四条の二第一項、独立行政法人都市再牛機構法附則第十六条の規定による改正前の地域振興整備公団法附則第九条第一項又は地方住宅供給公社法附則第九項の規定により住宅・都市整備公団、地域振興整備公団又は地方住宅供給公社に対して貸付けた貸付金の償還のため、平成七年度における財政運営のための国債整理基金に充てるべき資金の繰入れの特例等に関する法律第三条第二項の規定により住宅・都市整備公団、地域振興整備公団又は地方住宅供給公社に対して貸付けた貸付金に係る債権
下水道事業資金貸付金債権	下水道法附則第五条第一項（独立行政法人都市再生機構法附則第二十二条第一項の規定により読み替えて適用する場合を含

	む。）の規定により下水道事業に要する資金の一部について地方公共団体又は独立行政法人都市再生機構に対して貸付けた貸付金に係る債権
市街地再開発事業資金貸付金債権	都市再開発法附則第五条第一項及び第二項の規定による個人施行者、市街地再開発組合若しくは地方公共団体又は大都市地域における住宅地等の供給の促進に関する特別措置法附則第三条第一項の規定による地方公共団体に対して貸付けた貸付金に係る債権
水道施設整備事業資金貸付金債権	水道法附則第十一条第一項又は第二項の規定により地方公共団体に対して貸付けた貸付金に係る債権（他の目に該当するものを除く。）
廃棄物処理施設整備事業資金貸付金債権	港湾法附則第十六項又は廃棄物の処理及び清掃に関する法律附則第四条第一項若しくは第二項の規定により廃棄物処理施設整備事業に要する資金の一部について港湾管理者又は地方公共団体に対して貸付けた貸付金に係る債権
かんがい排水事業資金貸付金債権	土地改良法附則第二項の規定によりかんがい排水事業に要する資金の一部について都道府県に対して貸付けた貸付金に係る債

	権
圃場整備事業資金貸付金債権	土地改良法附則第二項の規定により圃場整備事業に要する資金の一部について都道府県に対して貸付けた貸付金に係る債権
諸土地改良事業資金貸付金債権	土地改良法附則第二項の規定により諸土地改良事業に要する資金の一部について都道府県に対して貸付けた貸付金に係る債権
農道整備事業資金貸付金債権	土地改良法附則第二項の規定により農道整備事業に要する資金の一部について都道府県に対して貸付けた貸付金に係る債権
農村総合整備事業資金貸付金債権	土地改良法附則第二項又は第三項の規定により農村総合整備事業に要する資金の一部について都道府県に対して貸付けた貸付金に係る債権
農業集落排水事業資金貸付金債権	土地改良法附則第三項の規定により農業集落排水事業に要する資金の一部について都道府県に対して貸付けた貸付金に係る債権
農地防災事業資金貸付金債権	土地改良法附則第二項の規定により農地防災事業に要する資金の一部について都道府県に対して貸付けた貸付金に係る債権
農地保全事業資金貸付金債権	土地改良法附則第二項の規定により農地保全事業に要する資金の一部について都道府県に対して貸付けた貸付金に係る債権

農業生産基盤整備事業資金収益回収特別貸付金債権	独立行政法人水資源機構法附則第六条の規定による廃止前の水資源開発公団法附則第九条第一項の規定により農業生産基盤整備事業に要する資金の一部について水資源開発公団に対して貸付けた貸付金に係る債権
農業生産基盤整備事業資金収益回収償還時貸付金債権	森林開発公団法の一部を改正する法律（平成十一年法律第七十号）附則第八条の規定による廃止前の農用地整備公団法附則第二十一条又は独立行政法人水資源機構法附則第六条の規定による廃止前の水資源開発公団法附則第九条第一項の規定により農業生産基盤整備事業に要する資金の一部について農用地整備公団又は水資源開発公団に対して貸付けた貸付金の償還のため、平成七年度における財政運営のための国債整理基金に充てるべき資金の繰入れの特例等に関する法律第三条第二項の規定により農用地整備公団又は水資源開発公団に対して貸付けた貸付金に係る債権
農村整備事業資金収益回収償還時貸付金債権	森林開発公団法の一部を改正する法律（平成十一年法律第七十号）附則第八条の規定による廃止前の農用地整備公団法附則第二十一条の規定により農村整備事業に要する資金の一部について農用地整備公団に対して貸付けた貸付金の償還のため、平成七年度における財政運営のための国債整理基金に充てるべき資金の繰入れの特例等に関する法律第三条第二項の規定により農用地整備公団に対して貸付けた貸付金に係る債権
農地等保全事業資金収益回収特別貸付金債権	独立行政法人緑資源機構法を廃止する法律による廃止前の独立行政法人緑資源機構法附則第十条の規定による廃止前の緑資源公団法附則第十一条第一項の規定により農地等保全事業に要する資金の一部について緑資源公団に対して貸付けた貸付金に係る債権
農地等保全事業資金収益回収償還時貸付金債権	森林開発公団法の一部を改正する法律（平成十一年法律第七十号）附則第八条の規定による廃止前の農用地整備公団法附則第二十一条の規定により農地等保全事業に要する資金の一部について農用地整備公団に対して貸付けた貸付金の償還のため、平成七年度における財政運営のための国債整理基金に充てるべき資金の繰入れの特例等に関する法律第三条第二項の規定により農用地整備公団に対して貸付けた貸付金に係

	る債権
干拓等事業資金貸付金債権	土地改良法附則第二項の規定により干拓事業に要する資金の一部について都道府県に対して貸付けた貸付金に係る債権
造林事業資金収益回収償還時貸付金債権	森林開発公団法の一部を改正する法律（平成十一年法律第七十号）による改正前の森林開発公団法附則第十一条第一項の規定により造林事業に要する資金の一部について森林開発公団に対して貸付けた貸付金の償還のため、平成七年度における財政運営のための国債整理基金に充てるべき資金の繰入れの特例等に関する法律第三条第二項の規定により森林開発公団に対して貸付けた貸付金に係る債権
林道事業資金収益回収償還時貸付金債権	森林開発公団法の一部を改正する法律（平成十一年法律第七十号）による改正前の森林開発公団法附則第十一条第一項の規定により林道事業に要する資金の一部について森林開発公団に対して貸付けた貸付金の償還のため、平成七年度における財政運営のための国債整理基金に充てるべき資金の繰入れの特例等に関する法律第三条第二項の規定により森林開発公団に対して貸付けた貸付金に係る債権

特定森林地域開発林道整備事業資金貸付金債権	森林開発公団法の一部を改正する法律（平成十一年法律第七十号）による改正前の森林開発公団法附則第十二条第一項の規定により森林開発公団に対して貸付けた貸付金に係る債権
工業用水道事業資金貸付金債権	工業用水道事業法附則第十三項又は独立行政法人水資源機構法附則第五条第二項の規定により工業用水道事業に要する資金の一部について地方公共団体又は独立行政法人水資源機構に対して貸付けた貸付金に係る債権
新幹線鉄道整備事業資金貸付金債権	独立行政法人鉄道建設・運輸施設整備支援機構法附則第十条第一項の規定により独立行政法人鉄道建設・運輸施設整備支援機構に対して貸付けた貸付金に係る債権
海岸事業資金貸付金債権	海岸法附則第六項又は第七項の規定により離島振興地域（離島振興法第二条第一項に基づき指定された離島振興対策実施地域及び奄美群島振興開発特別措置法第一条に規定する奄美群島をいう。以下同じ。）及び沖縄県において事業を行う地方公共団体に対して貸付けた貸付金に係る債権
農業生産基盤整備事業資金	土地改良法附則第二項の規定により離島振興地域において事業を行う都県若しくは

貸付金債権	沖縄県又は独立行政法人水資源機構法附則第五条第二項の規定により農業生産基盤整備事業に要する資金の一部について独立行政法人水資源機構に対して貸付けた貸付金に係る債権
農村整備事業資金貸付金債権	土地改良法附則第二項の規定により離島振興地域及び沖縄県において農村整備事業を行う都県に対して貸付けた貸付金に係る債権
水道水源開発施設整備事業資金貸付金債権	独立行政法人水資源機構法附則第五条第二項の規定により水道水源開発施設整備事業に要する資金の一部について独立行政法人水資源機構に対して貸付けた貸付金に係る債権
水道水源開発等施設整備事業資金貸付金債権	水道法附則第十一条第一項又は第二項の規定により沖縄県に対して貸付けた貸付金に係る債権
独立行政法人日本学生支援機構貸付金債権	独立行政法人日本学生支援機構法第二十二条の規定により学資の貸与に要する資金の一部について独立行政法人日本学生支援機構に対して貸付けた貸付金に係る債権
母子父子寡婦福祉貸付金債権	母子及び父子並びに寡婦福祉法第三十七条第一項の規定により都道府県に対して貸付けた貸付金に係る債権
公衆衛生修学資金貸付金債権	公衆衛生修学資金貸与法第二条の規定により将来保健所において勤務しようとする者に対して貸付けた貸付金に係る債権
災害援護貸付金債権	災害弔慰金の支給等に関する法律第十二条の規定により都道府県、指定都市に対して貸付けた貸付金に係る債権
農地保有合理化促進対策資金貸付金債権	株式会社日本政策金融公庫法の施行に伴う関係法律の整備に関する法律第三十一条の規定による改正前の農業経営基盤強化促進法附則第八項、農業経営に関する金融上の措置の改善のための農業改良資金助成法等の一部を改正する法律第二条による改正前の農業経営基盤強化促進法附則第八項又は農業経営基盤強化促進法第三十四条第一項の規定により農林漁業金融公庫、株式会社日本政策金融公庫又は沖縄振興開発金融公庫又は都道府県に対して貸付けた貸付金に係る債権
就農支援資金貸付金債権	農業の構造改革を推進するための農業経営基盤強化促進法等の一部を改正する等の法律（平成二十五年法律第百二号）第四条の規定による廃止前の青年等の就農促進のための資金の貸付け等に関する特別措置法

	第十九条第一項及び第二項又は農業の構造改革を推進するための農業経営基盤強化促進法等の一部を改正する等の法律附則第九条第四項の規定により都道府県に対して貸付けた貸付金に係る債権
治山事業資金貸付金債権	森林法附則第六項の規定により都道府県に対して貸付けた貸付金に係る債権
地すべり防止事業資金貸付金債権	地すべり等防止法附則第八条第一項の規定により地すべり防止事業に要する資金の一部について都道府県に対して貸付けた貸付金に係る債権
治山事業資金収益回収償還時貸付金債権	森林開発公団法の一部を改正する法律（平成十一年法律第七十号）による改正前の森林開発公団法附則第十一条第一項の規定により治山事業に要する資金の一部について森林開発公団に対して貸付けた貸付金の償還のため、平成七年度における財政運営のための国債整理基金に充てるべき資金の繰入れの特例等に関する法律第三条第二項の規定により森林開発公団に対して貸付けた貸付金に係る債権
発明実施化試験費貸付金債権	発明等の実施化試験を行う者に対する貸付金に係る債権

小企業等経営改善資金貸付金債権	株式会社日本政策金融公庫法附則第四十二条の規定による廃止前の国民生活金融公庫法第二十二条の二第二項の規定により貸付けた貸付金に係る債権
小規模企業者等設備導入資金貸付金債権	小規模企業者等設備導入資金助成法第三条第一項の規定により都道府県に対して貸付けた貸付金又は同法附則第二条第三項若しくは第三条第四項、中小企業振興資金等助成法の一部を改正する法律（昭和三十八年法律第七十一号）附則第三条第二項若しくは中小企業の事業活動の活性化等のための中小企業関係法律の一部を改正する法律（平成十一年法律第二百二十二号）附則第五条第一項の規定により都道府県に対して貸付けたこととなる貸付金に係る債権
航空機騒音対策事業資金貸付金債権	公共用飛行場周辺における航空機騒音による障害の防止等に関する法律第三十三条の規定により航空機騒音対策事業に要する資金の一部として独立行政法人空港周辺整備機構に対して貸付けた貸付金に係る債権
独立行政法人自動車事故対策機構貸付金債権	独立行政法人自動車事故対策機構法第十八条第一項の規定により交通遺児等への貸付事業に要する資金の一部として独立行政法人自動車事故対策機構に対して貸付けた

	貸付金に係る債権
埠頭整備資金等貸付金債権	港湾法第五十五条の七第一項（阪神・淡路大震災に対処するための特別の財政援助及び助成に関する法律第七十二条及び東日本大震災に対処するための特別の財政援助及び助成に関する法律第百三十五条の規定によりみなして適用する場合を含む。）若しくは第五十五条の八第一項、海上物流の基盤強化のための港湾法等の一部を改正する法律第二条による改正前の外貿埠頭公団の解散及び業務の承継に関する法律第六条、特定外貿埠頭の管理運営に関する法律第六条第一項若しくは民間都市開発の推進に関する特別措置法第五条第一項の規定により港湾管理者、指定法人若しくは同法第三条第一項の規定により指定された民間都市開発推進機構に対して貸付けた貸付金又は海上物流の基盤強化のための港湾法等の一部を改正する法律第二条による改正前の外貿埠頭公団の解散及び業務の承継に関する法律第二条第三項の規定により指定法人に対して貸付けたこととなる貸付金に係る債権
港湾改修事業	港湾法附則第十五項から第十七項まで、

資金貸付金債権	北海道開発のためにする港湾工事に関する法律附則第七項、奄美群島振興開発特別措置法附則第七項又は沖縄振興特別措置法附則第五条第一項の規定により港湾改修事業に要する資金の一部について港湾管理者に対して貸付けた貸付金に係る債権
港湾環境整備事業資金貸付金債権	港湾法附則第十六項若しくは第十七項、北海道開発のためにする港湾工事に関する法律附則第七項、沖縄振興特別措置法附則第五条第一項又は広域臨海環境整備センター法附則第三条第一項の規定により港湾環境整備事業に要する資金の一部について港湾管理者等に対して貸付けた貸付金に係る債権
港湾事業資金収益回収特別貸付金債権	港湾法附則第二十七項の規定により港湾改修事業に要する資金の一部について地方公共団体の出資又は拠出に係る法人に対して貸付けた貸付金に係る債権
港湾事業資金収益回収償還時貸付金債権	港湾法附則第二十七項の規定により港湾改修事業に要する資金の一部について地方公共団体の出資又は拠出に係る法人に対して貸付けた貸付金の償還のため、平成七年度における財政運営のための国債整理基金に充てるべき資金の繰入れの特例等に関す

	る法律第三条第二項の規定により地方公共団体の出資又は拠出に係る法人に対して貸付けた貸付金に係る債権
空港整備事業資金貸付金債権	空港法附則第七条第一項から第四項までの規定により地方公共団体に対して貸付けた貸付金に係る債権
関西国際空港整備事業資金貸付金債権	関西国際空港株式会社法第七条の四第二項又は第十条の規定により新空港建設事業に要する資金の一部について関西国際空港株式会社に対して貸付けた貸付金に係る債権
中部国際空港整備事業資金貸付金債権	中部国際空港の設置及び管理に関する法律第九条の規定により新空港建設事業に要する資金の一部について同法第四条の規定により指定された株式会社に対して貸付けた貸付金に係る債権
国立研究開発法人情報通信研究機構貸付金債権	通信・放送機構法の一部を改正する法律（平成十一年法律第三十九号）附則第二条第一項の規定により通信・放送機構に対して貸付けたこととなる貸付金及び基盤技術研究円滑化法の一部を改正する法律（平成十三年法律第六十号）附則第二条第一項の規定により通信・放送機構が承継した基盤技術研究促進センターに対して貸付けた貸付金に係る債権
道路開発資金貸付金債権	道路に関する公共の利益に資する事業への民間活力等の導入を促進し、道路機能開発等を図るために、その事業者に対して貸付けた貸付金に係る債権
有料道路整備資金貸付金債権	道路整備特別措置法第二十条の規定により地方道路公社又は地方公共団体に対して貸付けた貸付金に係る債権
都市開発資金貸付金債権	独立行政法人都市再生機構法附則第四十三条の規定による改正前の都市開発資金の貸付けに関する法律第一条又は同法第一条の規定により都市基盤整備公団若しくは地域振興整備公団又は地方公共団体、独立行政法人都市再生機構、土地開発公社若しくは民間都市開発の推進に関する特別措置法第三条第一項の規定により指定された民間都市開発推進機構に対して貸付けた貸付金に係る債権
沿道整備資金貸付金債権	幹線道路の沿道の整備に関する法律第十一条第一項の規定により市町村に対して貸付けた貸付金に係る債権
一般国道改修資金貸付金債権	道路法附則第四項若しくは第五項又は共同溝の整備等に関する特別措置法附則第二項の規定により一般国道改修に要する資金

	の一部について地方公共団体に対して貸付けた貸付金に係る債権
地方道改修資金貸付金債権	道路法附則第五項（独立行政法人都市再生機構法附則第十八条の規定による廃止前の都市基盤整備公団法附則第二十二条第一項又は独立行政法人都市再生機構法附則第二十二条第一項の規定により読み替えて適用する場合を含む。）又は共同溝の整備等に関する特別措置法附則第二項（独立行政法人都市再生機構法附則第十八条の規定による廃止前の都市基盤整備公団法附則第二十二条第一項又は独立行政法人都市再生機構法附則第二十二条第一項の規定により読み替えて適用する場合を含む。）の規定により地方道改修に要する資金の一部について地方公共団体、都市基盤整備公団又は独立行政法人都市再生機構に対して貸付けた貸付金に係る債権
雪寒地域道路事業資金貸付金債権	積雪寒冷特別地域における道路交通の確保に関する特別措置法附則第三項の規定により地方公共団体に対して貸付けた貸付金に係る債権
交通安全施設等整備事業資金貸付金債権	交通安全施設等整備事業の推進に関する法律附則第五項又は沖縄振興特別措置法附則第五条第二項の規定により地方公共団体に対して貸付けた貸付金に係る債権
道路事業資金収益回収特別貸付金債権	道路整備特別措置法第二十条の規定による貸付金のうち同法附則第八条に規定する貸付金に該当する貸付金、同法附則第七条第一項の規定により東日本高速道路株式会社、首都高速道路株式会社、中日本高速道路株式会社、西日本高速道路株式会社、阪神高速道路株式会社若しくは本州四国連絡高速道路株式会社に対して貸付けた貸付金、日本道路公団等の民営化に伴う道路関係法律の整備等に関する法律第一条による改正前の道路整備特別措置法附則第七条第一項の規定により日本道路公団、首都高速道路公団、阪神高速道路公団若しくは本州四国連絡橋公団に対して貸付けた貸付金、土地区画整理法附則第二項により道路事業に要する資金の一部について独立行政法人都市再生機構若しくは地方住宅供給公社に対して貸付けた貸付金、独立行政法人都市再生機構法附則第三十条の規定による改正前の土地区画整理法附則第二項により道路事業に要する資金の一部について都市基盤整備公団、地域振興整備公団若しくは地方

	住宅供給公社に対して貸付けた貸付金又は民間都市開発の推進に関する特別措置法附則第十五条第一項の規定により道路事業に要する資金の一部について同法第三条第一項の規定により指定された民間都市開発推進機構に対して貸付けた貸付金に係る債権
道路事業資金収益回収償還時貸付金債権	道路整備特別措置法第二十条の規定による貸付金のうち同法附則第八条に規定する貸付金に該当するもの又は日本道路公団等の民営化に伴う道路関係法律の整備等に関する法律第一条による改正前の道路整備特別措置法附則第七条第一項の規定により日本道路公団、首都高速道路公団、阪神高速道路公団若しくは本州四国連絡橋公団に対して貸付けた貸付金の償還のため、平成七年度における財政運営のための国債整理基金に充てるべき資金の繰入れの特例等に関する法律第三条第二項の規定により日本道路公団、首都高速道路公団、阪神高速道路公団若しくは本州四国連絡橋公団に対して貸付けた貸付金に係る債権
土地区画整理事業資金貸付金債権	土地区画整理法附則第二項又は第五項から第七項までの規定により地方公共団体、独立行政法人都市再生機構又は地方住宅供給公社に対して貸付けた貸付金に係る債権（他の目に該当するものを除く。）
街路事業資金貸付金債権	道路法附則第四項若しくは第五項又は共同溝の整備等に関する特別措置法附則第二項の規定により街路事業に要する資金の一部について地方公共団体に対して貸付けた貸付金に係る債権
街路事業資金収益回収特別貸付金債権	独立行政法人都市再生機構法附則第三十条の規定による改正前の土地区画整理法附則第二項又は同法附則第二項若しくは民間都市開発の推進に関する特別措置法附則第十五条第一項の規定により街路事業に要する資金の一部について都市基盤整備公団若しくは地域振興整備公団又は独立行政法人都市再生機構、地方住宅供給公社若しくは同法第三条第一項の規定により指定された民間都市開発推進機構に対して貸付けた貸付金に係る債権
街路事業資金収益回収償還時貸付金債権	独立行政法人都市再生機構法附則第十八条の規定による廃止前の都市基盤整備公団法附則第二十九条の規定による改正前の土地区画整理法附則第二項又は民間都市開発の推進に関する特別措置法附則第十五条第一項の規定により街路事業に要する資金の

	一部について住宅・都市整備公団、地域振興整備公団又は同法第三条第一項の規定により指定された民間都市開発推進機構に対して貸付けた貸付金の償還のため、平成七年度における財政運営のための国債整理基金に充てるべき資金の繰入れの特例等に関する法律第三条第二項の規定により住宅・都市整備公団、地域振興整備公団又は民間都市開発推進機構に対して貸付けた貸付金に係る債権
道路事業資金貸付金債権	道路法附則第四項若しくは第五項又は交通安全施設等整備事業の推進に関する法律附則第五項の規定により離島振興地域において事業を行う地方公共団体に対して貸付けた貸付金に係る債権
河川改修資金貸付金債権	河川法附則第五項又は第六項の規定により河川改修に要する資金の一部について地方公共団体に対して貸付けた貸付金に係る債権
都市河川改修資金貸付金債権	河川法附則第五項又は第六項の規定により都市河川改修に要する資金の一部について地方公共団体に対して貸付けた貸付金に係る債権
準用河川改修資金貸付金債権	河川法附則第六項の規定により準用河川改修に要する資金の一部について地方公共団体に対して貸付けた貸付金に係る債権
河川事業資金収益回収特別貸付金債権	民間都市開発の推進に関する特別措置法附則第十五条第一項の規定により河川事業に要する資金の一部について同法第三条第一項の規定により指定された民間都市開発推進機構に対して貸付けた貸付金に係る債権
河川事業資金収益回収償還時貸付金債権	民間都市開発の推進に関する特別措置法附則第十五条第一項の規定により河川事業に要する資金の一部について同法第三条第一項の規定により指定された民間都市開発推進機構に対して貸付けた貸付金の償還のため、平成七年度における財政運営のための国債整理基金に充てるべき資金の繰入れの特例等に関する法律第三条第二項の規定により民間都市開発推進機構に対して貸付けた貸付金に係る債権
河川総合開発事業資金貸付金債権	河川法附則第五項の規定により河川総合開発事業に要する資金の一部について地方公共団体に対して貸付けた貸付金に係る債権
治水ダム建設事業資金貸付	河川法附則第五項の規定により治水ダム建設事業に要する資金の一部について地方

金債権	公共団体に対して貸付けた貸付金に係る債権
河川総合開発事業資金収益回収特別貸付金債権	民間都市開発の推進に関する特別措置法附則第十五条第一項の規定により河川総合開発事業に要する資金の一部について同法第三条第一項の規定により指定された民間都市開発推進機構に対して貸付けた貸付金に係る債権
河川総合開発事業資金収益回収償還時貸付金債権	民間都市開発の推進に関する特別措置法附則第十五条第一項の規定により河川総合開発事業に要する資金の一部について同法第三条第一項の規定により指定された民間都市開発推進機構に対して貸付けた貸付金の償還のため、平成七年度における財政運営のための国債整理基金に充てるべき資金の繰入れの特例等に関する法律第三条第二項の規定により民間都市開発推進機構に対して貸付けた貸付金に係る債権
独立行政法人水資源機構収益回収償還時貸付金債権	独立行政法人水資源機構法附則第六条の規定による廃止前の水資源開発公団法附則第九条第一項の規定により治水事業に要する資金の一部について水資源開発公団に対して貸付けた貸付金の償還のため、平成七年度における財政運営のための国債整理基金に充てるべき資金の繰入れの特例等に関する法律第三条第二項の規定により水資源開発公団に対して貸付けた貸付金に係る債権
砂防事業資金貸付金債権	砂防法第五十二条第一項の規定により地方公共団体に対して貸付けた貸付金に係る債権
地すべり対策事業資金貸付金債権	地すべり等防止法附則第八条第一項の規定により地すべり対策事業に要する資金の一部について都道府県に対して貸付けた貸付金に係る債権
砂防事業資金収益回収特別貸付金債権	民間都市開発の推進に関する特別措置法附則第十五条第一項の規定により砂防事業に要する資金の一部について同法第三条第一項の規定により指定された民間都市開発推進機構に対して貸付けた貸付金に係る債権
砂防事業資金収益回収償還時貸付金債権	民間都市開発の推進に関する特別措置法附則第十五条第一項の規定により砂防事業に要する資金の一部について同法第三条第一項の規定により指定された民間都市開発推進機構に対して貸付けた貸付金の償還のため、平成七年度における財政運営のための国債整理基金に充てるべき資金の繰入れ

	の特例等に関する法律第三条第二項の規定により民間都市開発推進機構に対して貸付けた貸付金に係る債権
都市計画事業資金収益回収特別貸付金債権	独立行政法人都市再生機構法附則第四十三条の規定による改正前の都市開発資金の貸付けに関する法律第三項又は同法附則第二項若しくは第三項の規定により都市計画事業に要する資金の一部について都市基盤整備公団若しくは地域振興整備公団又は民間都市開発の推進に関する特別措置法第三条第一項の規定により指定された民間都市開発推進機構、独立行政法人都市再生機構若しくは地方住宅供給公社に対して貸付けた貸付金に係る債権
都市計画事業資金収益回収償還時貸付金債権	独立行政法人都市再生機構法附則第四十三条の規定による改正前の都市開発資金の貸付けに関する法律附則第三項又は同法附則第二項の規定により都市計画事業に要する資金の一部について住宅・都市整備公団若しくは地域振興整備公団又は民間都市開発の推進に関する特別措置法第三条第一項の規定により指定された民間都市開発推進機構に対して貸付けた貸付金の償還のため、平成七年度における財政運営のための

	国債整理基金に充てるべき資金の繰入れの特例等に関する法律第三条第二項の規定により住宅・都市整備公団若しくは地域振興整備公団又は民間都市開発推進機構に対して貸付けた貸付金に係る債権
急傾斜地崩壊対策事業資金収益回収特別貸付金債権	都市開発資金の貸付けに関する法律附則第二項の規定により急傾斜地崩壊対策事業に要する資金の一部について民間都市開発の推進に関する特別措置法第三条第一項の規定により指定された民間都市開発推進機構に対して貸付けた貸付金に係る債権
海岸事業資金収益回収特別貸付金債権	都市開発資金の貸付けに関する法律附則第二項の規定により海岸事業に要する資金の一部について民間都市開発の推進に関する特別措置法第三条第一項の規定により指定された民間都市開発推進機構に対して貸付けた貸付金に係る債権
海岸事業資金収益回収償還時貸付金債権	都市開発資金の貸付けに関する法律附則第二項の規定により海岸事業に要する資金の一部について民間都市開発の推進に関する特別措置法第三条第一項の規定により指定された民間都市開発推進機構に対して貸付けた貸付金の償還のため、平成七年度における財政運営のための国債整理基金に充

	てるべき資金の繰入れの特例等に関する法律第三条第二項の規定により民間都市開発推進機構に対して貸付けた貸付金に係る債権
都市開発事業用地取得推進資金貸付金債権	都市開発資金の貸付けに関する法律附則第六項の規定により都市開発事業用地の取得等に係る事務の管理及び運営に要する費用の財源をその運用によって得るための資金について民間都市開発の推進に関する特別措置法第三条第一項の規定により指定された民間都市開発推進機構に対して貸付けた貸付金に係る債権
水産基盤整備事業資金収益回収特別貸付金債権	漁港漁場整備法附則第十一項の規定により漁港施設の整備及びこれと併せて漁港施設に相当する施設の整備を行う事業に要する資金の一部について水産業協同組合に対して貸付けた貸付金に係る債権
本州四国連絡道路事業資金貸付金債権	本州四国連絡道路事業に係る有利子負債の圧縮を図り、償還確実性を高めるために、日本道路公団等民営化関係法施行法第三十七条第四号による廃止前の本州四国連絡橋公団法附則第十四条第一項の規定により本州四国連絡橋公団に対して貸付けた貸付金に係る債権
沖縄産業振興施設整備資金貸付金債権	沖縄振興特別措置法附則第五条第四項の規定により沖縄産業振興施設の整備に要する資金の一部について地方公共団体に対して貸付けた貸付金に係る債権
都道府県警察施設整備資金貸付金債権	警察法附則第三十三条の規定により、交通安全施設の整備に要する資金の一部について都道府県に対して貸付けた貸付金に係る債権
電気通信格差是正施設整備資金貸付金債権	特定通信・放送開発事業実施円滑化法附則第三条第一項及び第二項の規定により電気通信格差是正施設の整備に要する資金の一部を地方公共団体に対して貸付けた貸付金に係る債権
国立研究開発法人情報通信研究機構施設整備資金貸付金債権	独立行政法人通則法附則第四条第一項の規定により国立研究開発法人情報通信研究機構の施設の整備に要する資金について国立研究開発法人情報通信研究機構に対して貸付けた貸付金に係る債権
消防防災施設整備資金貸付金債権	消防施設強化促進法附則第五項の規定により消防防災施設の整備に要する資金の一部について市町村に対して貸付けた貸付金に係る債権及び日本電信電話株式会社の株式の売払収入の活用による社会資本の整備の促進に関する特別措置法（以下「社会資

	本整備特別措置法」という。）第二条の二第一項の規定により同項第一号に該当する消防防災施設の整備に要する資金の一部について都道府県に対して貸付けた貸付金に係る債権
市町村消防施設整備資金貸付金債権	消防施設強化促進法附則第四項又は第五項の規定により消防防災施設の整備に要する資金の一部について市町村に対して貸付けた貸付金に係る債権
情報通信格差是正事業資金貸付金債権	特定通信・放送開発事業実施円滑化法附則第三条第一項及び第二項の規定により情報通信格差是正事業に要する資金の一部を地方公共団体に対して貸付けた貸付金に係る債権
独立行政法人国立科学博物館施設整備資金貸付金債権	独立行政法人通則法附則第四条第一項の規定により独立行政法人国立科学博物館の施設の整備に要する資金について独立行政法人国立科学博物館に対して貸付けた貸付金に係る債権
公立学校施設整備資金貸付金債権	活動火山対策特別措置法附則第二項、国の補助金等の整理及び合理化等に伴う義務教育費国庫負担法等の一部を改正する等の法律（以下「平成十八年義務教育費国庫負担法等改正法」という。）第十一条による改正前の過疎地域自立促進特別措置法附則第七条の二第一項、平成十八年義務教育費国庫負担法等改正法第十五条による廃止前の公立高等学校危険建物改築促進臨時措置法附則第二項若しくは第三項、平成十八年義務教育費国庫負担法等改正法第八条による改正前のへき地教育振興法附則第二項、平成十八年義務教育費国庫負担法等改正法第五条による改正前の学校給食法附則第二項若しくは第三項、平成十八年義務教育費国庫負担法等改正法第十五条による廃止前の公立養護学校整備特別措置法附則第十二項から第十四項まで、平成十八年義務教育費国庫負担法等改正法第六条による改正前の夜間課程を置く高等学校における学校給食に関する法律附則第二項若しくは第三項、義務教育諸学校施設費国庫負担法附則第四項若しくは第五項、平成十八年義務教育費国庫負担法等改正法第七条による改正前のスポーツ振興法附則第四項若しくは第五項、平成十八年義務教育費国庫負担法等改正法第九条による改正前の離島振興法附則第六項又は平成十八年義務教育費国庫負担法等改正法附則第十条による改正前の豪

	雪地帯対策特別措置法附則第二項の規定により公立学校施設の整備に要する資金の一部について地方公共団体に対して貸付けた貸付金に係る債権及び社会資本整備特別措置法第二条の二第一項の規定により同項第二号に該当する公立学校施設の整備に要する資金の一部について地方公共団体に対して貸付けた貸付金に係る債権
私立学校施設整備資金貸付金債権	私立学校振興助成法附則第三条第一項の規定により私立学校施設の整備に要する資金の一部について学校法人に対して貸付けた貸付金に係る債権
地域先導科学技術基盤施設整備資金貸付金債権	社会資本整備特別措置法第二条の二第一項の規定により同項第三号に該当する地域先導科学技術基盤施設の整備に要する資金の一部について地方公共団体に対して貸付けた貸付金に係る債権
国立研究開発法人物質・材料研究機構施設整備資金貸付金債権	独立行政法人通則法附則第四条第一項の規定により国立研究開発法人物質・材料研究機構の施設の整備に要する資金について国立研究開発法人物質・材料研究機構に対して貸付けた貸付金に係る債権
国立研究開発法人量子科学技術研究開発機構施設整備資金貸付金債権	独立行政法人通則法附則第四条第一項の規定により国立研究開発法人量子科学技術研究開発機構の施設の整備に要する資金について国立研究開発法人量子科学技術研究開発機構に対して貸付けた貸付金に係る債権
国立研究開発法人防災科学技術研究所施設整備資金貸付金債権	独立行政法人通則法附則第四条第一項の規定により国立研究開発法人防災科学技術研究所の施設の整備に要する資金について国立研究開発法人防災科学技術研究所に対して貸付けた貸付金に係る債権
国立研究開発法人宇宙航空研究開発機構施設整備資金貸付金債権	独立行政法人通則法附則第四条第一項の規定により国立研究開発法人宇宙航空研究開発機構の施設の整備に要する資金について国立研究開発法人宇宙航空研究開発機構に対して貸付けた貸付金に係る債権
社会体育施設整備資金貸付金債権	平成十八年義務教育費国庫負担法等改正法第七条による改正前のスポーツ振興法附則第四項又は第五項の規定により社会体育施設の整備に要する資金の一部について地方公共団体に対して貸付けた貸付金に係る債権
国宝重要文化財保存施設整備資金貸付金債権	文化財保護法第百二十二条の規定により文化財施設の整備に要する資金の一部について重要文化財の所有者又は管理団体に対して貸付けた貸付金に係る債権

医療施設等施設整備資金貸付金債権	医師法附則第四十四条第一項、医療法附則第八十六条第一項若しくは第二項、歯科医師法附則第四十五条第一項、歯科衛生士法附則第三項、児童福祉法附則第七十二条第四項又は国の補助金等の整理及び合理化等に伴う児童手当法等の一部を改正する法律第二条の規定による改正前の児童福祉法附則第七十二条第五項の規定により医療施設等施設の整備に要する資金の一部として地方公共団体等に対して貸付けた貸付金に係る債権
保健衛生施設等施設整備資金貸付金債権	介護保険法附則第六条第一項若しくは第二項、老人福祉法附則第八条第一項、精神保健及び精神障害者福祉に関する法律附則第三項から第七項まで又は地域保健法附則第二条第一項の規定により保健衛生施設等施設の整備に要する資金の一部として地方公共団体等に対して貸付けた貸付金に係る債権（他の目に該当するものを除く。）
社会福祉施設等施設整備資金貸付金債権	児童福祉法附則第七十二条第一項から第三項まで、国の補助金等の整理及び合理化等に伴う児童手当法等の一部を改正する法律第二条の規定による改正前の児童福祉法附則第七十二条第一項から第四項まで、知

	的障害者福祉法附則第四項、国の補助金等の整理及び合理化等に伴う児童手当法等の一部を改正する法律第五条の規定による改正前の知的障害者福祉法附則第四項若しくは第五項、身体障害者福祉法附則第五十一条第一項、国の補助金等の整理及び合理化等に伴う児童手当法等の一部を改正する法律第三条の規定による改正前の身体障害者福祉法附則第五十一条第一項若しくは第二項、老人福祉法附則第八条第一項から第三項まで、生活保護法附則第九項、国の補助金等の整理及び合理化等に伴う児童手当法等の一部を改正する法律第四条の規定による改正前の生活保護法附則第九項若しくは第十項又は社会福祉法附則第十六項から第十八項までの規定により社会福祉施設等施設の整備に要する資金の一部として地方公共団体に対して貸付けた貸付金に係る債権
総合食料対策事業資金貸付金債権	社会資本整備特別措置法第二条の二第一項の規定により同項第四号又は第五号に該当する総合食料対策事業に要する資金の一部について地方公共団体に対して貸付けた貸付金に係る債権
卸売市場施設	卸売市場法附則第十一条第一項又は第二

整備資金貸付金債権	項の規定により卸売市場施設の整備に要する資金の一部について地方公共団体に対して貸付けた貸付金に係る債権
農業生産総合対策事業資金貸付金債権	社会資本整備特別措置法第二条の二第一項の規定により同項第四号に該当する農業生産総合対策事業に要する資金の一部について都道府県に対して貸付けた貸付金に係る債権
畜産振興総合対策事業資金貸付金債権	社会資本整備特別措置法第二条の二第一項の規定により同項第四号に該当する畜産振興総合対策事業に要する資金の一部について都道府県に対して貸付けた貸付金に係る債権
農業経営対策事業資金貸付金債権	社会資本整備特別措置法第二条の二第一項の規定により同項第六号に該当する農業経営対策事業に要する資金の一部について都道府県に対して貸付けた貸付金に係る債権
農村振興対策事業資金貸付金債権	土地改良法附則第二項の規定により農村振興対策事業に要する資金の一部について都道府県に対して貸付けた貸付金に係る債権
中山間地域等振興対策事業	社会資本整備特別措置法第二条の二第一項の規定により同項第六号、第七号及び第

資金貸付金債権	八号に該当する中山間地域等振興対策事業に要する資金の一部について都道府県に対して貸付けた貸付金に係る債権
山村振興等対策事業資金貸付金債権	社会資本整備特別措置法第二条の二第一項の規定により同項第八号に該当する山村振興等対策事業に要する資金の一部について都道府県に対して貸付けた貸付金に係る債権
林業生産流通総合対策施設整備資金貸付金債権	森林法附則第八項の規定により林業生産流通総合対策施設の整備に要する資金の一部について都道府県に対して貸付けた貸付金に係る債権
水産業振興総合対策施設整備資金貸付金債権	社会資本整備特別措置法第二条の二第一項の規定により同項第六号に該当する水産業振興総合対策施設の整備に要する資金の一部について都道府県に対して貸付けた貸付金に係る債権
畑地帯総合農地整備事業資金貸付金債権	土地改良法附則第二項又は第三項の規定による畑地帯総合農地整備事業に要する資金の一部について都道府県に対して貸付けた貸付金に係る債権
農村振興整備事業資金貸付金債権	土地改良法附則第二項又は第三項の規定による農村振興整備事業に要する資金の一部について都道府県に対して貸付けた貸付

	金に係る債権
中山間総合整備事業資金貸付金債権	土地改良法附則第二項又は第三項の規定による中山間総合整備事業に要する資金の一部について都道府県に対して貸付けた貸付金に係る債権
農村環境保全対策事業資金貸付金債権	土地改良法附則第二項の規定により農村環境保全対策事業に要する資金の一部について都道府県に対して貸付けた貸付金に係る債権
森林保全整備事業資金貸付金債権	森林法附則第七項の規定により森林保全整備事業に要する資金の一部について都道府県に対して貸付けた貸付金に係る債権
森林環境整備事業資金貸付金債権	森林法附則第七項の規定により森林環境整備事業に要する資金の一部について都道府県に対して貸付けた貸付金に係る債権
水産物供給基盤整備事業資金貸付金債権	漁港漁場整備法附則第二項、第三項又は第四項の規定により水産物供給基盤整備事業に要する資金の一部について地方公共団体に対して貸付けた貸付金に係る債権
水産資源環境整備事業資金貸付金債権	漁港漁場整備法附則第三項又は第四項の規定により水産資源環境整備事業に要する資金の一部について地方公共団体に対して貸付けた貸付金に係る債権
漁村総合整備事業資金貸付金債権	漁港漁場整備法附則第四項の規定により漁村総合整備事業に要する資金の一部について地方公共団体に対して貸付けた貸付金に係る債権
農地等保全事業資金貸付金債権	土地改良法附則第二項又は第三項の規定により農地等保全事業に要する資金の一部について都道府県に対して貸付けた貸付金に係る債権
水産基盤整備事業資金貸付金債権	漁港漁場整備法附則第二項、第三項又は第四項の規定により北海道、離島振興地域及び沖縄県における水産基盤整備事業に要する資金の一部について地方公共団体に対して貸付けた貸付金に係る債権
環境調和型地域振興施設整備資金貸付金債権	資源の有効な利用の促進に関する法律附則第二条の規定により環境調和型地域振興施設の整備に要する資金の一部について地方公共団体に対して貸付けた貸付金に係る債権
地域新事業創出基盤施設整備資金貸付金債権	新事業創出促進法附則第十六条の規定により起業家育成施設の整備に要する資金の一部として地方公共団体に対して貸付けた貸付金に係る債権
商業・サービス業集積関連施設整備資金	中心市街地における市街地の整備改善及び商業等の活性化の一体的推進に関する法律附則第五条の規定により商業基盤施設の

貸付金債権	整備に要する資金の一部として地方公共団体に対して貸付けた貸付金に係る債権
国立研究開発法人産業技術総合研究所施設整備資金貸付金債権	独立行政法人通則法附則第四条第一項の規定により国立研究開発法人産業技術総合研究所の施設の整備に要する資金について国立研究開発法人産業技術総合研究所に対して貸付けた貸付金に係る債権
中心市街地商店街・商業集積活性化施設整備資金貸付金債権	中心市街地における市街地の整備改善及び商業等の活性化の一体的推進に関する法律附則第五条の規定により商業基盤施設又は商業施設の整備に要する資金の一部として地方公共団体に対して貸付けた貸付金に係る債権
国立研究開発法人土木研究所施設整備資金貸付金債権	独立行政法人通則法附則第四条第一項の規定により国立研究開発法人土木研究所の施設の整備に要する資金について国立研究開発法人土木研究所に対して貸付けた貸付金に係る債権
国立研究開発法人建築研究所施設整備資金貸付金債権	独立行政法人通則法附則第四条第一項の規定により国立研究開発法人建築研究所の施設の整備に要する資金について国立研究開発法人建築研究所に対して貸付けた貸付金に係る債権
軌間可変電車研究開発施設整備資金貸付金債権	社会資本整備特別措置法第二条の二第一項の規定により同項第十一号に該当する軌間可変電車研究開発施設の整備に要する資金について鉄道総合技術研究所に対して貸付けた貸付金に係る債権
地下高速鉄道整備事業資金貸付金債権	鉄道軌道整備法附則第三項の規定により地下高速鉄道整備事業に要する資金の一部について鉄道事業者等に対して貸付けた貸付金に係る債権
ニュータウン鉄道等整備事業資金貸付金債権	鉄道軌道整備法附則第三項の規定によりニュータウン鉄道等整備事業に要する資金の一部について鉄道事業者等に対して貸付けた貸付金に係る債権
幹線鉄道等活性化事業資金貸付金債権	鉄道軌道整備法附則第三項の規定により幹線鉄道等活性化事業に要する資金の一部について鉄道事業者等に対して貸付けた貸付金に係る債権
鉄道駅総合改善事業資金貸付金債権	鉄道軌道整備法附則第三項の規定により鉄道駅総合改善事業に要する資金の一部について鉄道事業者等に対して貸付けた貸付金に係る債権
住宅宅地関連公共施設整備促進事業資金貸付金債権	社会資本整備特別措置法第二条の二第一項の規定により同項第十号に該当する住宅宅地関連公共施設整備促進事業に要する資金の一部について地方公共団体又は地方住

	宅供給公社に対して貸付けた貸付金に係る債権
住宅市街地整備総合支援事業資金貸付金債権	社会資本整備特別措置法第二条の二第一項の規定により同項第十号に該当する住宅市街地整備総合支援事業に要する資金の一部について地方公共団体又は地方住宅供給公社に対して貸付けた貸付金に係る債権
密集住宅市街地整備促進事業資金貸付金債権	密集市街地における防災地区の整備の促進に関する法律附則第四条第一項又は第二項の規定により密集住宅市街地整備促進事業に要する資金の一部について市町村又は地方公共団体に対して貸付けた貸付金に係る債権
都市再生推進事業資金貸付金債権	土地区画整理法附則第五項から第七項まで及び第九項、社会資本整備特別措置法第二条の二第一項第九号又は密集市街地における防災街区の整備の促進に関する法律附則第四条第二項の規定により都市再生推進事業に要する資金の一部について地方公共団体に対して貸付けた貸付金に係る債権
まちづくり総合支援事業資金貸付金債権	社会資本整備特別措置法第二条の二第一項の規定により同項第九号に該当するまちづくり総合支援事業に要する資金の一部について地方公共団体に対して貸付けた貸付

	金に係る債権
都市公園事業資金貸付金債権	都市公園法附則第十項（独立行政法人都市再生機構法附則第二十二条第一項の規定により読み替えて適用する場合を含む。）又は社会資本整備重点計画法附則第二条第一項の規定により都市公園事業に要する資金の一部について地方公共団体又は独立行政法人都市再生機構に対して貸付けた貸付金に係る債権
廃棄物再生利用施設整備資金貸付金債権	廃棄物の処理及び清掃に関する法律附則第四条第二項の規定により廃棄物再生利用施設を整備する事業に要する資金の一部について民間団体に対して貸付けた貸付金に係る債権
国立研究開発法人国立環境研究所施設整備資金貸付金債権	独立行政法人通則法附則第四条第一項の規定により国立研究開発法人国立環境研究所の施設の整備に要する資金について国立研究開発法人国立環境研究所に対して貸付けた貸付金に係る債権
環境保全施設整備資金貸付金債権	社会資本整備特別措置法第二条の二第一項の規定により同項第十二号及び第十三号に該当する環境保全施設を整備する事業に要する資金の一部について地方公共団体に対して貸付けた貸付金に係る債権

自然公園等事業資金貸付金債権	社会資本整備特別措置法第二条の二第一項の規定により同項第十二号に該当する自然公園等事業に要する資金の一部について地方公共団体に対して貸付けた貸付金に係る債権
環境保全保安林整備事業資金貸付金債権	森林法附則第八項の規定により環境保全保安林整備事業に要する資金の一部について都道府県に対して貸付けた貸付金に係る債権
交通連携推進道路事業資金貸付金債権	道路法附則第四項又は第五項の規定により交通連携推進道路事業に要する資金の一部について地方公共団体に対して貸付けた貸付金に係る債権
交通連携推進街路事業資金貸付金債権	道路法附則第四項又は第五項の規定により交通連携推進街路事業に要する資金の一部について地方公共団体に対して貸付けた貸付金に係る債権
沿道環境改善事業資金貸付金債権	道路法附則第四項若しくは第五項又は道路の修繕に関する法律第三条の規定により沿道環境改善事業に要する資金の一部について地方公共団体に対して貸付けた貸付金に係る債権
電線共同溝整備事業資金貸付金債権	電線共同溝の整備等に関する特別措置法附則第二条第一項又は第二項の規定により電線共同溝整備事業に要する資金の一部について地方公共団体に対して貸付けた貸付金に係る債権
床上浸水対策特別緊急事業資金貸付金債権	河川法附則第五項又は第六項の規定により床上浸水対策特別緊急事業に要する資金の一部について地方公共団体に対して貸付けた貸付金に係る債権
河川災害復旧等関連緊急事業資金貸付金債権	河川法附則第五項の規定により河川災害復旧等関連緊急事業に要する資金の一部について地方公共団体に対して貸付けた貸付金に係る債権
河川激甚災害対策特別緊急事業資金貸付金債権	河川法附則第五項の規定により河川激甚災害対策特別緊急事業に要する資金の一部について地方公共団体に対して貸付けた貸付金に係る債権
統合河川整備事業資金貸付金債権	河川法附則第六項の規定により統合河川整備事業に要する資金の一部について地方公共団体に対して貸付けた貸付金に係る債権
ダム周辺環境整備事業資金貸付金債権	河川法附則第六項の規定によりダム周辺環境整備事業に要する資金の一部について地方公共団体に対して貸付けた貸付金に係る債権
堰堤改良資金	河川法附則第五項又は第六項の規定によ

貸付金債権	り堰堤改良に要する資金の一部について地方公共団体に対して貸付けた貸付金に係る債権
特定緊急砂防事業資金貸付金債権	砂防法第五十二条第一項の規定により特定緊急砂防事業に要する資金の一部について地方公共団体に対して貸付けた貸付金に係る債権
特定緊急地すべり対策事業資金貸付金債権	地すべり等防止法附則第八条第一項の規定により特定緊急地すべり対策事業に要する資金の一部について地方公共団体に対して貸付けた貸付金に係る債権
中部国際空港整備事業資金収益回収特別貸付金債権	中部国際空港の設置及び管理に関する法律附則第二条の規定により新空港整備事業に要する資金の一部について同法第四条の規定により指定された株式会社に対して貸付けた貸付金に係る債権
都市再生事業資金貸付金債権	都市再生特別措置法第三十条の規定により民間都市開発の推進に関する特別措置法第三条第一項の規定により指定された民間都市開発推進機構に対して貸付けた貸付金に係る債権
海外滞在費貸出金債権	盗難、紛失その他やむを得ない理由により、海外での滞在に要する金銭等を一時的に失った在外邦人に対して、金銭等を調達するまでの間の滞在に必要な経費について領事官が外国において貸出した海外滞在費貸出金に係る債権
日本下水道事業団貸付金債権	日本下水道事業団法の一部を改正する法律（平成十四年法律第百八十六号）附則第二条第二項の規定により日本下水道事業団に対して貸付けたこととなる貸付金に係る債権
独立行政法人国立高等専門学校機構施設整備資金貸付金債権	独立行政法人通則法附則第四条第一項の規定により独立行政法人国立高等専門学校機構の施設の整備に要する資金について独立行政法人国立高等専門学校機構に対して貸付けた貸付金及び独立行政法人国立高等専門学校機構法附則第十条第一項の規定により独立行政法人国立高等専門学校機構に対して貸付けたこととなる貸付金に係る債権
国立大学法人等施設整備資金貸付金債権	国立大学法人法附則第十四条第一項の規定により国立大学法人等の施設の整備に要する資金について国立大学法人等に対して貸付けた貸付金及び同法附則第十一条第一項の規定により国立大学法人等に対して貸付けたこととなる貸付金に係る債権
独立行政法人	独立行政法人通則法附則第四条第一項の

国立病院機構施設整備資金貸付金債権	規定により独立行政法人国立病院機構の施設の整備に要する資金について貸付けた貸付金及び独立行政法人国立病院機構法附則第十二条第一項の規定により独立行政法人国立病院機構に対して貸付けたこととなる貸付金に係る債権
過剰米短期融資資金貸付金債権	主要食糧の需給及び価格の安定に関する法律第十七条第一項の規定により過剰米短期融資に要する資金の一部について同法第八条第一項により指定された米穀安定供給確保支援機構に対して貸付けた貸付金に係る債権
成田国際空港株式会社貸付金債権	成田国際空港株式会社法附則第十二条第二項の規定により成田国際空港株式会社に対して貸付けたこととなる貸付金に係る債権
連続立体交差事業資金貸付金債権	踏切道改良促進法第九条第一項の規定により地方公共団体に対して貸付けた貸付金に係る債権
地方道路整備臨時貸付金債権	道路法等の一部を改正する法律（平成二十五年法律第三十号）第四条の規定による改正前の道路整備事業に係る国の財政上の特別措置に関する法律第三条第一項の規定

	により都道府県若しくは指定都市又は同条第二項の規定により地方公共団体に対して貸付けた貸付金に係る債権
株式会社日本政策金融公庫貸付金債権	株式会社日本政策金融公庫法第四十八条第一項の規定により株式会社日本政策金融公庫に対して貸付けた貸付金に係る債権
特定大規模道路用地取得資金貸付金債権	高規格幹線道路及び地域高規格道路の整備を推進するために、用地の先行取得を行う地方道路公社等に対して貸付けた貸付金に係る債権
空港機能施設災害復旧事業資金貸付金債権	東日本大震災に対処するための特別の財政援助及び助成に関する法律第百三十七条の規定により同法第二条第二項に規定する特定被災地方公共団体である県に対して貸付けた貸付金に係る債権
株式会社国際協力銀行貸付金債権	株式会社日本政策金融公庫法第三十二条の規定により株式会社国際協力銀行に対して貸付けた貸付金に係る債権
修習資金貸与金債権	裁判所法第六十七条の三第一項又は裁判所法の一部を改正する法律（平成二十九年法律第二十三号）による改正前の裁判所法第六十七条の二第一項の規定により貸付けた貸与金に係る債権
株式会社農林	株式会社農林漁業成長産業化支援機構法

漁業成長産業化支援機構貸付金債権	第三十一条の規定により株式会社農林漁業成長産業化支援機構に対して貸付けた貸付金に係る債権
電線敷設工事資金貸付金債権	道路整備事業に係る国の財政上の特別措置に関する法律第四条第一項の規定により都道府県又は市町村に対して貸付けた貸付金に係る債権
株式会社商工組合中央金庫貸付金債権	株式会社商工組合中央金庫に対する貸付金に係る債権
特定連絡道路工事資金貸付金債権	道路整備事業に係る国の財政上の特別措置に関する法律第五条第一項の規定により都道府県又は市町村に対して貸付けた貸付金に係る債権
定期貸債権	旧租税債権及び貸付金債権以外の国の債権の整理に関する法律の規定による定期貸債権（債務の弁済が著しく困難な無資力債務者に対する債権を定期に分割して返済させる貸付金に組み替えることとするものである。）
据置貸債権	旧租税債権及び貸付金債権以外の国の債権の整理に関する法律の規定による据置貸債権（債務者に対する債権の履行を債務者の資力が回復するときまで据置く貸付金に

類	債権の種類	内容
		組み替えることとするものである。）
	諸貸付金債権	前記以外の各種貸付金に係る債権
(11 利得償還金の類)	留学費用償還金債権	国家公務員の留学費用の償還に関する法律第三条（第十条及び第十一条において準用する場合並びに国会職員法第二十七条の三の規定によりその例によることとされる場合を含む。）の規定に基づく償還金に係る債権
	返納金債権	金銭の利得に係る償還金又は法令の規定に基づく返還命令による補助金、保険金その他の納付金の返還金に係る債権
	利得償還金債権	金銭以外の財産の利得に係る償還金に係る債権（例えば、民法第六百八条第二項による賃貸借終了後における有益費償還金）
(12 損害賠償金の類)	延滞金債権	金銭債権の履行遅滞に係る損害賠償金その他これに類する徴収金に係る債権
	追徴金債権	保険料の過少申告又は無申告による保険

	料額の更正又は決定があった場合において法令の規定により保険料に合わせて徴収する追徴金に係る債権
過怠金債権	自動車損害賠償保障法第七十二条の規定により損害を政府が代わっててん補した場合において同法第七十九条の規定により、その損害賠償の責に任ずる者から徴収する損害賠償金に合わせて徴収する過怠金債権に係る債権
加算金債権	補助金等に係る予算の執行の適正化に関する法律第十九条、国の債権の管理等に関する法律第三十六条第十号その他法令又は契約の定めるところにより債務者の債務不履行に伴い返還金がある場合において一定の期間に応じ当該返還金に付される加算金に係る債権
弁償金債権	特別の法律に基づき会計職員その他の国の職員又は国の機関が国に対して負う賠償責任に基づく債権（例えば、会計法第四十一条、予算執行職員等の責任に関する法律第三条、物品管理法第三十一条、国家賠償法第一条第二項等）
損害賠償金債権	前記の各種賠償金以外の損害賠償金その他これに類する徴収金に係る債権

(13 利息の類) 利息債権	延納利息又は貸付金利息に係る債権
(14 金銭引渡請求権の類) 金銭引渡請求権債権	法令又は契約の定めるところにより国庫に帰属した現金をその保管する者から引渡を受けるべき請求権に基づく債権（例えば、解散公団の残余財産である現金が法令の規定により国庫に帰属した場合において、当該現金を清算人から引渡を受けるべき債権）
(15 出資回収金の類) 国際機関出資回収金債権	国際開発協会協定に基づき出資価値が加盟国通貨の外国為替相場の著しい上昇により増加した場合等における返還に係る債権
特殊法人等出資回収金債権	法律の規定に基づき特殊法人等から納付される政府の出資額に相当する金額の回収金に係る債権

大蔵財務協会は、財務・税務行政の改良、発達およびこれらに関する知識の啓蒙普及を目的とする公益法人として、昭和十一年に発足しました。爾来、ひろく読者の皆様からのご支持をいただいて、出版事業の充実に努めてきたところであります。

今日、国の財政や税務行政は、私たちの日々のくらしと密接に関連しており、そのため多種多様な施策の情報をできる限り速く、広く、正確にかつ分かり易く国民の皆様にお伝えすることの必要性、重要性はますます大きくなっております。

このような状況のもとで、当協会は現在、「税のしるべ」（週刊）、「国税速報」（週刊）の定期刊行物をはじめ、各種書籍の刊行を通じて、財政や税務行政についての情報の伝達と知識の普及につとめております。また、日本の将来を担う児童・生徒を対象とした租税教育活動にも、力を注いでいるところであります。

今後とも、国民・納税者の方々のニーズを的確に把握し、より質の高い情報を提供するとともに、各種の活動を通じてその使命を果たしてまいりたいと考えておりますので、ご叱正・ご指導を賜りますよう、宜しくお願い申し上げます。

一般財団法人　大蔵財務協会
理事長　木村　幸俊

債権管理法講義

令和２年７月29日　初版印刷
令和２年８月13日　初版発行

不許複製

編　者　前　田　　努

（一財）大蔵財務協会　理事長
発行者　木　村　幸　俊

発行所　一般財団法人　大蔵財務協会

〔郵便番号 130-8585〕
東京都墨田区東駒形１丁目14番１号
（販　売　部）TEL 03(3829)4141・FAX 03(3829)4001
（出版編集部）TEL 03(3829)4142・FAX 03(3829)4005
http://www.zaikyo.or.jp

落丁・乱丁はお取替えいたします。
印刷　三松堂(株)
ISBN 978-4-7547-2783-3